宜宾学院2021年校级培育项目
基于儿童视角的幼儿园品格教育实践研究
项目编号：2021PY84

幼儿教育心理学

夏素荣　李　蓝　主编

河北科学技术出版社
·石家庄·

图书在版编目（CIP）数据

幼儿教育心理学 / 夏素荣, 李蓝主编. —— 石家庄：河北科学技术出版社, 2024.3
 ISBN 978-7-5717-1952-4

Ⅰ.①幼… Ⅱ.①夏… ②李… Ⅲ.①幼儿教育 - 教育心理学 Ⅳ.① G44

中国国家版本馆 CIP 数据核字 (2024) 第 054467 号

幼儿教育心理学
YOUER JIAOYU XINLIXUE

夏素荣　李　蓝　主编

责任编辑	胡占杰
责任校对	张　健
美术编辑	张　帆
封面设计	优盛文化
出版发行	河北科学技术出版社
地　　址	石家庄市友谊北大街 330 号（邮编：050061）
印　　刷	河北万卷印刷有限公司
开　　本	710mm×1000mm　1/16
印　　张	18
字　　数	285 千字
版　　次	2024 年 3 月第 1 版
印　　次	2024 年 3 月第 1 次印刷
书　　号	ISBN 978-7-5717-1952-4
定　　价	78.00 元

前　言

教育是培养人的一种复杂的社会活动。作为教育者的教师，只有了解受教育者的内心需求和个性特点，才能使教育工作取得良好效果。幼儿教育心理学是研究幼儿园教育过程中幼儿的心理现象及其规律的科学，也是从心理学观点研究幼儿心理发展与教育有关的各种问题的科学。幼儿教育心理学是教育心理学的一个分支学科，是学前教育领域的新兴学科，是幼儿教育学与幼儿心理学的交叉学科，是从心理学观点研究幼儿的发展和教育有关的各种问题的应用学科。

当今时代，学前教育在全世界范围内受到普遍重视，很多国家采取各种措施促进学前教育的发展。对幼儿学习原理的认识程度，是制约幼儿教育水平的关键因素。为此，幼儿教育心理学课程应提高学生对幼儿学习问题的研究兴趣，加深其对幼儿学习基本过程的认知和理解，将学前教育专业与课程改革相融合，帮助学生提高教育教学实践能力。

本书对幼儿教育心理学进行了较为全面的介绍，重点介绍了幼儿教育心理学的理论知识，同时联系实际，介绍幼儿学习方式和特点、学习过程及影响幼儿学习的因素等。为了拓宽学生学习视野，每章都有"知识延伸"内容，补充介绍相关心理学知识等阅读材料。

在本书写作过程中，编写者参考了很多专家、学者的研究成果，在此表示感谢。由于编写者水平有限，书中难免存在不足之处，敬请各位读者批评指正。

作者

2023 年 10 月

目 录

第一章 绪 论 / 1
  第一节 幼儿教育心理学概述 / 2
  第二节 幼儿教育心理学的发展历程 / 8
  第三节 幼儿教育心理学的基本任务及作用 / 16

第二章 幼儿身心发展与教育 / 23
  第一节 幼儿心理发展的内涵 / 24
  第二节 幼儿学习的脑科学基础 / 37
  第三节 幼儿身心发展的影响因素与促进策略 / 49

第三章 学习与幼儿学习 / 55
  第一节 学习概述 / 56
  第二节 婴幼儿的学习 / 68

第四章 学习理论 / 79
  第一节 行为主义学习理论 / 80
  第二节 认知主义学习理论 / 95
  第三节 人本主义学习理论 / 108
  第四节 建构主义学习理论 / 113

第五章 幼儿的学习动机 / 125
  第一节 幼儿学习动机概述 / 126

第二节 幼儿学习动机的激发 / 141

第六章 幼儿的学习迁移 / 149

第一节 幼儿学习迁移概述 / 150

第二节 学习迁移的基本理论 / 154

第三节 促进幼儿学习迁移的策略 / 158

第七章 幼儿创造性学习与发展 / 163

第一节 幼儿创造性的概述 / 164

第二节 幼儿创造性的测量 / 170

第三节 幼儿创造性的影响因素及培养 / 176

第八章 幼儿社会性学习与发展 / 185

第一节 幼儿社会性发展概述 / 186

第二节 幼儿社会性发展理论 / 193

第三节 幼儿社会性学习特点与指导 / 202

第九章 幼儿情商发展与教育 / 209

第一节 幼儿情商及情商理论 / 210

第二节 幼儿情商发展特点 / 217

第三节 幼儿情商教育指导 / 223

第十章 幼儿个别差异与教育 / 231

第一节 幼儿学习中的个别差异与教育 / 232

第二节 幼儿个别差异的适宜性教学 / 243

第十一章 幼儿教师心理 / 251

第一节 幼儿教师心理健康概述 / 252

第二节 幼儿教师的心理素质与职业素养 / 258

第三节 幼儿教师心理健康的维护 / 265

参考文献 / 277

第一章 绪　　论

【知识目标】

1. 理解幼儿教育心理学的研究对象、内容和基本任务。
2. 掌握幼儿教育心理学的发展历程。
3. 能够描述幼儿教育心理学的意义及作用。

【技能目标】

与实践相结合，用科学的幼儿教育心理学理论分析幼儿教学活动中出现的现象及问题，提高教师与幼儿沟通的能力。

【章节导图】

幼儿教育心理学概述　01
一、幼儿教育心理学的研究对象
二、幼儿教育心理学的创建
三、幼儿教育心理学的学科性质及体系结构
四、幼儿教育心理学的研究内容

绪论

幼儿教育心理学的基本任务及作用　03
一、幼儿教育心理学的基本任务
二、幼儿教育心理学的作用
三、学习幼儿教育心理学的意义

幼儿教育心理学的发展历程　02
一、幼儿教育心理的思想研究
二、幼儿教育心理的实践研究
三、幼儿教育心理学的构建
四、幼儿教育心理学研究的新变化

请你思考：

什么是教育？幼儿园里的教育是什么样的教育？如何教幼儿接受教育？

第一节　幼儿教育心理学概述

幼儿教师要想做好幼儿教育工作，需要理解和掌握幼儿教育心理学的相关知识。

一、幼儿教育心理学的研究对象

一门独立的学科必然有其特定的研究对象。那么，幼儿教育心理学的研究对象是什么呢？幼儿心理发展和幼儿教育分别属于幼儿心理学和幼儿教育学的研究对象。尽管上述两门学科对幼儿教育心理学的独立做出了巨大贡献，但是，幼儿教育心理学决不是二者简单结合的"混血儿"。为此，幼儿教育心理学的研究对象必须从教育心理学中去寻求依据。

教育心理学的研究对象是教育活动，主要研究学校教育活动中教与学的心理现象及其发展变化的规律。作为从教育心理学中分化出来的一个分支，幼儿教育心理学与其母学科有着深层次的联系。幼儿教育心理学之所以从教育心理学中分化出来成为一门独立学科，主要外部因素是因为幼儿教育发展，特别是幼儿园教育实践的需要。因为，传统的教育心理学关注学校教育中的心理学问题，但对幼儿园教育中的心理学问题研究较少，因此，幼儿教育心理学才有独立的必要和可能。

幼儿教育的过程，是教育者与受教育者双边参与和活动的过程。在幼儿园教育实践中，教育者结合幼儿年龄特点，有目的、有计划、有组织、有措施和主动地向幼儿进行体、智、德、美、劳全面发展的教育，使其身心健康活泼地成长，为入小学打好基础。教育者应当树立对每个幼儿负责的观念，纠正那种只注意培养少数"尖子"的错误做法，面向全体幼儿，并照顾幼儿的个性特点，因材施教。3～6岁是幼儿个性品质开始萌芽的时期，由于环境、教育条件和遗传因素不同，幼儿在身心发展上存在个别差异，逐渐表现出性格、兴趣、能力等方面的个性特点。幼儿教育工作者应针对每个幼儿的特点，充分发挥幼儿的积极性、主动性和创造性，促进他们的聪明才智和个性的发展。

总的来说，幼儿教育心理学是研究3～6岁幼儿[①]在教学活动过程中心理发展及态度、行为发展形成的规律，以及幼儿教师如何有效地根据幼儿身心特点开展教育教学活动，以促进幼儿学习与发展的一门学科。幼儿教育心理学研究的是教与学的双边活动中幼儿在教育的影响下，掌握知识和技能、发展体力和智力、形成全面发展的个性品质和道德行为的规律性，即研究幼儿教育与幼儿心理发展的规律性。

二、幼儿教育心理学的创建

和教育心理学相比，幼儿教育心理学的建立是最近几十年的事，但幼儿教育心理学领域中的许多课题一直是人们关注的焦点，如幼儿如何学习、幼儿的学习是如何促进其发展的、教育幼儿的良策是什么等。纵观现代教育科学发展史，幼儿教育心理学的创建似乎同时受到两种力量的推动：一种力量是教育心理学的结构性分化；另一种力量是现代幼儿教育科学的结构性整合。

（1）教育心理学的结构性分化。19世纪末20世纪初，在欧美儿童研究运动和实验教育运动中，桑代克（Thorndike）的《教育心理学》（1903年版）的出版标志着西方教育心理学作为一门学科正式独立。从此以后的百余年历史中，教育心理学获得了空前的发展。进入20世纪60年代以后，随着普及教育年限不断延长和各级各类教育的蓬勃发展，尤其是幼儿教育的迅速发展，桑代克的教育心理学的内容已经不能适应教育实践发展的需要，根据学校的类别、专业性质和教育对象的发展特点分门别类地进行研究成为教育心理学发展的重要方向，并由此分化出一大批新的研究领域。学前（幼儿）教育心理学就是在这一发展趋势中产生的一门新兴领域。它偏重于幼儿园教育中幼儿的发展与教育的研究。

[①] 不满1岁的小孩，称为婴儿。在小孩满1岁后，便进入了幼儿期。对于幼儿具体指的年龄段，目前并没有统一的划分。一般幼儿指1～6岁的儿童，有的学者会将其扩展到7岁。幼儿教育心理学研究的内容与幼儿园的教育有很大关系，而幼儿园的幼儿年龄一般在3～6岁，因此，3～6岁幼儿是幼儿教育心理学的主要研究对象。

（2）幼儿教育科学的结构性整合。在幼儿教育科学体系内，幼儿教育学和幼儿心理学是两门相对出现得较早的学科，虽然它们研究的领域各不相同，但是在幼儿发展与教育这一主题内形成了一个交叉的可创造空间。幼儿教育学与幼儿心理学分别以不同的视野在不同的层面深入研究，不断拓展、不断充实，逐渐在这个交叉领域构建起一门新兴学科——幼儿教育心理学。

以上两种力量相互促进、相互作用，使幼儿教育心理学由一个领域逐渐成熟为一门相对独立的学科。20世纪80年代，我国开始出现了以"幼儿教育心理学"命名的著作，如日本学者若井邦夫等著的《幼儿教育心理学》（1982年日文版，1984年中文版），它是较为全面阐述幼儿教育心理学问题的专著。据笔者初步考证，这也是我国引进的最早的一本以"幼儿教育心理学"命名的专著。

虽然幼儿教育心理学的创建是近几十年的事，但幼儿教育心理学创建的确切时间，至今尚未有公认。

三、幼儿教育心理学的学科性质及体系结构

（一）幼儿教育心理学的学科性质

幼儿教育心理学的学科性质是因其研究对象而确定的。

（1）幼儿教育心理学和幼儿心理学的关系：幼儿教育心理学研究幼儿在教育活动中的心理现象及其发展规律，偏重的是学习心理基础与发展的促进训练；幼儿心理学所探讨的是幼儿心理发展的年龄特点和规律，偏重的是发展。

（2）幼儿教育心理学和幼儿教育学的关系：幼儿教育心理学是教育心理学、儿童心理学、学前教育学等基础学科的分支学科，在学前教育课程体系中有着承上启下的作用。幼儿教育心理学侧重从心理学角度研究幼儿的教育，探索幼儿认知、情感、社会性、个别差异等方面的特点及幼儿实际活动规律，帮助幼儿教师根据这些特点有效进行教育教学活动。幼儿教育心理学和幼儿教育学相互补充、相互促进，共同推动了幼儿教育事业的发展。

（3）幼儿教育心理学和教育心理学的关系：教育心理学是心理学的一个分支学科，其研究范围涵盖各个年龄阶段的学生，包括幼儿。幼儿教育心理

学是教育心理学的一个分支学科,研究幼儿教育过程中的心理现象和规律,关注的是从幼儿到成年期的心理发展和学习过程。

综上所述,幼儿教育心理学是研究幼儿园中幼儿在教学活动过程中所出现的心理发展特点、基本规律以及如何解决幼儿教育实践中的具体问题的一门学科,它是偏向于社会科学、偏重于应用性的综合学科。

(二)幼儿教育心理学的体系结构

幼儿教育心理学是教育心理学的分支。教育心理学的基本原理和基本规律,对幼儿教育心理学具有一定的适用性,而且学科体系和研究方法也基本一致。但是,并不能因此否定二者之间的区别。如同一个胎儿当他尚未达到成熟之前,他只能依附于母体,存在于母体之中;当他发育成熟到能基本独立的时候,就要离开母体,而成为一个幼小的独立个体,在新的条件下发育、成长、壮大。许多分支学科的建立,基本上都是类似道理。为此,本书参照教育心理学体系的一般结构模式,以幼儿学习、幼儿园教育活动、幼儿教师心理为主线构建幼儿教育心理学的学科体系。

1. 幼儿学习

游戏是幼儿的主导活动,是幼儿园教育的基本活动形式。为什么不以游戏而以学习为主线建构幼儿教育心理学的学科体系呢?应该说,游戏与学习是幼儿教育的两种活动形式,二者都可以成为幼儿教育心理学的主线。本书之所以选择了以学习为主线是基于以下两点考虑。

(1)幼儿教育心理学从教育心理学中独立的时间还很短暂,可以先选择教育心理学体系的一般结构模式为蓝本。

(2)学习有着多种层次和多重含义。学校教育心理学以学生的学习为主线,幼儿教育心理学也可以以幼儿的学习为主线。在某种意义上,本书选择了广义层次的学习概念来作为建构幼儿教育心理学的主线之一,也是试图尊重幼儿心理发展的特点和幼儿教育的特殊规律。

2. 幼儿园教育活动

幼儿教育心理学是适应幼儿教育发展,特别是幼儿园教育实践需要而建立起来的一门偏向应用性的学科。幼儿园教育活动完全可以成为建构幼儿教育心理学体系的主线。

之所以这样安排，主要基于两点考虑。

（1）以幼儿学习为主线进行教育问题的探讨，可视作横向视野；以幼儿园教育活动为主线进行教育问题的探讨，则可视作纵向视野。把幼儿园教育活动视为一个动态的开放的系统，从设计、指导、评价三个实践环节分别讨论幼儿园教育活动过程的心理学问题，相当于教师"教"的心理学。

（2）幼儿园教育活动的完整过程涉及幼儿园课程与教学论及幼儿教育评价等领域。以幼儿教育活动为主线进行教育问题的探讨，有助于与这些领域保持一致，并贴近幼儿园教育实践，便于指导幼儿教师的教育活动。

3.幼儿教师心理与家庭教育心理

社会互动理论特别是符号互动理论对幼儿教育心理学的影响日渐扩大。教育过程中的互动已成为教育社会心理学的一个前瞻课题。从社会心理学的视角来看，教育过程本质上就是一个社会与文化互动过程。而在幼儿成长过程中，师幼互动和亲子互动对幼儿有着很大影响。本书在分析幼儿教师心理、家庭教育心理时，注重了互动分析，这主要基于以下思考。

（1）幼儿教育是一项系统工程，包括幼儿园教育、家庭教育及社会教育。在幼儿成长与学习过程中，教师与家长共同作用于幼儿，形成了一个"三角关系"。要解决幼儿学习及其教育问题必须把家庭与幼儿园置于一个系统之中，这也是幼儿教育本质的内在规定性。

（2）互动总是发生在特定的教育情境之中，由相关主体来执行。互动方式及其教育质量往往制约于互动双方的心理素质和特定的环境条件。为此，对于家庭教育中亲子互动与幼儿园集体教育中师幼互动来说，即使互动的一方——幼儿是同一主体，但由于互动对象和情境的变化，其教育效果可能迥然不同。因此，把互动置于特定教育情境中来考虑，可能有助于体现幼儿教育心理学的特色。

四、幼儿教育心理学的研究内容

就幼儿教育心理学的研究内容而言，人们常常很难找到完全一致的答案。这是因为不同的教育心理学者在确立幼儿教育心理学的研究内容时会采取不同的研究立场。最常见的两种立场是行为主义取向与认知取向。行为主义取向的幼儿教育心理学往往专注于教学控制和结果表现这两个变量之间的关系——这两个变量均属于外在可观察、可操作的变量。而认知主义取向的幼儿教育心理学则更注重从教学控制到结果表现这一过程的各种内在因素（如幼儿学习的历程、幼儿的先前知识和技能）及其之间的关系。认知主义取向侧重于了解教学控制如何影响幼儿的内在认知历程，例如注意、编码、检索等历程，这些历程最后如何导致幼儿新知识的获得，以及新知识如何影响幼儿的实际表现等。近年来，在幼儿教育心理学研究中出现了以建构主义为代表的新教育心理学取向，它与认知主义取向的最大不同是特别重视自主建构在幼儿学习与认知发展中的重要作用，强调学习是幼儿主动建构自身经验的过程，而不是在外部教学控制的影响下被动、消极地改变认知结构的过程。

虽然学者们对幼儿教育心理学研究内容的看法不尽相同，但存在着共识：幼儿教育心理学是以心理学为基础，研究幼儿学习和有效学习的各种问题的学科。它不单纯是心理学，还要探讨幼儿教育学问题；它不是单纯的幼儿教育学，而要从幼儿的日常生活和心理活动来考察幼儿的学习与教育。因此，幼儿教育心理学必然涉及以下三大变量。

（1）幼儿学习者。幼儿教育心理学研究的是作为学习者的幼儿。幼儿学习有其特点，不仅在认知、情感、社会性等方面与中小学生有差异，而且在学习方式和方法上也有不同。幼儿的学习特点不仅影响其学习过程与学习方式，而且影响教师的教育教学活动。

（2）幼儿教育者。幼儿教育者主要是指幼儿园教师，也包括幼儿园的其他工作人员，他们从不同角度参与教育幼儿的工作。在家庭中，父母及其他成人实际上也是幼儿的教育者。幼儿园教师的角色与作用比中小学教师更为多样化，他们不仅是幼儿学习的促进者、支持者、帮助者，而且是幼儿学习环境的创设者。幼儿教师为幼儿提供学习经验，创设有效学习的良好环境，用以影响幼儿的学习与成长。幼儿教师是幼儿教育心理学中最重要的变量。

（3）环境与教学。环境与教学也是影响幼儿学习与发展的重要内容。教师应根据幼儿的学习特点和教育教学规律，创设支持性的学习环境，开展有效教学。

第二节 幼儿教育心理学的发展历程

从一定意义上说，幼儿教育心理学经历了从一种教育思想发展到一个理论与实践相结合的研究领域，再发展到一门独立学科三个基本阶段。

一、幼儿教育心理的思想研究

幼儿教育心理学思想发端于对幼儿期独立性的认可，对幼儿人格的尊重和对幼儿学习潜力的认识。

发生在 14～16 世纪的欧洲文艺复兴运动高擎人文主义旗帜，提倡人权和人性自由。这种以人为中心，一切为了人的利益的新人类观，为儿童的命运带来了重大的转机。这种人本位儿童观要求尊重儿童，尊重儿童所有的权利。儿童一出生就具有一切道德的、理智的、身体的能力萌芽。如果教育适当，儿童的一切内在能力和善良天性就能和谐地发展起来。这种文艺复兴时期的儿童观，是人类关于儿童认识史上的一次革命。然而，这一时期的儿童观是从理想的人的形象中推导出来的，并未否定儿童对父母的隶属关系，也没有把儿童本身看作有个性价值的个体存在。因此，在社会上，把儿童作为父母的财产等儿童观依然占据着统治地位。

卢梭（Rousseau）是 18 世纪法国启蒙思想家。他的划时代著作《爱弥儿》被誉为"儿童宪章和儿童权利宣言"。卢梭在这本著作中提出，幼儿教育必须符合儿童的年龄特点与学习特点，"儿童有他特有的看法、见解和感情，如果用成人的看法、见解和感情去替代它们，那简直愚不可及"。儿童的发展有其固有的自然法则，教育应当适应儿童的自然本性。尽管卢梭对婴幼儿的学习能力估计不足，但他关于幼儿发展的独立性及与之相适应的自然教育思想，为重视儿童教育的研究开启了先河。他关于婴幼儿心理发展与教育的论述可看作最早的幼儿教育心理学思想。

裴斯泰洛齐（Pestalozzi）是瑞士民主主义教育家和教育改革家，是西方教育史上第一位将"教育与生产劳动相结合"这一思想付诸实践的教育家。深受卢梭教育思想的影响，裴斯泰洛齐把"遵从儿童天性的教育方法"付诸实践，创造了以直观事物为出发点的教学方法，即直观教学法。裴斯泰洛齐教育思想中最突出的一点就是强调情感教育、爱的教育。他强调，教育者（教师）首先必须具有一颗慈爱之心，以慈爱赢得学生们的爱和信赖。教师要精心照顾好儿童，注意儿童的需要，对儿童的进步和成长报以慈爱的微笑。教师要用亲切的话语、情感、面部表情及眼神打动儿童。当爱和信赖在儿童心中扎下根以后，教师要尽力激励它、增强它，使之不断升华。

二、幼儿教育心理的实践研究

几乎在同一时期，英国的罗伯特·欧文（Robert Owen）和德国的福禄贝尔（Frobel）访问了裴斯泰洛齐的学校，一面学习直观教学法，一面着手创办幼儿保育教育机构，自此，幼儿教育心理学由一种纯粹的思辨研究发展到实践与理论相结合的研究。

（一）罗伯特·欧文与"幼儿学校"

罗伯特·欧文是英国著名的空想社会主义者、马克思主义教育学说的前驱，对幼儿教育的贡献很大。欧文对幼儿教育十分重视，认为儿童从幼时起就该受到合理的教育，使其初步形成合理的性格。1816年，他在苏格兰的新拉纳克纺织厂附近为工人子女设立了一所学校——性格形成新学园，在学园中设立幼儿学校，包括托儿所、幼儿园及儿童游戏场，招收6岁以下的工人子弟入学。欧文确信，人格是环境塑造的产物，并想用幼儿学校来验证这一点。为此，他力求使儿童摆脱恶劣的环境及父母错误的对待，打造良好的环境，通过音乐、舞蹈、户外游戏、运动、谈话和直观教学等保育内容以及儿童集体内部的交流，把他们培养成为健康、快乐、尊重伙伴的幸福而理性的人。恩格斯曾说，欧文在新拉纳克"发明了并且第一次在这里创办了幼儿园。孩子们从两岁起就进幼儿园，他们在那里生活得非常愉快，父母简直很难把他们领回去"。这是教育史上的第一次幼儿教育实验，尽管这所幼儿学校只存在到1824年，但是对幼儿教育产生了巨大影响，被马克思称为"未来培养全面发展新人的教育萌芽"。

（二）福禄贝尔与"幼儿园"

福禄贝尔于 1837 年在德国布兰肯堡创办学前教育机构，专收 3～7 岁的儿童，并将在瑞士发明的教材和教具都付诸实用。1840 年，福禄贝尔把这所机构正式命名为"幼儿园"，寓意如下：幼儿园是花园，儿童是花朵，教师是园丁。从此"幼儿园"这一名称便被世界各国采用。在这时福禄贝尔创立了一套幼儿园体系，研究了幼儿园的工作内容和教学方法，积极宣传设立幼儿园的必要性，开办讲习班，训练大批教师。他主张以儿童为中心的自由教育，把游戏作为幼儿教育的基础；认为儿童有活动、认识、艺术和宗教四种本能；认为游戏是幼儿生活中最快乐的活动，是表现和发展幼儿的主动性和创造性的最好的活动形式。

幼儿园里使用福禄贝尔创制的玩具，用来帮助幼儿进行各种游戏，认识物体形象，发展感官。在福禄贝尔看来，玩具是儿童把活动本能引向外部世界，并从外部世界"吸收"各种事物和印象的手段，游戏就是幼儿与外部世界相互作用的基础形式。后来，他确立的"游戏是幼儿园教育活动的基本形式"这一教育原则一再被科学研究所证实和丰富。在幼儿园里，奖励集体性的运动游戏、集体园地中的栽培活动以及集体进行的玩具游戏。它是不论家庭出身、境遇和年龄的幼儿保育措施。幼儿园的教育方法如下：①禁止对儿童进行恐吓性教育；②禁止对儿童进行褒奖性教育；③不要教育孩子打扮自己，以免唤起儿童的虚荣心；④了解儿童固有的本性，并根据不同的发展阶段施以相应的教育；⑤不要对儿童说假话，以免养成说谎习惯。

福禄贝尔被誉为"幼儿园之父"，其教育思想和实践对许多国家产生过很大影响。

（三）蒙台梭利与"儿童之家"

蒙台梭利（Montessori）是意大利的第一位女医学博士，也是世界教育史上与福禄贝尔齐名的一位杰出的幼儿教育家。早年，蒙台梭利主要致力于智力缺陷幼儿的治疗，呼吁社会："幼儿的智力缺陷主要是教育问题，而不是医学问题。智力缺陷幼儿应当与正常幼儿一样享有同等受教育的权利。"蒙台梭利相信，自己为智力缺陷幼儿设计的教育方法同样适用于正常幼儿，于是，在1907年，她在罗马贫民区开办了一所招收3～6岁贫民儿童的幼儿学校，命名为"儿童之家"。她将最初使用于低能儿童的教育方法经过适当修订，运用于正常儿童，也取得了极大的成功，那些"普通的、贫寒的"幼儿，被培养成了"一个个聪明自信、有教养的、生机勃勃的少年英才"。

蒙台梭利的教育实践在欧洲引起巨大轰动，其教育理念也影响着世界幼儿教育。她深信本能冲动控制着人类行为，幼儿在先天自发的能动性作用下，具有一种很强的、天赋的内在潜力和持续发展的积极力量。幼儿不是被动、消极地接收环境的刺激与影响，而是积极、主动地与环境发生相互作用。幼儿的这种活跃而有力的创造本能一旦被压抑，往往造成心理障碍。蒙台梭利认为，教师必须为幼儿创造一个能激发其主动性的"有准备的环境"。同时，蒙台梭利还特别重视幼儿的感官教育，认为幼儿时期既是感知运动能力发展的敏感时期，也是感官活动和智能互相关联形成的时期，"来自智力的东西，没有一件不是来自儿童的感官"。以幼儿的感知觉发展为基础，她设计了一系列学具与教具作为教学手段，对幼儿进行系统的教育，被后人称为"蒙台梭利教学法"。蒙台梭利的思想对幼儿教育心理学的发展提供了重要的基础。

三、幼儿教育心理学的构建

进入20世纪60年代，幼儿教育在世界范围内受到普遍重视，获得了前所未有的高速发展。幼儿园数量和幼儿入园率都呈现出直线上升的趋势，幼儿教育研究更加深入，特别是幼儿学习心理学、教学心理学的研究逐渐增多，这些引发了幼儿教育心理学的建立。同时，认知心理学的兴起和发展，特别是发展心理学和教育心理学的发展为构建幼儿教育心理学体系提供了方法和理论上的准备和基础。其中皮亚杰（Piaget）和维果茨基（Vygotsky）的理论影响最为显著。

（一）皮亚杰与幼儿智慧发展

皮亚杰是20世纪著名的心理学家。他创立的"发生认识论"在心理学中独树一帜，其对儿童智慧发展的研究，使幼儿教育摆脱了环境决定论和遗传决定论的双重束缚，重新认识儿童的心理世界，直接构成了幼儿学习及其指导特别是幼儿园课程的理论指南。他的理论流传到英美后，一度成为幼儿教育领域中占统治地位的发展理论。

皮亚杰对早期教育的影响是巨大的。他采取独创的"临床法"，系统地研究了幼儿认知发展的主要方面，以一个生物学家特有的视角和思维方式提出"智慧源于动作，其本质是适应"。这一论断构成了20世纪60年代以后世界幼儿教育的信条，以其为理论基础的活动教学法成为幼儿园教育的基本方法，以其为基础的儿童认知发展阶段论仍然是现代幼儿认知学习与教育的理论基础。

【知识延伸】

皮亚杰认为，智力的本质是适应。他用四个基本概念阐述了他的适应理论和建构学说，即图式、同化、顺应和平衡。图式即认知结构。图式具有对客体信息进行整理、归类、改造和创造的功能，以使主体有效地适应环境。认知结构的建构是通过同化和顺应两种方式进行的。同化是主体将环境中的信息纳入并整合到已有的认知结构的过程。同化过程是主体过滤、改造外界刺激的过程，通过同化，主体能够加强并丰富原有的认知结构。同化使图式得到量的变化。顺应是当主体的图式不能适应客体的要求时，就要改变原有图式，或创造新的图式，以适应环境需要的过程。顺应使图式得到质的改变。平衡是指认知发展的过程是动态的，认知结构的改变是通过同化和顺应来实现的。当儿童的认知结构能够成功地同化和顺应新的信息时，他们的认知就达到了一个更高的水平，达到了一个更加平衡的状态。同化表明主体改造客体的过程，顺应表明主体得到改造的过程。主体通过同化和顺应建构新知识，不断形成和发展新图式以适应不断变化的环境。

（二）维果茨基与儿童心理发展

维果茨基是苏联著名的心理学家。他主要研究儿童发展与教育心理，着重探讨思维和语言、儿童学习与发展的关系问题。由于在心理学领域做出的重要贡献，他被誉为"心理学中的莫扎特"。他旗帜鲜明地反对生物学化的自然主义理论，主张用文化和历史的观点去分析儿童心理的发展，创立了著名的文化—历史发展理论。这一理论是针对当时流行的行为主义的刺激—反应公式和格式塔心理学的直觉主义特别重视研究人的意识而形成的，用以解释本质上与动物不同的人类高级心理机能。尽管维果茨基英年早逝，但他的心理学思想在20世纪80年代开始受到世人的关注。他提出的儿童心理发展的社会建构论构成了20世纪末期幼儿教育改革强有力的理论指导思想。

儿童心理发展的社会建构论提出了两个基本假说：人的心理机能发展的符号中介论和人的智慧发展的活动内化论。维果茨基认为，心理机能最初是作为直接的自然的过程发生的，这时属于低级心理机能，人和动物都有这种心理机能。人的高级心理机能是在低级心理机能的基础上，由于符号（主要是语言）等中间环节（工具）转化了文化发展的过程，在这个转化过程中高级心理机能开始作为人特有的心理机能而发生作用。这一假说引申出一个重要的发展原理，即儿童的发展是儿童在社会文化环境中与社会文化相互作用的过程。儿童一开始就是一个社会的人，参与着社会文化生活，在与社会文化的相互作用中，逐渐构建起作为一个社会人所具有的文化品质和社会属性。这一原理构成了现代幼儿园社会性教育的理论基础。

（三）学习理论及其发展

学习理论是教育心理学独立后一直非常活跃的研究领域，应该说几乎所有心理学理论流派都对学习进程及其机制提出过自己的观点，这些学习理论直接为幼儿教育心理学的建立提供了理论框架或蓝本。值得指出的是，从20世纪60年代开始，学习理论不再只关注学生学习和人类学习的一般原理，开始重视婴幼儿学习潜能的研究。20世纪上半叶，由于受进化论的影响，儿童心理学研究往往把婴幼儿与幼小动物比较，低估新生儿的心理学活动能力，过分强调婴幼儿软弱无能的一面。进入20世纪下半叶后，随着现代科学技术的发展，心理学家借助各种先进仪器设备观察新生儿的心理活动潜能。大量实验证明，新生儿具有很大的学习潜力。因此，婴幼儿学习及其教育指导成为幼儿教育领域中富有生命力和前瞻性的课题。

综上所述，我们可以发现：一方面，由于幼儿教育日益普及，幼儿教育实践问题也日益增多，这些问题亟待从理论上加以说明，同时这也向心理学理论提出了新的要求，也就是对幼儿教育现象做出心理学解释；另一方面，心理学关于幼儿发展与教育问题的研究取得长足的进展，初步揭示了幼儿发展与教育的基本规律。以上两方面说明建立幼儿教育心理学的条件已经基本成熟。虽然幼儿教育心理学与发展心理学有着难以分割的关系，但幼儿教育心理学的学科性质决定需要从教育心理学中去寻求其理论模式，将幼儿教育心理学视为教育心理学的一个分支来构建自己的学科体系。

四、幼儿教育心理学研究的新变化

自20世纪80年代以来，幼儿身心变化与发展规律越来越受到人们关注，如何培养本国的儿童、青少年成为有用人才，已成为各国研究的热点问题之一。在这种情形下，幼儿教育心理学研究出现了一些新变化。

（一）研究课题的多元化

从幼儿教育心理学的发展历程来看，最初的幼儿教育心理学研究大多是一些教育家、心理学家在从事这项工作，所关注的主要是在幼儿学习过程及其教育指导理念的探讨上。近些年这种局面已大为改观，人们不仅从教育学、心理学角度来观察儿童身心变化与发展，而且从社会学、伦理学、美学以及生态学等方面来了解儿童、关注儿童，既研究学前儿童在幼儿园与同伴、教师之间互动带来的身心变化，又考察幼儿家庭、社区环境等变化给他们造成的影响，同时各学科之间相互合作，采用多种研究方法，多视角、多层次、多方面地，系统而综合地探讨幼儿教育的新问题、新途径及新方法，进而使幼儿教育心理学研究课题呈现出多元化的现象。

（二）研究手段的现代化

以往在幼儿教育心理学研究中，由于幼儿年龄小，自主能力水平较低，情绪波动大，且大多数幼儿活泼好动，于是研究者在采用常规研究方法来考察幼儿某种心理特征时往往有些力不从心。例如，虽然观察法可在自然状态下研究幼儿的行为反应，但研究者通常只能被动地等待该行为发生，这在实际运用中有时是很困难的；如果采用实验法，则可避免这种现象，但从实验法中获得的结论来推断幼儿真实心理状况则多少有些"失真"。随着信息技术的发展，人们开始采用自然实验法，建立起自然观测实验室，利用现代计算机控制相应的录音、录像设备，使幼儿在自然情景中无拘无束地活动，真实地表露出各自的心理行为及反映，研究者可通过相应手段使幼儿某一心理特征"自然"发生，从而达到研究的目的。

除此之外，社会测量法中的一些方法也逐渐应用于幼儿教育心理学研究，如提名法、社会距离测量法等，对幼儿的人际关系、同伴间的地位等进行测定，弥补了标准化测验在这些方面的不足。目前，随着计算机的广泛应用，计算机模拟实验也在幼儿教育心理学研究中逐渐受到重视和采纳。

（三）研究程序的规范化

幼儿教育心理学研究绝大多数开展的是现场实验研究。但是因为现场实验自身的局限性，其研究结果的准确性和可靠性等一直受到质疑。为了有效地解决这类问题，人们提出了许多办法，其中最重要的就是实验设计——从实验情景、被试取样、实验因素的控制、指导语、测查项目与评分标准、统计处理与分析等诸多方面加以规范，使之标准化、系统化，尽最大可能排除无关因素对实验的影响，同时又符合相应的生态学要求，从而使幼儿教育心理学现场实验研究既具有很高信度又具有好的内部效度和外部效度。同时，规范化的实验程序也对使用它的研究者自身素质提出了更高的要求，这有助于促进其研究水平的提高。

（四）研究内容的本土化

自20世纪70年代以来，国际上强调开展本土化研究的呼声日益高涨。本土化研究运动几乎波及整个人文科学研究领域和各个国家。在我国，在大力提倡素质教育的今天，如何解决幼儿教育心理问题、幼儿素质教育中如何体现中国特色、素质教育中心理学的地位与作用如何等大量现实问题亟待人们去探讨、分析、解决。在这种情况下，幼儿教育心理学研究应当把握时代脉搏，大力开展幼儿教育的本土化研究、跨文化研究，为培养符合现代社会要求的合格人才贡献力量。

第三节 幼儿教育心理学的基本任务及作用

幼儿教育心理学的独立意味着它必须承担起相应的科学研究任务，发挥特定的作用。

一、幼儿教育心理学的基本任务

一门学科的研究任务决定于其本身的学科性质。幼儿教育心理学是一门综合性的交叉学科，它的基本任务包括理论建构和实践指导。

（一）建构具有本土特色的学科体系

幼儿教育心理学从母体（教育心理学）中独立成一门学科，但还不完善。尽管以幼儿发展与教育为主题的研究已积累了丰富资料，但是，其内容体系还存在教育心理学的痕迹。因此，幼儿教育心理学的发展壮大要求幼儿教育心理学研究首先必须加强基本规律研究和学科理论体系建构，形成富有幼儿教育心理学特色的理论体系。

虽然中国古代教育思想家对幼儿教育心理问题做了精辟的论说，但是，幼儿教育心理学如同其母体一样是"舶来品"，需要通过本土化研究来建构有中国特色的幼儿教育体系。这就要求幼儿教育心理学体系在特色化的同时本土化。而本土化已成为心理学研究的发展趋势之一，且本土化可以使学科获得强劲的发展动力。

（二）服务于幼儿教育

幼儿教育心理学作为一门学科的历史并不长，很多方面值得深入研究与探讨，包括如何根据幼儿发展特点促进幼儿的学习与发展，幼儿学习的基本方式、特点与规律，游戏在幼儿学习与发展中的作用，幼儿认知、社会性、语言等领域学习与发展的规律，教师如何在幼儿学习与发展中发挥重要作用等。这些问题的研究成果能够为深化幼儿教育心理学的相关理论提供借鉴与参考，并积累丰富的资料。

幼儿教育实践推动了幼儿教育心理学的独立。独立后的幼儿教育心理学应当服务于幼儿教育实践，为幼儿教育，特别是幼儿园教育改革与发展提供心理科学根据。

幼儿教育心理学要帮助幼儿教师理解幼儿的学习过程、学习特点，指导实施科学的幼儿教育教学方法，促进幼儿学习。幼儿教育实践的有效性有赖于将其建立在心理学基础上，以科学的心理学，特别是学习心理、教学心理为依据。在新时期，我国幼儿在学习与教育上表现出一些新问题、新现象、新特征，这需要建立适合时代发展的幼儿教育心理学理论，以指导广大幼儿教师正确认识当前幼儿学习与发展的特点，掌握适宜、有效的教育教学方法。

二、幼儿教育心理学的作用

心理学在教育中的基本作用主要包括：测量与描述、预测与控制、理解和说明。幼儿教育心理学的作用也表现在这三个方面。

（一）测量与描述

要深入了解和全面掌握幼儿教育过程中各种心理现象就必须在心理测量的基础上进行科学描述。为此，心理学家们发展了系统的教育心理测量技术，设计、编制了大量教育心理学量表。这些技术及量表可以帮助教师科学地评价幼儿学习及教育效果，进而真正做到因材施教、有的放矢。

(二) 预测与控制

在准确的心理测量和描述的基础上便有可能实行预测和控制。教育过程中心理现象的变化是有规律的，是可以预测的。如果心理学研究发现，教师的教育态度对幼儿创造性学习有明显的影响，那么，据此可以预测，优化教师的教育态度，就很可能提高幼儿创造性学习能力。

在教育过程中，控制是很重要的。这里的"控制"特指教师对教育过程的有效调控，积极引导幼儿朝着教育目标规定的方向发展变化。如，幼儿教育心理学研究幼儿学习发展的基础，提出了许多教育策略和技术。这些策略和技术能帮助教师有效地指导幼儿的学习、科学地设计教育活动。

(三) 理解和说明

教育过程中的心理现象是复杂的。虽然教师与幼儿接触很多，但要深刻理解和说明幼儿的心理和行为及其成因非常困难。幼儿的成长受到养育者和教师的很大影响。幼儿心理（包括学习心理）有些容易改变，有些难以改变；有些改变是外显的，有些改变是内隐的。只有深刻理解幼儿心理和行为背后的制约因素及其发展变化方式，教师在教育过程中才能做出科学决策，保障幼儿身心和谐发展。

即使没有接受过心理学训练，教师的任何教育行为也带有特有的心理学伦理色彩。这是一种内隐的理论——认同流传的教育心理知识。尽管其中不乏朴素的真理，但是在没有经过科学检验之前，以它为指导的教育行为难免盲目和具有风险。所以，教师应学习并掌握科学的教育心理学特别是学习理论，以取得良好的教育效果。

三、学习幼儿教育心理学的意义

幼儿教育心理学是幼儿教师需要掌握的基础学科知识。具体来说，幼儿教师学习幼儿教育心理学的重要意义主要包括以下几个方面。

（一）有助于树立辩证唯物主义世界观

辩证唯物主义是马克思主义的一种哲学理论，它是把唯物主义和辩证法有机地统一起来的科学世界观。辩证唯物主义世界观是幼儿教师需要掌握的思想武器。掌握它不仅能正确地处理各种幼儿教育中的问题，还能有助于进行自我教育。

幼儿教育心理学研究幼儿教育活动中的心理现象及其发展规律，包括幼儿心理发展的理论问题，遗传、环境、教育在幼儿心理发展中的作用，存在与心理的关系，如何掌握知识、形成技能、发展智力、全面发展个性，幼儿思想品德的形成，教育者与受教育者的相互作用等。学习这些知识有助于幼儿教师形成辩证唯物主义世界观。幼儿教师树立辩证唯物主义世界观，不仅有助于开展工作，进行自我教育，而且有利于科学研究的深入发展。幼儿教育心理学通过活生生的材料研究存在与心理、先天与后天、身与心、主体与客体、对象与映像，以及心理的共同性与差异性、连续性与阶段性、稳定性与可变性等一系列带有辩证关系的概念和问题。这些研究对于学习者树立辩证唯物主义世界观能够发挥重要作用。

（二）有助于开展思想品德教育

幼儿教育心理学知识可以帮助教师更好地开展幼儿思想品德教育工作。例如，教师学习了幼儿教育心理学，会从理论上认识到教师的情感对学生有直接的感染作用，特别是对于幼儿，这种感染作用更为突出，于是有意识地培养自己的情感品质，在接触中注意对幼儿的情感影响。

教师学过幼儿教育心理学，可以提高思想品德教育的预见性、针对性、计划性，以及对不良思想品德倾向的控制性。教师可以依据幼儿品德形成的规律及在多种因素影响下形成的心理特点，恰当地晓之以理、动之以情、导之以行，使幼儿的身心能健康地成长。

（三）有助于提高教学质量

学习心理是幼儿教育心理学的重要组成部分，它研究学习的需要、感知、记忆、思维、想象等心理活动的规律和特点，研究这些规律在动机的激发和知识的领会、巩固、理解、应用中的作用。教师可以依据幼儿学习心理来开展教学，从而提高教学质量。例如：根据幼儿学习的需要，激发幼儿的学习动机和学习兴趣；根据幼儿感知规律的特点，使幼儿达到知识的领会；根据幼儿思维具体、形象的特点，运用直观教具和生动形象的语言描述，帮助幼儿更好地理解教学内容、掌握知识。幼儿教师只有掌握了这些有关幼儿认知发展的规律、各年龄阶段认知发展的特点，才能更好地组织幼儿园的各项教育和教学活动，才能选择适当的教学途径、方式和方法，从而更好地开发幼儿智力。经验证明，教师根据幼儿认知和发展特点组织教学活动，可以明显提高教育与教学效果。

（四）有助于因材施教

要教育好幼儿，就必须了解幼儿。教师了解了幼儿的心理，才能有意识地帮助幼儿发扬优点、矫正缺点。

因材施教是一条重要的教育原则，它是指在同一培养目标下，根据不同的教育对象采取不同的教育方法。从幼儿教育心理学的观点来理解因材施教，可以把因材施教理解为因个性心理特征而施教，即把"材"理解为幼儿的心理特征。同样是幼儿，由于遗传因素、生活环境和教育影响各不相同，幼儿间存在着明显的个体差异。有的计算能力发展得好；有的语言表达能力特别强；有的懦弱畏缩；有的活泼勇敢。教师只有掌握了有关幼儿个性心理的知识，才能更好地对不同的幼儿施行不同的教育，从而收到良好的教学效果。例如，教师若了解到幼儿学习能力不同，就可以在作业中对不同能力的幼儿提出不同难度的问题和要求，调动幼儿学习的积极性和兴趣。又如，教师若了解到幼儿气质和性格的不同，就可以对胆怯的幼儿给予较多锻炼机会，对有自私倾向的幼儿让其多为大家做事情。教学工作只有掌握了幼儿特征，才能有针对性地发展幼儿良好的心理因素，培养他们优良的心理品质。

【复习与巩固】

1. 简述幼儿教育心理学的研究对象和学科性质。
2. 简述幼儿教育心理学的发展历程。
3. 简述幼儿教育心理学的发展趋势。

【总结与反思】

第二章　幼儿身心发展与教育

【知识目标】

1. 了解幼儿脑生理结构与幼儿身心发展的关系。
2. 理解幼儿身心发展的特征和内容。
3. 掌握影响幼儿身心发展的因素。

【技能目标】

与实践相结合，遵循幼儿身心发展规律开展教育活动，提高幼儿教师教学活动时的操作能力及水平。

【本章要点】

幼儿心理发展的内涵　01
一、幼儿心理发展的生理基础
二、幼儿心理发展的特征
三、幼儿心理发展阶段理论

幼儿身心发展与教育

幼儿身心发展的影响因素与促进策略　03
一、影响幼儿身心发展的因素
二、促进幼儿身心发展的策略

幼儿学习的脑科学基础　02
一、幼儿脑发展的特点
二、大脑功能单侧化
三、学习障碍与脑生理机制

请你思考：

什么是人的发展？什么是幼儿身心发展？幼儿是如何认识世界的？

第一节 幼儿心理发展的内涵

幼儿的心理是在活动中形成和发展起来的。一方面，小孩进入幼儿期后，由于身心各方面的发展和生活范围的扩大，对周围的世界充满了好奇和探索的欲望，也初步产生了参加社会实践活动的愿望。另一方面，由于幼儿的能力有限，他们在社会实践活动中往往需要成人的帮助。幼儿在获取知识或经验时主要依靠具体形象来认识社会。

一、幼儿心理发展的生理基础

"发展"与"发育"的含义并不相同。后者更多的是指身体、生理方面的生长、成熟，而且主要意味着量的增长；而前者是指个体身心整体的连续变化过程，既有量的变化，又有质的变化。个体的心理发展就是指个体从出生到成熟再到老年的心理发生、发展和变化的过程。幼儿心理发展是指幼儿在成长中所发生的心理变化。

（一）神经系统的发展

小孩出生后，脑和神经系统的发展最快，幼儿期结束时已接近成人水平。

1. 脑发育非常迅速

3～6岁儿童大脑的重量相比之前继续增加，到6～7岁时脑重量一般达到1280克，基本接近成人。在此期间，神经纤维继续增长，分支增多，长度增长，更利于神经联系。到6岁时，神经髓鞘基本上发育完成，神经传导也更加迅速、准确。大脑各叶的分化到6岁末渐趋成熟。大脑生理结构日趋成熟，为儿童行为的发展打下了良好基础。

2. 脑皮层结构日趋复杂化

据研究，儿童脑重量增加是由于神经细胞结构的复杂化和神经纤维分支增多，长度伸长。2岁之前，脑神经纤维较短，多呈水平方向；2岁以后出现了向竖直方向延伸的分支。儿童神经纤维的分支继续加多、加长，为形成复杂的神经联系提供了物质基础。幼儿后期神经纤维基本髓鞘化，这使神经传导更加迅速、准确。到了5~7岁时，儿童额叶面积的增长速度明显加快。儿童额叶面积的快速增长意味着儿童大脑皮层已达到相当的成熟程度。

3.脑电波的变化

脑电波是脑发育的一个重要参数。国内外的有关研究发现，5岁以前儿童的θ波一直多于α波，从4岁开始θ波逐渐减少、α波逐渐增多，5~7岁时α波与θ波的数量基本相同。脑电波的变化表明，儿童大脑是随年龄的增长而发展的，而且这一过程是不可逆的。

儿童大脑各区成熟的顺序如下：枕叶—颞叶—顶叶—额叶，如图2-1所示。

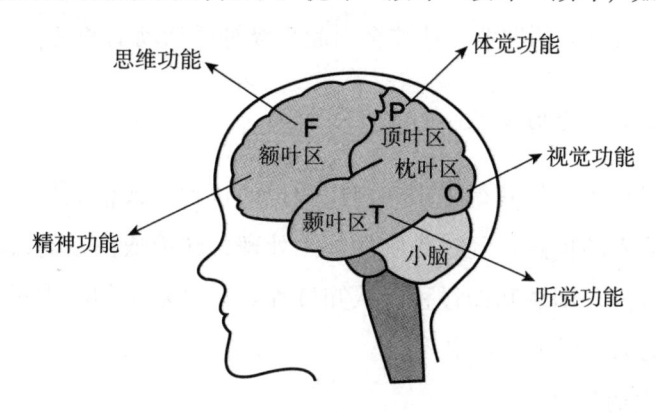

图2-1 儿童大脑各区成熟的顺序：O-T-P-F线路

我国的有关脑电波的研究发现，大脑的发展是不平衡的。个体在4~20岁大脑的发展存在两个加速期。第一次加速期一般是在5~6岁，此时枕叶α波与θ波斗争最为激烈，最后α波逐渐超过了θ波；第二次加速期一般是在13~14岁，此时整个皮层α波与θ波的斗争已基本平息，α波基本代替了θ波。个体大脑结构的相对成熟为个体智力活动的迅速发展和新的、复杂行为的形成提供了生理上的保证。

4.大脑机能的发展

儿童大脑机能的发展主要表现在大脑皮层的抑制机能上。3岁以前，儿童大脑皮层的内抑制很弱。约从4岁起，由于神经结构的发展，内抑制开始蓬勃发展起来，皮质对皮下的控制和调节作用逐渐加强。由于这种抑制机能的不断发展，儿童能更专注地认识事物和操作物体，更有效地控制和调节自己的行为，逐渐学会控制自己的行为，控制自己的冲动，这为形成优良的个性品质提供了条件。

与此同时，儿童的兴奋过程也比以前有所增强，表现在睡眠时间逐渐减少，清醒时间不断延长。如3岁幼儿睡眠要12～13个小时，5～7岁时就只需11～12个小时了。

幼儿期虽然皮层抑制机能的发展速度快于兴奋机能，但总的来说兴奋和抑制过程还是不平衡的，兴奋仍强于抑制，而且年龄越小，两机能不平衡就越明显。因此，对幼儿过高的抑制要求，如要求幼儿长时间保持一种姿势或集中注意于单调乏味的课业，往往会引起高级神经活动的紊乱。

（二）认知结构的发展

认知过程是指人们获得知识和应用知识的过程，或信息加工的过程。人脑接收外界输入的信息，经过头脑的加工处理，转换成内在的心理活动，进而支配人的行为，即认知的过程。认知过程是人最基本的心理过程，包括感觉、直觉、记忆、思维、言语等。

1. 感知觉的发展

在幼儿的认知活动中，感知觉占据重要地位。3～6岁幼儿主要借助于形状、颜色、大小、声音等来认识世界；幼儿的记忆直接依赖于感知的具体材料；对直接感知过的形象的记忆，比对词语的记忆效果好；幼儿的情绪和意志行为，也常受直接感知的影响而变化。总之，幼儿感知觉的发展不仅对整个认识活动有重要作用，而且对控制自己的行为有一定的意义。在感知觉活动过程中，幼儿的经验逐渐增加，感知能力不断增强，对存在的事物的分析概括水平也在逐渐提高，于是，幼儿的感知觉活动在幼儿的成长过程中逐渐发展成为一种有目的、有意义的活动。

2. 言语的发展

幼儿期是儿童言语迅速发展、不断丰富的时期，也是儿童掌握口头言语的关键时期，是儿童从外部言语向内部言语过渡并初步掌握书面言语的时期。

在此期间，幼儿掌握的词汇数量不断增加，词汇内容涉及的范围愈发广泛。如幼儿掌握的常用词汇包括人物称呼、身体部位、生活用品、交通工具、自然常识、社交、个性、时间、空间等。随着年龄的增长，幼儿对词语的理解逐渐准确和加深，他们不仅能够掌握词语的一般意义，还能够掌握词语的多重意义。

3.记忆的发展

记忆是幼儿积累知识、经验的基本手段，是幼儿高级认知过程形成和发展的基础。幼儿记忆的发展主要表现在以下方面：第一，记忆容量的增加。如成人的短时记忆容量为 7±2 个组块信息单位，3岁幼儿为3个组块左右，到了6岁左右记忆容量为6个组块。第二，无意识记和有意识记的发展。幼儿初期无意识记占优势，凡是儿童感兴趣的、印象鲜明的事物易记住。幼儿的有意识记一般发生在4～5岁。第三，记忆策略的形成。记忆策略是人们为有效完成记忆任务而采用的方法、手段。一般认为，5岁以前的幼儿处于第一阶段，5～7岁的幼儿处于第二阶段，10岁以后儿童的记忆策略逐步稳定发展。

4.思维的发展

幼儿期儿童的思维正处于飞速发展的阶段，具体体现在幼儿期儿童所出现的不同发展水平的思维方式上——幼儿思维的主要特点是它的具体形象性，在发展中言语在幼儿思维中的作用日益增强，抽象逻辑思维初步发展起来。幼儿推理能力的发展主要体现在幼儿归纳推理、演绎推理和类比推理的发展趋势上。

二、幼儿心理发展的特征

3～4岁幼儿生活范围较之前扩大，认识主要依靠行动获得，情绪作用大，爱模仿；4～5岁幼儿活泼好动，思维具体形象，开始接受任务、自己组织游戏；5～6岁幼儿好问、好学，抽象能力明显萌发，开始掌握认知方法，个性初具雏形。

（一）幼儿早期心理发展特点：情绪性强、爱模仿

幼儿早期情绪多不稳定，常常为一件微不足道的小事哭闹。这时期幼儿情绪很容易受外界环境的影响，而且很容易受周围人情绪的感染。当幼儿在幼儿园集体活动中某些需要没有得到满足时，很可能出现突发情绪、哭闹不止。有的幼儿早上入园后看到别的小朋友在哭，也会莫名其妙跟着哭，当教师走过来抱抱他或者拿来新玩具转移他注意力时，他又会破涕为笑。

幼儿在早期的独立性差，模仿性很强，对成人的依赖性也很大，看见其他小朋友玩什么，自己也玩什么，还常常模仿教师，对教师说话的声调、坐的姿势等都会模仿。所以，教师的言传身教非常重要。模仿是3～4岁幼儿的主要学习方式，通过模仿来学习和掌握别人的经验。由于3～4岁幼儿爱模仿，所以，在这个年龄段，良好行为习惯的形成非常重要，其常常是在幼儿的模仿下形成和巩固下来的。

（二）幼儿中期心理发展特点：爱玩、会玩，思维具体形象

幼儿都喜欢游戏。幼儿在早期虽然爱玩却不大会玩。幼儿在晚期虽然爱玩也会玩，但由于学习增多而使游戏的时间相对少了一些。幼儿中期处于典型的游戏年龄阶段、角色游戏的高峰期。这时幼儿已能计划游戏的内容和情节，会自己安排角色，对于怎么玩、有什么规则、不遵守规则应怎么处理基本都能商量解决，但游戏过程中产生的矛盾还需要教师帮助解决。

幼儿中期是整个幼儿期思维特点表现最为典型的时期，思维的具体形象性特点表现在幼儿解决问题、判断事物和各种活动中，这比起幼儿早期来讲有了很大的提升。早期幼儿思维主要是通过感知觉、动作去思考问题、认识问题、解决问题的。而到了中期这个年龄阶段，由于通过大量感知，幼儿已积累了大量表象，那么在头脑中形成表象以后，幼儿在解决问题的时候就会依靠头脑中的表象，或者是一些具体形象，来认识事物、解决问题。

（三）幼儿晚期心理发展特点：求知欲强，抽象思维萌芽，个性初具雏形

到了晚期这个年龄阶段，幼儿表现的一个特点是求知欲强。此阶段幼儿大多已积累了知识与经验，经过教师的培养教育，养成了良好的学习习惯。这时的幼儿具有强烈的求知欲，喜欢问个"为什么"，比如天文地理知识，不管他懂不懂，他都要问为什么。这就表现出幼儿的一种好学的心理特点。所以在这个时期，作为教师或家长都应当满足幼儿的求知欲。

幼儿在具体思维发展以后，他会对大量的表象进行抽象概括，就能形成一些概念。形成概念以后，他就可以出现抽象思维。但是这时期幼儿的抽象概括能力刚刚开始发展，只是抽象思维的一个萌芽阶段。

幼儿在晚期已初步形成了比较稳定的心理特征。比如在性格方面，能够控制自己；在社交方面，对人对己都有了一个比较稳定的态度和行为方式；在对待他人方面，有的幼儿表现出热情大方，有的幼儿表现出胆怯害羞、自尊心强；在能力方面，比如美术方面、音乐方面、体育方面都出现了个性差异。

三、幼儿心理发展阶段理论

心理发展阶段理论认为幼儿心理发展是一个非连续的过程，有时候心理发展是平稳的，有时候又会发生质变。从时间维度上看，心理发展曲线应该是一个阶梯状的非平滑折线。

（一）格赛尔的成熟势力说

格塞尔（Gesell）是美国心理学家。1929年，格赛尔进行了双生子爬梯实验。格赛尔首先对双生子T和C进行了行为基线的观察，确认他们发展水平相当。在他们出生第48周时，对T进行爬楼梯、搭积木、肌肉协调和运用词汇等训练，而对C则不做训练。训练持续了6周，其间T比C更早地显示出某些技能。到了第53周当C自然地达到爬楼梯的较为成熟水平时，对他开始集中训练，结果发现，只需少量训练C就赶上了T的熟练水平。进一步

观察发现，55周时T和C的爬楼梯能力惊人的相似。

格塞尔分析说，孩子没有做好成熟的准备时，训练只能取得事倍功半的效果；当孩子做好了成熟的准备时，训练就能达到事半功倍的效果。因此格塞尔断言，儿童的学习取决于生理上的成熟，成熟之前的学习和训练难有显著的效果。

格塞尔认为，支配儿童心理发展的因素很多，但主要是"成熟"。所谓"成熟"，就是"给予通过基因来指导发展过程的机制一个真正的名字"。在格塞尔看来，所有儿童都毫无例外地按照成熟所规定的顺序或模式发展，只是发展速度在一定程度上由每个儿童自己的遗传类型或其他因素所制约。成熟是推动儿童发展的主要动力，没有足够的成熟，就没有真正的变化；脱离了成熟的条件，学习本身并不能推动发展。儿童心理的发展过程是有规律、有顺序的一种发展模式。这种模式是由物种和生物进化顺序决定的，是有生物体遗传的基本单位——基因决定的。

（二）弗洛伊德的人格理论

弗洛伊德（Freud）是奥地利精神病医师、心理学家、精神分析学派创始人，著有《梦的解析》《精神分析引论》《图腾与禁忌》等，被世人誉为"精神分析之父"。

1. 人格结构理论

弗洛伊德认为，人格结构由三部分组成：本我、自我和超我。

（1）本我。本我是人格结构中的最原始部分，从出生起即已存在。构成本我的成分是人类的基本需求，如饥、渴、性三者均属之。本我中之需求产生时，个体要求立即满足，故而从支配人性的原则而言，支配本我的是唯乐原则。例如，婴儿每感饥饿时即要求立刻喂奶，决不考虑母亲有无困难。

（2）自我。自我是个体出生后，在现实环境中由本我分化发展而产生的，由本我而来的各种需求，如不能在现实中立即获得满足，他就必须迁就现实的限制，并学习到如何从现实中获得需求的满足。从支配人性的原则看，支配自我的是现实原则。此外，自我介于本我与超我之间，对本我的冲动与超我的管制具有缓冲与调节的功能。

（3）超我。超我是人格结构中居于管制地位的最高部分，是由于个体在生活中接受社会文化道德规范的教育而逐渐形成的。超我有两个重要部分：一为自我理想，它是要求自己行为符合自己理想的标准；二为良心，它是规定自己行为免于犯错的限制。因此，超我是人格结构中的道德部分。从支配人性的原则看，支配超我的是完美原则。

在通常情况下，本我、自我和超我是处于协调和平衡状态的，从而保证了人格的正常发展。如果三者失调乃至破坏，就会产生心理障碍，危及人格的发展。

2.人格发展理论

弗洛伊德根据"力比多"（欲力、性本能）主要投射的部位，把人格发展划分为五个阶段。

（1）第一个阶段：口唇期（0~1.5岁），即"嘴巴的阶段"。弗洛伊德认为，婴幼儿的吮吸活动显示了最初的性欲冲动，对母亲的乳房吮吸的这种动作本身就使婴儿和幼儿感到满意，这也是婴儿原始欲力的满足，主要靠口腔部位的吸吮、咀嚼、吞咽等活动获得满足。婴儿的快乐也多来自口腔活动。此时期的口腔活动若受限制，可能会留下后遗性的不良影响。成人中有所谓的口腔性格，可能就是口腔期发展不顺利所致。在行为上表现贪吃、酗酒、吸烟、咬指甲等，甚至在性格上悲观、依赖、洁癖者，都被认为是口腔性格的特征。

（2）第二个阶段：肛门期（1.5~2岁），即"肛门的阶段"。在这个阶段，肉欲快感是通过消化了的废物排出体外而获得的。此时期卫生习惯的训练，对幼儿而言是关键期。如管制过严，可能会留下后遗性的不良影响。成人中有所谓的肛门性格者，在行为上表现冷酷、顽固、刚愎、吝啬等，可能就是肛门性格的特征。

（3）第三个阶段：性器期（3~5岁），即"崇拜生殖器的阶段"。这个时期的幼儿是凭生殖器得到满足的。此时幼儿喜欢触摸自己的性器官，在性质上已算是"手淫"的开始。幼儿在此时期已能辨识男女性别，并以父母中之异性者为"性爱"的对象。于是出现了男童以父亲为竞争对手而爱母亲的现象，这种现象称为恋母情结；同理，女童以母亲为竞争对手而爱恋父亲的现象，则称为恋父情结。

（4）第四个阶段：潜伏期（5～12岁），即平稳期。这个时期的儿童，兴趣扩大，由对自己的身体和父母的感情转变到周围的事物，故而从原始的欲力来看，呈现出潜伏状态。此期的男女儿童之间，在情感上较前疏远，团体性活动多呈男女分离趋势。

（5）第五个阶段：青春期（12岁以后），即"生殖的阶段"。此时期开始时间，男生约在13岁，女生约在12岁。此时期个体性器官成熟，两性差异开始显著。自此以后，性的需求转向相似年龄的异性，开始有了两性生活的理想，有了婚姻家庭的意识。至此，性心理的发展以臻成熟。

（三）埃里克森的心理社会发展理论

埃里克森（Erikson）是美国精神病学家、著名的发展心理学家和精神分析学家。埃里克森的心理发展观与弗洛伊德的心理发展观不同，他认为在人格发展中，逐渐形成的自我在个人及其周围环境的交互作用中起着主导和整合作用。他把心理的发展划分为八个阶段，在每个阶段，个人都面临新的挑战。每个阶段都建立在成功完成较早的阶段任务的基础之上。如果未能成功完成本阶段的挑战，则会在将来重新遇到问题。

（1）第一阶段：婴儿期（0～1.5岁），面临基本信任和不信任的心理冲突。本阶段的主要任务是满足生理上的需要，发展信任感，克服不信任感，体验希望的实现。所谓基本信任，就是婴儿的需要与外界对他需要的满足保持一致。此时婴儿对母亲或其他监护人表示信任，婴儿感到所处的环境是个安全的地方，周围人们是可以信任的，由此就会扩展为对一般人的信任。婴儿如果得不到周围人们的关心与照顾，他就会对外界特别是对周围的人产生害怕与怀疑的心理，以致会影响下一阶段的顺利发展。

（2）第二阶段：儿童期（1.5～3岁），面临自主与害羞（或怀疑）的冲突。本阶段的主要任务是获得自主感，克服羞怯和疑虑，体验意志的实现。这一时期，儿童掌握了大量的技能，如爬、走、说话等，更重要的是，儿童学会了怎样坚持或放弃，开始"有意志"地决定做什么或不做什么。此阶段的儿童与父母的冲突很激烈，也是第一个"逆反期"的出现。此阶段父母要承担起控制儿童行为使之符合社会规范的任务，即养成良好的习惯，如训练儿童大小便，使他们对肮脏的随地大小便感到羞耻，训练他们按时吃饭、节约粮食等。儿童开始有了自主感，会反复应用"我""我们""不"等来反抗外界控制，此刻父母不能听之任之、放任自流，也不能过分严厉，伤害儿童自主感和自我控制能力。如果父母对儿童的保护或惩罚不当，儿童就会产生怀疑，并感到害羞。因此，把握住"度"的问题，才有利于在儿童人格内部形成意志品质。

（3）第三阶段：学龄初期（3～6岁），面临主动对内疚的冲突。本阶段的主要任务是形成主动性，化解内疚退缩，体验目的的实现。这一时期儿童会积极主动帮父母做家务、积极主动探究，如果其行为得到认可，就会形成主动性，这会为他将来成为一个有责任感、有创造力的人奠定基础。如果成人取笑儿童的独创行为或积极主动探究活动，并对儿童进行"拔苗助长"，那么儿童就会逐渐失去自信心，甚至在以后的人格发展上，养成其遇事退缩与事后内疚的个性，使儿童倾向于生活在别人为他们安排好的狭窄圈子里，缺乏开创幸福生活的主动性。

（4）第四阶段：学龄期（6～12岁），面临勤奋对自卑的冲突。本阶段的主要任务是勤奋进取与自贬自卑两极间冲突的化解，体验能力的实现。这一阶段的儿童都应在学校接受教育。学校是训练儿童适应社会、掌握今后生活所必需的知识和技能的地方。在开展各类活动或完成学习任务中积极、努力、认真、顺利地完成各项任务，他们就会获得勤奋感，这使他们在今后的独立生活和承担工作任务中充满信心；反之，就会产生自卑。

（5）第五阶段：青春期（12～18岁），面临自我同一性和角色混乱的冲突。本阶段是人格发展的关键时期，此阶段的主要任务是建立一个新的同一感或自己在别人眼中的形象，以及他在社会集体中所占的情感位置，体验忠实（忠诚）的实现。青少年对周围世界开始有新的观察与新的思考方法，经常会思考自己到底是怎样的一个人。他们会从别人对他的态度中及自己扮演的各种社会角色中，逐渐认清自己，而且认识到自己的现在与未来在社会生活中的角色关系，这就是同一性，即心理社会同一感。反之，如果同一感建立不顺利，青少年就会对自己和周围世界产生怀疑，没有归属感，为人冷漠，缺乏关爱意识，也就是角色混乱。

（6）第六阶段：成年早期（18～25岁），面临亲密对孤独的冲突。本阶段是创造未来的关键时期，其主要任务是获得亲密感以避免孤独感，体验爱情的实现。此阶段个人已具有完善的心理素质，在工作或生活中，如果个体可以与家人或朋友分享自己的情感与观念，就会产生亲密感，反之就会感到孤独寂寞。也就是说，本阶段如果顺利度过，就会具备爱的美德；如果被孤独占据，不仅不会形成爱的美德，还很可能形成混乱的两性关系。

（7）第七阶段：成年期（25～65岁），面临繁衍与停滞的冲突。本阶段的主要任务是获得繁殖感而避免停滞感，体验关怀的实现。此阶段也面临生育对自我专注的冲突。当个体顺利地度过了自我同一性时期，以后的岁月中将过上幸福充实的生活，生儿育女，关心后代的繁殖和养育。反之，没有生育感的人，其人格贫乏，是个自我关注的人，只沉浸于自己的天地之中，而产生停滞感。

（8）第八阶段：成熟期（65岁以上），面临自我调整与绝望期的冲突。本阶段的主要任务是获得完善感和避免失望厌倦感，体验智慧的实现。在此阶段，人的整体状况每况愈下，此刻必须做出适当调整。如果自我调整大于绝望，人就会形成智慧，可以坦然面对死亡，会觉得这一生很有价值、有意义，产生完美感。反之就会感到失望，觉得这一生错失很多机会，却不能再重来，充满遗憾，导致绝望和萎靡不振。

埃里克森认为：在每一个心理社会发展阶段中，解决了核心问题之后所产生的人格特质，都包括了积极与消极两方面的品质；如果各个阶段都保持向积极品质发展，就算完成了这阶段的任务，逐渐实现了健全的人格，否则就会产生心理社会危机，出现情绪障碍，形成不健全的人格。

（四）皮亚杰的认知发展阶段理论

如前所述，皮亚杰是"发生认知论"的创立者。皮亚杰非常重视儿童的教育，认为"只有教育才能使我们的社会免于可能的崩溃，无论是暴力的还是渐进的"。他提出的认知发展阶段理论也是当代心理学领域具有影响力的理论之一。

皮亚杰认为个体的认知发展可分为四个阶段：感知运动阶段、前运算阶段、具体运算阶段和形式运算阶段（见表2-1）。这四个阶段是按照固定不变的顺序来呈现的。每一个阶段都是前一个阶段的自然延伸，也是后一个阶段的必然前提，发展阶段既不能逾越也不能逆转，思维总是朝着必经的途径向前发展。

表2-1 皮亚杰的认知发展阶段理论

阶　段	年　龄	功能特征
感知运动阶段	0～2岁	靠感知和动作认识外部环境 认识到客体永恒性
前运算阶段	2～7岁	能使用语言表达概念，但有以自我为中心的倾向 能使用符号代替实物，思维不具有可逆性 能思维但不合逻辑，没有守恒概念
具体运算阶段	7～11岁	守恒概念形成 能根据具体经验思维以及解决问题 思维具有可逆性 去自我中心
形式运算阶段	11岁以后	能够抽象思维 能进行逻辑推理、归纳、演绎 能按形式逻辑的发展思维问题

（1）感知运动阶段（0～2岁）。本阶段的认知活动主要是通过探索感知和动作之间的关系来获得动作经验。这一阶段的标志是儿童在9～12个月逐渐获得了客体永恒性，例如幼儿看到火车从眼前经过并从眼前消失，但他并不认为火车已消失，还会继续盯着看，即表示已获得客体永恒性。客体永恒性是更高层次认知活动的基础，表明儿童开始在头脑中用符号来表征事物，但还不能用言语和抽象符号为事物命名，只能通过一些简单的行为图式探索外部世界，而探索外部世界的主要途径就是用手去抓取或者是用嘴吸吮。

（2）前运算阶段（2～7岁）。本阶段的认知活动主要是通过一些动作图式与具体动作相联系，运用符号、手势等途径来描述或表征外部世界。例如，儿童可以用文字"羊""马"等来表达实物羊和马。本阶段，儿童已具备符号言语功能，词汇量得到迅速发展，很多时候"一切以自我为中心"，具有"泛灵思想"；但这一阶段的儿童还是不能很好地掌握概念的概括性和一般性，不能很好地把自己和外界事物区分开，不能进行抽象的思维运算。也就是说，此阶段儿童的思维具有不可逆性，看问题比较单一、刻板；同时，此阶段的儿童能思维但不合逻辑，不具备守恒概念。

【知识延伸】

在"三山实验"中如图2-2所示，实验材料是一个包括三座高低、大小和颜色不同的假山模型；实验首先要求儿童从模型的四个角度（桌子的四边）观察这三座山，然后要求儿童在其中一个角度面对模型，实验者放一个玩具娃娃在山的另一边，要求儿童从四张图片中指出哪一张是玩具娃娃看到的"山"。结果发现儿童无法完成这个任务。他们只能从自己的角度来描述"三山"的形状。皮亚杰以此来证明儿童的前运算思维的基本特征是自我中心性。

图2-2 三山实验

（3）具体运算阶段（7～11岁）。本阶段儿童的认知结构发生了重组与改善，已具有抽象概念，具有思维的可逆性，能够进行具体逻辑推理，思维中形成了守恒概念。所谓"守恒"，是指儿童认识到客体在外形上发生了变化，但其特有的属性不变。例如，让儿童先用大小相同的杯子装水，然后用不同大小的杯子装同样多的水，此时儿童根据具体实物进行推理，不会因为杯子发生变化而认为两个杯子里水的多少不一样。在皮亚杰看来，儿童对守恒问题的解决依赖于三个基本原因的理解：同一性、补偿性、可逆性。但是这个阶段的儿童的思维仍然需要具体事务的支持，儿童还不能单独进行抽象逻辑思维。对于规则的遵守，比较刻板。

此阶段的另一个特征是"去自我中心"。所谓"去自我中心"，是指儿童逐渐学会站在别人的观点上看问题，能够接受别人的意见，能利用他人的观点去校正自己的观点，并检查自己解决问题的方法是否正确。"去自我中心"是儿童社会性发展的重要标志。

（4）形式运算阶段（11岁以后）。所谓"形式运算"，就是不受具体事物及其内容的局限，通过假设、演绎的方式进行推理，形成完整的认知结构。也就是说，此阶段个体的思维是以命题形式进行的，能够发现命题与真实世界之间的关系，能够运用多种不同的方式进行认知运算，思维和推理高度灵活，能够触类旁通，能多角度看问题；思考、假设和解决真实问题的能力得到发展，可以不再依据实物而是在心理上进行演绎，具有系统思维能力。对这个阶段青少年来说，他们开始非常关注自己，而且觉得他人也同样关注自己。对于规则，能够灵活运用。

皮亚杰在对个体认知发展的研究中，确认了儿童心智成长的内发性与主动性。他认为，儿童在成长过程中各种生理器官以内发的与主动的反应向环境中各种事物去探索、了解，从而获得认知，这种探索是积极主动的。同时，研究确认了儿童认知发展的阶段性与普遍性。皮亚杰把人的认知发展分为四个阶段，各阶段的认知方式不同，存在一定的差异，而各阶段间的前后顺序是固定不变的，必须先经过前运算阶段而后才出现后运算阶段。皮亚杰的理论及其研究发现可作为因材施教的科学依据。

第二节　幼儿学习的脑科学基础

脑科学是21世纪自然科学发展的主流。DNA双螺旋分子结构的发现者之一、诺贝尔奖获得者、美国生物学家詹姆斯·沃森（James Watson）在其专著《脑》中提出："20世纪是基因的世纪，21世纪是脑的世纪。"研究幼儿学习的脑科学，有利于把握幼儿学习的规律，使幼儿获得科学的教育。

一、幼儿脑发展的特点

脑是一个异常复杂的系统，其复杂性表现在它是由1011个具有多自由度的神经元和1015个突触联结的信息处理和决策系统。20世纪90年代，脑科学取得了重大进展，为幼儿学习与教育提供了理论依据。

（一）脑发育在婴幼儿期基本完成

婴儿刚出生时一般脑重量只有340克左右，1岁时脑重量会猛增到约950克，可见出生后短短的一年内，脑重量增加很快。儿童在3～6岁时，脑的发育仍较迅速，3岁时脑重量约为1100克，接近成人脑重量（约1400克）的80%；到了4岁时，脑重量约为1260克，达到成人脑重量的90%。儿童发展到4～5岁时，大脑会发育减慢，直到14～15岁时，脑重量才会与成人的脑重量基本相同，达到1400克左右。

如前所述，个体大脑各区成熟的路线如下：枕叶—颞叶—顶叶—额叶。到幼儿末期，大脑皮质各区都接近成人的水平，脑的发育在婴幼儿期基本完成。

（二）脑发育尚未定型，具有可塑性和修复性

脑科学研究认为，脑在基因决定下从受精卵开始就不停地发展，但在不同时期速度不同，不仅有快慢之分，而且在特定时期有质的飞跃。研究表明，大脑的发展是生物因素和早期经验两者结合的产物。大量实验表明，剥夺实验（也有少数人类婴儿的研究）的早期经验会导致中枢神经系统发展停滞甚至萎缩现象，并构成永久性伤害。早期营养不良，也会对婴儿大脑的生长产生严重影响。大脑的发展从出生到3岁主要集中在脑细胞之间联结的扩张上，在良性刺激下脑的高速发展持续到入小学后明显减慢，从而说明幼儿期脑的发展尚未定型、可塑性强，如果具备良好、积极的教育环境，可通过后天环

境进行修复。对幼儿脑损伤的研究发现，脑一侧半球受损伤，通过适宜的学习和训练，另一侧半球可以产生替代性功能，使脑损伤获得一定程度的修复。例如，5岁以前任何一侧的脑损伤都不会导致永久性的语言功能损失，因为语言中枢可以在适宜的语言训练环境下从一侧半球转移到另一侧半球，从而获得修复，如果超过5岁，这种语言中枢的修复性功能难以实现。

（三）脑细胞数目增长，脑神经髓鞘化

妊娠3～6个月是脑细胞生长的第一个高峰期，这个阶段脑细胞以平均每分钟25万个的增长速度急剧增加；出生后3～6个月，是脑细胞增加的又一个高峰期，主要是神经胶质细胞的分裂和增殖。脑神经胶质细胞产生髓鞘，包裹脑神经细胞间互相联系的神经轴突。它们是从神经细胞到神经细胞之间指挥整个身体传送信息的神经通道，就像传送信息的电线一样，如图2-3所示。

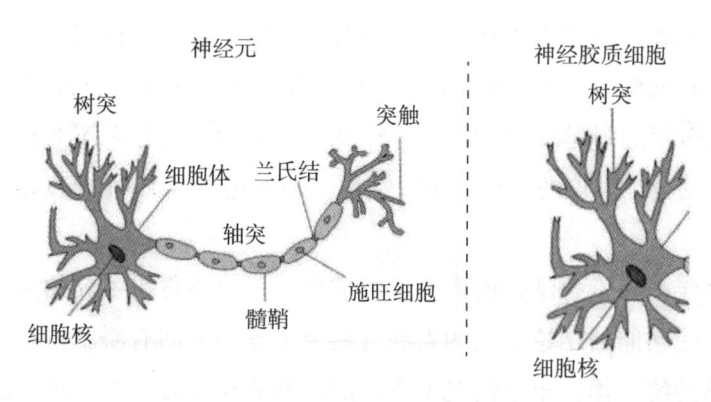

图2-3 神经元和神经胶质细胞

髓鞘化是指髓鞘发展的过程，它使神经兴奋在沿神经纤维传导时速度加快，并保证其定向传导。它也是形成记忆的一种方式，能增强细胞组织间的连接，如"驾轻就熟""熟能生巧""老马识途"等就是髓鞘化的结果。髓鞘化也是新生儿脑发育的重要指标及其神经系统发展必不可少的过程。髓鞘的形成是脑白质发育的最后阶段，它从脊髓开始，然后是后脑、中脑和前脑，形成速度缓慢，甚至可以持续数十年。婴儿在2岁左右，脑神经的髓鞘就基本长出来了，正常的脑神经就会受到保护。如果婴幼儿在成长过程中受到某

些因素的影响，比如说病毒、感染、窒息中毒、自身免疫性的疾病等都可能导致髓鞘的病变，会对婴幼儿的神经系统发育产生非常大的影响，甚至有的孩子会出现智力低下、癫痫、语言的障碍、活动受限等。可以说，婴幼儿期是神经髓鞘化形成的关键期。

二、大脑功能单侧化

研究表明，人类两侧大脑半球的功能是不对等的，总是以一侧占优势，如主要使用右手的幼儿或成人，如果发生左侧皮质损伤会产生各种语言功能障碍，而右侧皮质损伤并不发生明显的语言功能障碍。这说明大脑功能存在单侧化特点。

（一）斯佩里关于裂脑人的研究

在美国心理生物学家斯佩里（Sperry）对裂脑人进行研究之前，前人对大脑技能的认识，一直停留在"左半球为语言控制区，占自配地位，右半球为功能不多的沉默区，处于从属地位"的阶段。从1961年开始，经过数十年的研究，斯佩里通过脑割裂的试验，证明了大脑功能上存在不对称性，进而提出了左右脑分工理论的"双脑论"学说，并因此获得1981年度诺贝尔生理学或医学奖。

根据多年的探索，结合前人的试验成果，斯佩里得出了新的关于人脑左右半球专门化功能的结论。人的大脑有两个半球，之间有胼胝体将它们连接成一个完整的统一体，正常情况下，人的每种活动都是两个半球信息交换和综合的结果，也就是说，大脑左右半球在机能上分工有所不同，如图2-4所示。左半球是处理言语和负责抽象逻辑理解、集中思维、分析思维的中枢，主管记忆、语言、时间、判断、分析、书写、推理、抑制、五感等，思维方式具有连续性、延续性、分析性等功能；右半球是处理表象和进行具体形象思维、发散思维的中枢，主管形象、记忆、直觉、情感、身体协调、视知觉、复杂知觉、音乐欣赏、模仿、想象、做梦、灵感、顿悟等，思维方式具有无序性、跳跃性、整体性等功能。大脑左右半球的分工不是绝对的，既是专门化的又是相互依赖的，特别是对于大脑功能健全的儿童来说，完成任何一项任务，都是需要左右半球同时参与活动的，只是根据任务不同，左右半球所起作用的大小不同而已。

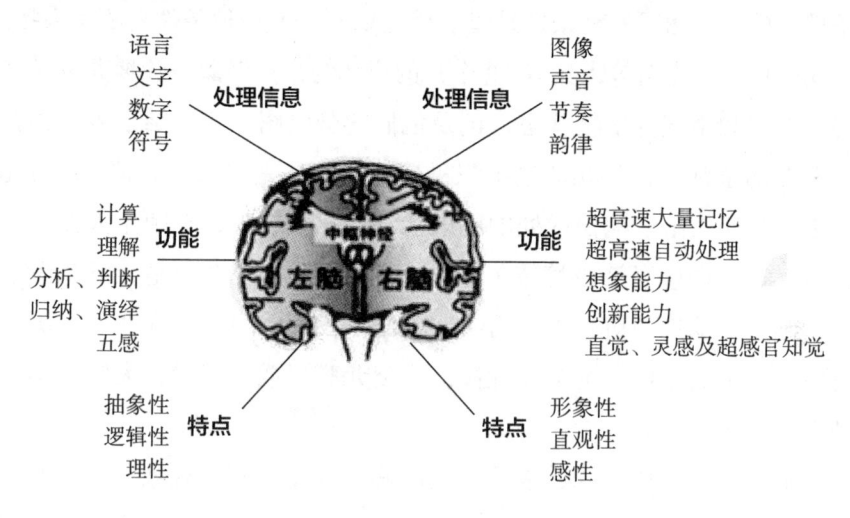

左脑：
处理信息：语言、文字、数字、符号
功能：计算、理解、分析、判断、归纳、演绎、五感
特点：抽象性、逻辑性、理性

右脑：
处理信息：图像、声音、节奏、韵律
功能：超高速大量记忆、超高速自动处理、想象能力、创新能力、直觉、灵感及超感官知觉
特点：形象性、直观性、感性

图2-4 大脑左右半球的功能

（二）婴幼儿脑功能单侧化具有先天倾向

大脑有两个半球，左半球主要负责言语、阅读、书写、数学运算和逻辑推理等，而知觉物体的空间关系、情绪、欣赏艺术等则主要由右半球负责。这就是大脑的单侧化现象。那么，大脑单侧化是生来就有的，还是在某个发展阶段形成的呢？男女性别之间有没有差异存在？研究表明，在婴儿刚出生时，大脑的单侧化并不明显，随着年龄的增长，脑功能日渐专门化、单侧化，并且在发育速度和水平上表现出了性别差异。一些科学家研究发现，男婴与女婴在听音乐或听童话故事时用脑的部位恰好相反，女孩的反应部位是左半球，男孩的反应部位是右半球。而当儿童大脑成熟后，这种差别便消失了。

加拿大麦吉尔大学的恩图斯（Entous）以声音为实验材料，用双耳分听法对48名婴儿进行研究，研究结果表明，79%的婴儿表现出右耳（左脑）在言语方面的优势，71%的婴儿表现出左耳（右脑）在音乐方面的优势。这一结果中婴儿左右耳对言语和音乐优势的百分数与对年龄较大儿童和成人的双耳分听法实验的结果非常接近，似乎表明左脑觉察言语和右脑觉察音乐的倾向是天生的。

福克斯（Fox）等人以 10 个月大的婴儿为被试对象，测量了他们在两种条件下的脑电图。一种条件是母亲接近婴儿；另一种条件是陌生人接近婴儿。此实验后，福克斯等人又以 10 个月的婴儿为被试对象，让婴儿处于悲伤、厌恶、高兴和生气等情绪状态，记录他们的脑电图。实验结果表明：在母亲接近婴儿的条件下，婴儿产生了积极情绪（如高兴的面部表情），与此相联系的是，婴儿大脑左侧额叶处的脑电活动性相对较大；在陌生人接近婴儿的条件下，婴儿产生了消极情绪（如厌恶），与此相联系的是，婴儿大脑右侧额叶的脑电活动性相对较大。后续实验结果发现，当婴儿在悲伤和厌恶情绪状态时，大脑右半球脑电活动性高；当婴儿高兴或生气时，大脑左半球脑电活动性高。

通过以上实验可知，婴幼儿大脑确实存在单侧化现象，大脑两个半球的功能，随着年龄的增长逐渐专门化。在新生儿阶段大脑就表现出单侧化的倾向，但这种倾向只是表明两半球在功能上存在着"量"的差异，以后随着婴儿大脑的逐步发育成熟，这种单侧化最终表现为"质"的差异，同时，在大脑发育成熟前，尤其在学龄前，男女两性智力活动在两半球上的反应部位也存在差异。有研究发现，在大脑发育成熟的过程中，男女儿童脑的发育情况是不同的。一般来讲，女孩的大脑左半球神经细胞的生长和髓鞘化的实现比男孩早，而男孩的大脑右半球神经细胞的生长及髓鞘化的完成比女孩快。正因为如此，一般女孩说话、阅读都较男孩早，语言能力也较强。[①]

（三）大脑功能单侧化会影响婴幼儿的学习

大脑两半球功能上的不对称，或者说脑的不同功能向一侧半球集中，是人脑结构和认知的主要特征，这种大脑半球单侧化也可称为大脑功能左右脑优势。大脑功能单侧化或左右脑优势会影响婴幼儿学习，有研究表明，婴幼儿对不同认知加工方式的选择和偏好在一定程度上会受其"左脑优势"或"右脑优势"的生理特点决定。幼儿在某些方面表现出来的学习困难很大程度上

---

① 边玉芳. 儿童心理学[M]. 杭州：浙江教育出版社，2009.

和大脑两半球的功能相关。例如，有关幼儿创造力的研究表明，由于右脑具有直觉性和发散性认知加工的特点，所以那些右脑优势的幼儿其创造性思维特点比较突出。由此可见，"左脑优势"幼儿善于表达，条理性强，语言词汇丰富；"右脑优势"幼儿喜欢动手，富有想象，思维活跃。当然，大脑两半球功能优势或单侧化不是绝对的，而是相对的，因此教师对幼儿进行学习指导时，要考虑大脑两半球优势对学习的影响，也就是要对幼儿进行全脑开发，如图2-5所示。

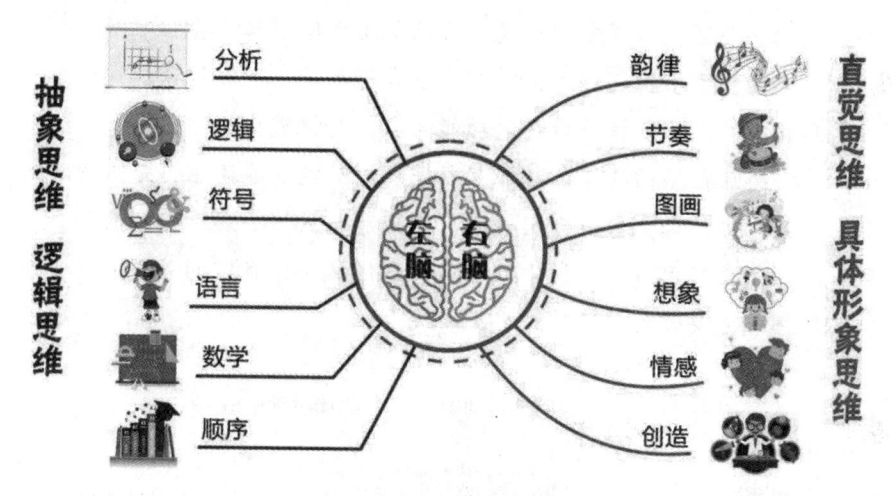

图2-5 全脑功能开发

【知识延伸】

图2-6为大脑皮层功能区示意图。

大脑半球的外侧面以外侧裂、中央沟等为界线可以分为四个叶。外侧裂以上、中央沟之前为额叶，中央沟之后、顶枕沟之前为顶叶，顶枕沟之后为枕叶，外侧裂之下为颞叶。

额叶位于中央沟前，具有推理和决策等复杂的心理功能。额叶以躯体运动功能为主，是躯体运动中枢。额叶病损时主要引起随意运动、言语、颅神经功能、自主神经功能及精神活动等方面的障碍，如癫痫。

顶叶位于中央沟之后、顶枕裂与枕前切迹连线之前。顶叶以躯体感觉功能为主，是躯体感觉中枢。顶叶响应疼痛、触摸、品尝、温度、压力的感觉。该区域也与数学和逻辑相关，如盲人的顶叶比一般人的大。

顶叶分前、中、后区。前区是顶额联合区，负责身体感觉、味觉、触觉、性冲动、身体协调性、身体认知。中区是顶颞联合区，即韦尼克区，负责感觉性语言的认知处理。后区是顶枕联合区，负责空间感觉（右脑）及数理逻辑（左脑）。

枕叶位于脑部后端，含有许多专门负责处理和解读视觉信息的不同区域。枕叶以视觉功能为主，是视觉中枢。

颞叶在脑的两侧，与耳朵齐平，以听觉功能为主，是听觉中枢。颞叶外侧含有专门负责言语理解的区域。颞叶内侧的海马体是记忆形成的关键，且与其周围区域共同在空间导航方面发挥着重要作用。

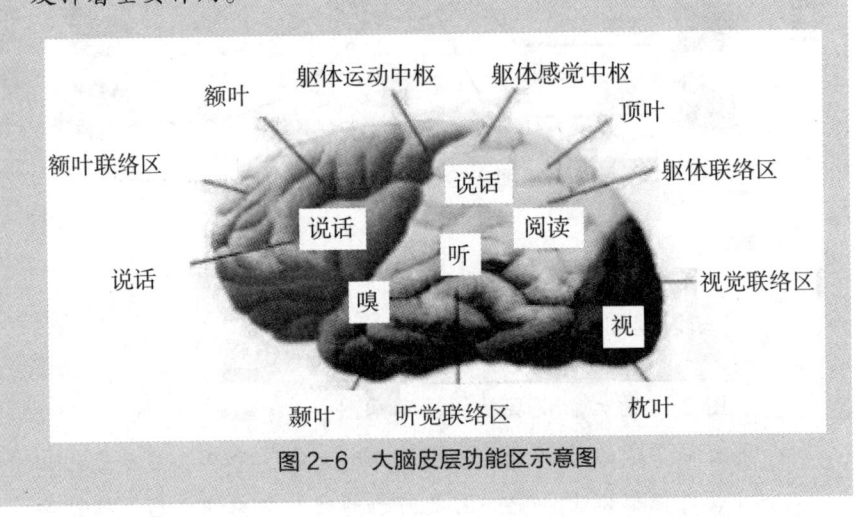

图 2-6 大脑皮层功能区示意图

三、学习障碍与脑生理机制

"学习障碍"这一概念是由美国特殊教育专家柯克（Kirk）最先提出的。所谓"学习障碍"，是指智力正常，而在获得和运用听、说、读、写、算和推理等方面表现出异常行为或偏差，如学习能力低下、注意力不集中、肢体协调性差等，甚至可能出现无法良好地适应学校学习、缺乏社会交往能力。不同类别的学习障碍之间既有差异又有共同特征。一般而言，典型的儿童学习障碍主要包括以下几个方面：注意力不足、书写障碍、阅读障碍、感知觉障碍、情绪障碍、语言理解和表达能力不足等。

（一）多动症与学习障碍

儿童多动症又称儿童注意力缺陷多动症，是儿童注意力缺乏、活动过多、冲动性强和延迟满足能力弱等一系列行为问题的总称，表现为与年龄和发育水平不相称的注意力不集中、注意时间短暂、活动过度和冲动，常伴有学习困难、品行障碍和适应不良。儿童多动症有以下几个特点。

1. 注意力缺陷

儿童注意力缺陷表现为注意保持时间达不到儿童年龄和智商相应的水平，注意力集中的时间短暂。如在幼儿园户外或室内活动时显得不专心，易受环境的干扰而分心；会发愣走神，注意对象不断地从一种活动转移到另一种活动，好像是因为注意到新事物而对原来的事物失去兴趣，对来自各方的刺激几乎都起反应，不能过滤无关刺激；做事常常不注意细节，会因粗心大意而出错。儿童出现轻度注意缺陷时，可以对自己感兴趣的活动集中注意力，如看电视、听故事等；出现严重注意缺陷时，几乎对任何活动都不能集中注意力。

2. 活动过多

在需要相对安静的环境中，有的儿童活动量和活动内容明显增多，在需要自我约束或秩序井然的场合显得尤为突出，这是多动症的又一核心症状。大部分多动症儿童在活动期间或社会交往中表现为格外活泼，小动作明显多，不能静坐，在座位上扭来扭去，左顾右盼，摇桌转椅，话多喧闹，闲不住，常招惹别人，凡能碰到的东西总要碰一下，故意闹出声音以引起别人注意，不遵守纪律和秩序，喜欢危险的游戏，喜欢恶作剧。

3. 易冲动、任性

易冲动、任性是多动症儿童突出而又经常出现的症状。多动症儿童由于缺乏克制能力，常对一些不愉快刺激做出过分反应，常做出不假思考的举动，易激惹，不顾后果，破坏东西。其行为表现包括：幼稚、任性、自我克制力差；易受外界刺激而兴奋，挫折感强，行为唐突、冒失；情绪不稳定，会无故叫喊或哄闹，又无耐心，做什么事情都比较匆忙，做事缺乏缜密考虑，行为不顾后果，以致在冲动之下出现危险举动。

4. 学习困难

学习困难或称学习障碍，从理论上讲是指智力正常的儿童在阅读、书写、拼字、表达、计算等方面的基本心理过程中存在一种或一种以上的特殊性障碍。多动症儿童由于注意力有缺陷或活动过度，会给学习带来一定困难，影响学习效果及完成作业的速度与质量，造成学业不良，学习成绩与智力水平不相符。

在多动症儿童中，30%～60%伴有对抗障碍，20%～30%伴有品行障碍，20%～30%伴有焦虑障碍，20%～60%伴有学校技能障碍。

一般来讲，多动症儿童的临床症状波动有时与儿童所处场合、从事的活动有关。多动症儿童在做作业、从事重复性或需付出巨大努力的活动及做不新奇的事情时，其注意力的维持最困难。在有吸引力的活动、新的情况下或不熟悉的环境中，多动症的症状可减轻。在连续而直接的强化程序下，比在局部的和延迟的强化程序下，注意力的维持情况明显好些。在指导语进行必要重复时，多动症儿童可以完成任务，其注意力的维持问题不大。在没有特别严格的规范和严格的纪律要求遵守的地方，多动症儿童与正常儿童几乎无区别。其症状随情景而波动的现象说明了多动症儿童表现的症状严重程度受到环境的影响，并与其有高度相互作用。

5. 神经系统异常

部分多动症儿童存在精细动作、协调运动、空间位置知觉方面的功能缺陷，如动作技巧方面笨拙、翻手、对指运动、系鞋带和扣纽扣等不灵便，左右分辨困难。但这些症状会随神经系统发育成熟而逐渐好转。在神经发育异常的儿童中，少数儿童出现语言发育延迟、语言表达能力差。神经心理学测验表明，这些儿童在注意、记忆、视运动及概括、推理能力方面有发育障碍。

神经系统异常的原因一般有两种。一是与遗传有关。家庭研究表明，家族中父母或三代以内的近亲有多动症的，其子女患多动症的概率要大得多。曾有研究对800例多动症儿童调查，结果发现，14.2%的病例有家族病史，

11对双胞胎同时患病。这些证据表明，多动症与遗传因素有着密切关系。二是与大脑发育有关。研究发现，多动症是由大脑前额叶发育迟缓引起的；另外，脑损伤、神经递质代谢异常也是引起儿童多动症的因素之一。

【知识延伸】

多动症幼儿的检测

如果幼儿同时具有以下8个或更多特征，就可能有了多动症的一般症状：①经常动来动去。②很难保持坐姿。③容易心烦意乱。④很难做到排队等候。⑤经常未加思索就脱口而出。⑥很难做到按照指导逐步完成任务。⑦很难集中注意力。⑧经常一项活动未完成就将注意力转向另一项活动。⑨很难安静地玩耍。⑩喜欢插嘴或将自己的思路强加于人。⑪经常在上课时开小差。⑫说话过多。⑬经常不计后果地参加危险活动。

——克里克山克《教学行为指导》，2003年中国轻工出版社

（二）感统失调与学习障碍

感觉统合理论是美国南加州大学临床心理学家艾尔斯（Ayres）博士根据对脑功能的研究及实验的结果提出来的。感觉统合是指人的大脑将从各种感觉器官传来的感觉信息进行多次分析、综合处理，并做出正确的应答，使个体在外界环境的刺激中和谐有效地运作。只有经过感觉统合，神经系统的不同部分才能协调整体作用使个体与环境顺利接触；没有完好的感觉统合，大脑和身体就不能协调发展。感觉统合失调是大脑功能失调的一种，也可称为学习能力障碍，是指外部的感觉刺激信息不能在人脑的中枢神经系统中进行有效整合，从而使整个机体不能和谐地运作，造成各种心理障碍与疾病。

感觉统合失调主要表现为以下几类。

1. 视觉统合失调

视觉统合失调的儿童，能长时间看动画片、玩电动玩具，却不喜欢阅读，即使在阅读时，也会出现读书跳行、跳页、多字少字、读了就忘等视觉上的

障碍。有视觉障碍的儿童在生活上还常常丢三落四,似乎经常在找东西,生活无规律,时间久了,心理上会产生自卑感。

2. 听觉统合失调

听觉统合失调的儿童多数表现为注意力不集中,好动,不喜欢和别人讲话,丢三落四,记忆力差,经常忘记教师说的话,上课时总是东张西望,显出不耐烦的样子,经常打断别人的话;喜欢无端尖叫或者自言自语,倾听速度和反应慢,无法同时接收两个以上指令,很容易忘掉交代的事情;在上课时,无法过滤教师声音外的其他声音,耳朵虽然会同时听到多种声音,但无法分辨声音的来源;记忆力差。这样的孩子不能让课堂时间产生良好的效益,而且会影响课外的正常生活,时间长了,孩子会在心理上怀疑自己的能力,甚至厌学逃学。

3. 触觉统合失调

触觉统合失调的儿童害怕陌生的环境,对他人的触摸比较敏感,总有一种担心害怕、易受惊的感觉。他们爱哭、咬指甲,过分依恋父母,容易产生分离焦虑,在学习与生活中则表现为好动、不安,办事瞻前顾后,甚至怕剃头、打针,容易紧张,偏食或暴饮暴食,脾气暴躁。触觉统合失调的孩子由于心理上总处在一定程度的紊乱状态,时间一长,必然使学习与生活质量不断下降。

4. 本体觉统合失调

本体觉统合失调的儿童多数表现为在活动中动作不协调。如跳绳的时候无法把握手脚的协调度;音乐活动中会走调;和人交往时会出现口吃现象;站无站相,坐无坐相,容易驼背、近视,缺乏自信;方向感极差,容易迷路;身体协调能力不佳,精细动作不良(如扣扣子、系鞋带等);脾气暴躁,粗心大意,根本无法学习;等等。更严重的是,本体觉不良的孩子,很可能形成严重的语言障碍,挫折感很多,没有创造力。

5. 前庭平衡失调

前庭平衡失调的儿童表现为好动不安,走路易摔跤,拿东西不稳,左右手不分,鞋子穿颠倒;方向感不明,注意力不集中,爱做小动作,兴奋好动,人际关系不良;有攻击性,爱挑剔,很难与人分享玩具或食物等;缺乏自信,思考或做事情缺乏灵活性,不会举一反三。前庭感觉不良的儿童,会经常遭遇挫折，丧失信心，无法有效抵制及协调不良情绪，使人格和情绪的健全发展受到严重的阻碍；会产生无法判断视觉空间的现象，因此常常无法判断距离和方向；写字时常把数字、字体或偏旁部首写反，甚至前后反读；在人多的地方容易迷失方向。前庭平衡失调的儿童更严重的问题是话多，而且语言缺乏组织性，喜欢重复别人的话，别人根本不知道他在讲什么。

感觉统合失调有多方面的原因。首先是母体因素。孕育过程中妈妈的情绪出现焦虑，经常饮用浓茶、咖啡等刺激物质，怀孕时用药、早产、剖宫产等可能会导致感统失调。其次是环境因素。如婴儿活动空间狭小，过度保护婴儿，该锻炼婴儿爬行时却担心婴儿受伤而不让爬行等；婴幼儿期脑损伤；过多限制婴幼儿的活动，日常生活中缺少刺激及小伙伴的交往，运动较少，婴儿的平衡和协调能力无法得到有效锻炼。

据调查，在人群中，有10%～30%的儿童存在不同程度的感觉统合失调，家长和老师应及早发现孩子的这些行为问题并及时进行心理治疗训练，否则，会影响孩子的智力发育和学习能力发展，造成孩子学习基础差、心理发育迟缓和人际关系问题，进而出现厌学、逃学、撒谎等行为问题。

第三节　幼儿身心发展的影响因素与促进策略

我国《幼儿园教育指导纲要（试行）》中明确指出："幼儿园必须把保护幼儿的生命和促进幼儿的健康放在工作的首位。"幼儿阶段是幼儿的生长发育、语言、个性、思维方式等形成的关键时期，在此阶段，幼儿园在重视幼儿身体健康的同时，也要重视幼儿的心理健康。

一、影响幼儿身心发展的因素

（一）遗传因素

意大利画家达·芬奇（Da Vinci）在手稿中曾经写道："同一个灵魂支配着两个躯体，母亲的愿望对其腹中的胎儿不断产生影响，母亲的意志、希望、恐惧和精神上的痛苦对胎儿的严重影响,远远超过对母亲本身的影响。"由此可见遗传的重要性。

遗传是一种生理现象,是指把上一代或几代长期形成的生物特征,传递给下一代的生物现象。这些生物特征主要是指那些与生俱来的有机体的构造、形态、感官和神经系统等方面的解剖生理特征。当一个有染色体畸形或基因缺陷的精子或卵子受精时,就会导致各种先天畸形和遗传疾病。其中,如大脑发育不全、唐氏综合征、先天性聋哑、苯丙酮尿症、精神分裂症、躁狂抑郁症等,都会导致明显的精神残缺和心理障碍。

(二)家庭教育

家庭是社会的细胞,是社会的基本单位,是儿童生活的第一个环境和成长的摇篮。1990年,联合国召开了世界儿童问题首脑会议,会议通过了《儿童生存、保护和发展世界宣言》和《执行九十年代儿童生存、保护和发展世界宣言行动计划》。其中《执行九十年代儿童生存、保护和发展世界宣言行动计划》中明确指出:"家庭对于培养和保护从婴儿到青春期的儿童负有主要责任。"当幼儿在家时,父母在对待幼儿教育上会存在一定的分歧,如果父母无法达成一致,对幼儿过度溺爱或严厉,或致使幼儿依赖性强、任性、霸道或懦弱、随心所欲、情绪焦虑,最终产生不良心理;父母若因幼儿教育分歧导致关系紧张、敌对,甚至经常当着幼儿的面争吵,对幼儿的教育主要以批评、惩罚、打骂为主,也就是在"绝对服从"的高压下,幼儿易形成胆怯、自卑、畏缩、固执、孤僻等不良心理;父母言行不一,家里老人的无限溺爱等都会影响幼儿的身心健康。

(三)社会交往

社会交往是人类生存的一种基本需要,也是人们精神生活的重要内容。幼儿社会交往是幼儿在生活中获得初步社会认知、体验简单的社会情感、学习和扮演简单的社会角色、建立初浅的人际关系的过程,是幼儿生长发育与个性发展的需要,是完成个体社会化的过程。幼儿只有在与同伴群体的交往中，才能在平等的基础上协调各种关系，充分发挥其个体积极性、主动性、创造性，才能体现自己的力量，更好地认识、评价自己，形成积极情感，获得健全的人格，为将来适应社会发展打下基础。因此，重视幼儿社会交往、发展幼儿的社会交往能力是早期教育工作者不可推卸的责任。

（四）环境因素

成功把一个有些木讷的孩子培养成才的德国牧师卡尔·威特（Karl Witte）曾说过这样一句话："良好的后天环境胜于天赋。"我国《幼儿园教育与指导纲要（试行）》明确指出："环境是重要的教育资源，应通过环境的创设和利用，有效地促进幼儿的发展。"

幼儿出生后，必然生活在一个具体的、特定的环境之中。要使幼儿健康成长，就需要给幼儿创造一个良好的生活、学习环境——良好的环境能为幼儿的身心发展提供多种可能。社会环境是幼儿成长的社会生活条件，对幼儿的身心发展起着非常重要的作用。幼儿在社会环境作用下，会随着环境变化，认知能力发生变化，心理逐渐成长；对于外界客观事物，会通过自己的心理认知进行处理；若是有些问题无法得到解决，幼儿会通过一些方式来改变自己心理状态。这样，幼儿的心理就会得到不断发展。也就是说，环境是人的身心发展的外部的客观条件。

二、促进幼儿身心发展的策略

（一）创设良好感知环境

俄罗斯教育家乌申斯基（Ushinski）认为："儿童通过直观和实践获得逻辑概念，用形状、色彩、声音来思考"。生活经验也告诉人们，幼儿了解世界的主要途径就是感知、观察——只有通过感知活动，幼儿才能通过归类、比较找出物体的异同点，才能认识物体的颜色、形状等属性，幼儿的思维能力才能逐渐发展起来。感知能力是知识、记忆、思维、想象力发展的基础。

幼儿的感知活动开始是无目的的，随意性较大，随着年龄增长和知识经验的积累，幼儿的无意感知逐步过渡到有意感知，此时就需要幼儿教师创设一定的环境，引导幼儿尽可能通过看、听、说、摸、尝、闻多种感知活动，对客观事物形成较为全面的、系统的感知。这样既能提升幼儿感知的灵敏度，也能提高幼儿的反应能力。

（二）全面渗透心理健康教育

近年来，国内外有不少教育工作者同心理卫生专家对幼儿心理健康开展了研究，他们对此提出了初步看法，认为一般心理健康的幼儿有如下特点：智力发育正常，喜学爱问，情感丰富，情绪开朗；行为活泼而有一定的自控能力；合群、乐群，能适应集体生活，能与同伴友好相处。在幼儿园对幼儿进行心理健康教育，幼儿教师可以通过语言和自身行为渗透心理健康教育，如幼儿教师在常规活动中，需要为幼儿树立良好榜样，严格要求自己，积极乐观，对幼儿多鼓励、多赞美，用各种语言来激励幼儿积极主动参与活动。幼儿教师要根据幼儿心理健康教育的目标和内容，精心设计各类教育活动，通过开展各类活动，增进幼儿的自我认知，充分发挥其潜能，协助幼儿克服各种困难，让幼儿在各类活动中学会情绪管理，学会相互帮助，形成团队精神，追求自我实现，达到身心健康发展的目的。

（三）对幼儿足够尊重和理解

《幼儿园教育与指导纲要（试行）》中指出："幼儿园教育应尊重幼儿的人格和权利，尊重幼儿身心发展的规律和学习特点，以游戏为基本活动，保教并重，关注个别差异，促进每个幼儿富有个性的发展。""教师应成为幼儿学习活动的支持者、合作者、引导者。"可以说，尊重幼儿、理解幼儿是幼儿教师职业道德的核心，是评价和检验幼儿教师职业道德水准的重要标志。幼儿教师尊重和理解幼儿，需要在教学活动中遵循幼儿成长发展规律，给幼儿一定的自由空间，正视幼儿的个体差异。幼儿教师应力争使每一个幼儿健康快乐地成长，不仅需要为幼儿创建良好的物质环境以满足幼儿生理需求，而且在创建物质环境的同时也不能忽视精神环境的创建。每一个孩子都渴望得到教师的关爱、理解与尊重，作为幼儿教师，应当去尊重幼儿、理解幼儿、热爱幼儿，只有这样才能充分发挥幼儿的积极性、主动性与创造性。在日常生活中，幼儿教师应以饱满、愉快的情绪与幼儿打成一片，要了解、熟悉每个幼儿，善于洞察他们的内心世界，了解他们的需求，耐心地教育他们、尊重他们、理解他们，把幼儿看成独立的人，在充分发挥幼儿主动性的前提下，因势利导，因材施教，循循善诱，鼓励幼儿进步。

（四）给予幼儿自主活动时间和空间

《幼儿园教育指导纲要（试行）》中明确提出，幼儿园要给幼儿"提供自由活动的机会，支持幼儿自主地选择、计划活动""提供幼儿自由表现的机会"。幼儿的社会知识和主观经验主要来源于活动，因此，在幼儿自主活动中，教师要有目的地指导幼儿活动，为幼儿创建宽松的活动环境，给予幼儿更多的活动时间，学会等待幼儿，让幼儿有时间去动脑思考、动手实践，而教师则在活动中注意观察幼儿，关注幼儿并给予恰当的指导，使幼儿能够身心愉悦、积极主动地进行活动。幼儿在这样的宽松、愉悦的环境中，能够对自主活动有更深刻的认识，产生参与的积极性，从而使活动有条不紊地进行；幼儿也能积累更多的经验，提升动手操作能力、社会交往能力。值得注意的是，自主活动不等于教师放任不管，而是意味着教师要在充分尊重幼儿意愿的基础上，抓住自主活动教育的契机，因势利导，鼓励幼儿相互帮助，培养幼儿良好个性。当幼儿之间发生矛盾时，只要不存在危险，教师可让孩子自己去处理。如果孩子间出现的问题较大，他们没有能力解决，教师则应该站出来，引导幼儿去处理。在平时，教师应加强对幼儿的友爱教育，肯定和鼓励幼儿在交往中的友好行为，并把这种教育渗透在日常生活中的方方面面，这样，就能使幼儿在开展自主活动时更为顺利。

【复习与巩固】

1. 简述幼儿心理发展理论对幼儿教学活动的启示。
2. 谈谈你对学习障碍与脑生理机制的理解。
3. 结合实际阐述影响幼儿身心发展的主要因素。

【总结与反思】

_____

_____

_____

_____

_____

第三章　学习与幼儿学习

【知识目标】

1. 了解学习的特性、分类等内容。
2. 理解幼儿学习的主要方式和特点。
3. 掌握学习与幼儿学习的关系。

【技能目标】

与实践相结合，把幼儿学习的活动模式应用于幼儿教学活动中，进而提高幼儿教师教学活动时的操作能力及水平。

【本章要点】

学习概述 01
一、学习的心理实质与特性
二、学习的一般分类

学习与幼儿学习

婴幼儿的学习 02
一、婴儿学习的主要方式
二、幼儿学习的主要方式
三、幼儿学习的主要特点

请你思考：

下列哪些行为是学习？①经常喊"妈妈"；②知道了数学中的平方和公式；③骑自行车；④打字；⑤懂得了怎样做衣服；⑥改变了懒惰的习惯；⑦树立了为集体利益服务的价值观。

第一节 学习概述

"学习"是生活中一种常见的现象,是指个体从阅读、听讲、研究、实践中获得知识或技能的行为。以"经验是人的一切知识或观念的唯一来源"的经验主义、以"刺激—反应"为理论基础形成的行为主义和以认知理论为基础形成的建构主义三个学习理论,经历了相互斗争和相互妥协的发展历程,对学习本质的影响延续至今。经验主义、行为主义、建构主义的合理因素在不断发展和扬弃的过程中得到继承和发展,对于探究学习本质的实践活动具有深刻的借鉴意义和启发作用。

一、学习的心理实质与特性

(一)学习的心理实质

学习的概念有广义和狭义之分。从广义上讲,学习是人和动物在生活中通过实践和训练而由经验引起的相对持久的心理变化。这一概念包括三层含义。

第一,学习表现为行为或行为潜能的变化。一般而言,可以凭借一个人行为或行为潜能的改变,来推断学习的发生。有时,一个人通过学习获得的一般性知识经验(如对现代艺术的鉴赏)和道德规范,往往不一定在他的当前行为中立即表现出来,但它们影响着他未来的行为潜能。

第二,学习所引起的行为或行为潜能的变化是相对持久的。药物、疲劳、疾病等因素也能引起行为或行为潜能的变化,但这些变化多是比较短暂的。如中小学生因疲劳而降低了学习效率,但一旦疲劳消除,行为表现又会与过去等同,存在时间较短暂。而一旦一个人学会了游泳、滑冰、骑车、打球等,这些技能就几乎可以终身不忘。习得的知识概念虽然有时会发生遗忘,但相对于因药物或疲劳等引起的暂时性变化来说,它们的保持时间仍是比较持久的。

第三，学习是由反复经验而引起的。个体的成熟乃至衰老也会使其行为产生持久的改变，如青春期少年的嗓音变化是生理成熟的结果，与经验无关，因而不能将其称为学习。由经验而产生的学习主要有两种类型：一种是由有计划的练习或训练而产生的正规学习，如中小学生在学校中的学习；另一种则是由偶然的生活经历而产生的随机学习，如路遇交通事故而体会到遵守交通法规的重要性、幼儿被开水烫一次就知道开水不能摸等。

从上述分析可知，学习不是本能活动，而是后天习得的活动，是由经验或实践引起的。任何水平的学习都将引起适应性的行为变化，不仅有外显行为的变化，还有潜在的个体内部经验的改组和重建，而且这些变化是相对持久的。但是也不能把个体一切持久的行为变化都归为学习，那些由于疲劳、成熟、机体损伤以及其他生理变化所导致的行为变化就不属于学习，只有通过反复练习、训练使个体行为或行为潜能发生相对持久的变化才能称为学习。

（二）人类学习与学生学习

我国著名心理学家潘菽认为，人的学习是"在社会实践中，以语言为中介，自觉地、积极主动地掌握社会和个体经验的过程"。人和动物的学习有很多相似的地方，如"尝试错误说""顿悟说"就解释了人和动物都具备的学习方式。然而，人类的学习与动物的学习又有着本质的区别。首先，人的学习不仅要获得个体的行为经验，而且要掌握人类祖先遗留下来的社会历史经验和科学文化知识。其次，人的学习是以语言为中介的，这是人与动物学习的根本区别。最后，人的学习是一种有目的的、自觉的、积极主动的过程。人有主观能动性，可以积极主动地建构自己的知识结构，这是动物做不到的。

狭义的学习专指学生的学习。它是人类学习中的一种特殊形式，是指在教师的指导下，有目的、有计划、有组织、有系统地进行的学习，是在较短时间内接受前人所积累的科学文化知识、技能，并以此来充实自己的过程。学生的学习是一种特殊的认知活动，是在教师的指导下进行的，是为参与未来的生活实践做准备的。学生的学习不但要掌握知识经验和技能，而且要发展智能、培养行为习惯、修养道德品质和促进人格的发展。因此，学生的学习内容大致可分为三个方面：一是知识、技能和学习策略的掌握；二是问题解决能力和创造性的发展；三是道德品质和健康心理的培养。

人类学习与学生学习之间是一般与特殊的关系，也就是说，学生的学习既与人类的学习有共同之处，但又有其自身的特点。

首先，学生的学习以间接经验的掌握为主线。人类的认识是从实践开始的，而学生的学习则未必如此，他们可以从学习现有的经验、理论、结论开始，同时补充以感性经验。虽然学生的学习也要求个人有一定的经验基础，但学生的实践活动与成人有所不同，主要表现在他们的目的性上，而且从总体上来说，间接经验的学习形式是学生学习的主要形式，因为学生的学习不可能事事从直接经验开始。在教学组织和教学方法上，一般会要求教师把学校学习和实际生活以及学生的原有经验相联系，以实现直接经验与间接经验的一体化。

其次，学生的学习具有较强的计划性、目的性和组织性。学生的学习是在有计划、有目的、有组织的条件下进行的，必须在有限的时间内完成，并达到社会的要求；需要在教师的指导下实现，并存在多种形式的互动。由于教师既掌握所教知识的内在联系，又了解学生的学习过程的特点，因此教师通常能够保证在较短时间内，采用特殊有效的方法，帮助学生学会学习、掌握前人经验、建构自己的认知结构。

最后，学生的学习具有一定程度的被动性。学生学习与人类学习一样，是一个主动建构的过程，不过学生的学习主要不是为了适应当前的环境，而是为了适应将来的环境要求。当学生意识不到他当前的学习与将来的生活实践之间的关系时，学生就难以认识到学习的必要性，因而容易缺乏动力。因此，教师要注意用各种方法来培养和激发学生的学习动机，提高其学习的主动性和积极性。

【知识延伸】

现代学习的典型特征如下。

第一，做自己学习的主人。这主要表现在三个方面：一是最好的老师是自己；二是每个人都有适合自己的学习类型；三是享受做学习的主人的乐趣。

第二，学习是全身心的活动。首先，学习需要多感官的参与。其次，学习不仅有意识的参与，也有潜意识的参与。

第三，学习是终身的事情。信息社会所引发的知识爆炸性增长，使越来越多的人难以凭借某一阶段的学习或创造性成果获得有限成功而享受整个人生。

第四，学习是时空再造。英国哲学家培根（Bacon）说过："时间是最伟大的改革者。"我们面临的是三个时空维度：物理的、信息的和个体精神的。他们各自独立，又相互渗透。这场全球大变革的全部秘密，都表现在这个时空的再造和转化上。

第五，学习是适应未来的学习。

第六，学习的内容是整个人类的智慧。

第七，学习是成功、自由和快乐的。

第八，以学择教是一种历史大趋势。

二、学习的一般分类

学习是一种极其复杂的现象，涉及不同的对象、内容、形式和水平等。为了提高对学习的认识，对其进行分类是十分必要的，因为分类的过程就是对学习现象的认识不断深化的过程。但由于学习涉及的范围极其广泛，而且形式多样，因此，对学习进行分类比较困难，至今尚未形成统一的分类。

（一）加涅的学习分类

1. 学习层次的分类

罗伯特·加涅（Robert Gagne）是美国教育心理学家。他根据学习活动的复杂程度由低级到高级把学习分为八类。

（1）信号学习。信号学习即巴甫洛夫（Pavlov）的经典条件反射。这是一种最简单的学习，是有机体学会对某种信号刺激做出一般性和概括性的反应。

（2）刺激—反应学习。刺激—反应学习是指学习使一定的情境或刺激与一定的反应相联结，并得到强化，学会以某种反应去获得某种结果。桑代克（Thorndike）和斯金纳（Skinner）的操作性条件反射就是这类学习的代表。

（3）连锁学习。连锁学习是指学习两个或两个以上联合的刺激—反应动作，以形成一系列的刺激—反应动作联结。很多运动是由一系列分散的动作组成的，如跳远由助跑、踏板、起跳、落地组成，像这样的学习就要用到连锁学习。

（4）言语联想学习。言语联想学习指形成一系列的语言单位的联结，即语言连锁化。如对句子的理解、造句等就属于此类学习。

（5）辨别学习。辨别学习指一系列类似的刺激，并对每种刺激做出适当的反应。如比较狮子和老虎的异同点的学习就是辨别学习。

（6）概念学习。概念学习是指学会对一类刺激做出同样的反应，也就是对事物的抽象特征的反应。

（7）规则的学习。规则指两个或两个以上概念的联合。规则学习即了解两个或两个以上概念之间的关系。

（8）解决问题的学习。即在各种情况下，使用所学规则去解决问题。

加涅的这一分类由简单到复杂、由低级到高级。前三类学习都是简单反应，许多动物也能完成。而且事实上，这几类学习大多是从动物实验中概括出来的。

2. 学习结果的分类

在20世纪60年代，加涅明确认识到，人类学习现象极其复杂，不可用一种理论解释全部学习现象，必须对学习进行分类研究。1965年，加涅出版了《学习的条件》一书。该书于1970年、1977年和1985年三次修订再版，其中最后一版的书名为《学习的条件与教学论》，该书将人类学习的结果分为以下五种类型。

（1）言语信息。即掌握以言语信息传递的内容，能够用语言文字陈述观点。这一类学习通常是有组织的，学习者得到的不仅是个别的事实，而且是根据一定的教学目标而选择的知识，可以使信息的学习和意义的学习结合在一起，构成系统的知识。其中又分为三小类：①符号。包括人名、地名、外语单词、数学符号等。如知道上海又名"沪"，苹果在英语中是"apple"。②事实的知识。如知道"中国的首都是北京"。③有组织的整体知识。如数学中有关数的运算知识。

（2）智慧技能。言语信息的学习帮助学习者解决"是什么"的问题，而智慧技能的学习帮助学习者解决"怎么做"的问题。在每种水平的学习中都包含着不同的智慧技能，如怎样把分数转换成小数、怎样使英语动词和句子的主语一致等。加涅按不同的学习水平及其所包含的心理运算的不同复杂程度，将智慧技能依次分为辨别（区分事物的差异的能力）、具体概念（识别同类事物的能力）、定义性概念（运用概念定义对事物分类的能力）、原理与规则（应用原理或规则办事的能力）、高级规则（将若干简单规则组合成新规则的能力）。如小明两岁半就学会了正确使用"你""我""他"三个代词进行言语交流，说明幼儿能对三个代词所指称的事物正确归类，即幼儿以概念形式掌握了"你""我""他"，这属于加涅提出的智慧技能的一种。因此加涅认为，每一级智慧技能的学习要以低一级智慧技能的获得为前提，最复杂的智慧技能则是把许多简单的技能组合起来而形成的。

（3）认知策略。认知策略是学习者用以支配自己的注意力、学习、记忆和思维的有内在组织的才能，这种才能使学习过程的执行控制成为可能。认知策略具有调控执行过程的功能，它能激活和改变其他的学习过程。认知策略与智慧技能的不同在于，智慧技能指向学习者的外部环境，而认知策略则支配着学习者在应对环境时其自身的行为，即内在的东西。

（4）动作技能。动作技能是指通过练习获得的、按一定规则协调自身运动的能力。如背越式跳高能力是以动作技能为主的运动能力。如小芳在两岁时就学会了背诵《静夜思》这首唐诗。两岁的幼儿，不可能习得唐诗表达的意境，只是按照一定的顺序发出汉字的音来，这涉及口腔声带等肌肉的运动，属于加涅讲的动作技能。

（5）态度。态度是通过学习获得的内部状态，这种状态影响着个人对某种事物、人物及事件所采取的行动。学校的教育目标应该包括态度的培养。态度可以从各种学科的学习中得到，但更多的是从校内外活动中和家庭中得到的。加涅提出三类态度：①儿童对家庭和其他社会关系的认识；②对某种活动所表现出来的积极的情感，如音乐、阅读、体育锻炼等；③有关个人品德的某些方面，如热爱国家、关切社会需要和社会目标、尽公民义务的愿望等。如小黄原来见了陌生人就躲避，上幼儿园一个月后，小黄的这种行为消失了，习得了一种对人反应的新的倾向，这种学习结果属于加涅所讲的态度。

上述五种学习结果，第一到第四种结果属于能力范畴。人的能力有天生成分和后天习得的成分。后天习得能力是由习得的言语信息、智慧技能、认知策略和动作技能构成的。这四种成分中前三种属于认知领域，第四种属于心因动作领域。第五种结果，即态度，属于情感领域。

（二）布卢姆的教育目标分类

美国当代著名的教育家和心理学家布卢姆（Bloom）是根据人的认知过程从简单到复杂、由具体到抽象这一规律来作为其教育目标分类理论依据的。布卢姆认为，只要两种简单类似的行为一发生联系，则二者都会变得无比复杂。在这一观念的指引下，布卢姆把教育行为的发展从简单到复杂进行了新的分类，也就是构建了认知领域教育目标分类这一完整的理论体系。布卢姆的教育目标分类系统包括认知、情感和动作技能三个领域的教育目标分类，并将每一类从低到高分为若干层次。

1.认知领域的目标分类

认知领域的目标指预期教学后在学生认知行为方面可能产生的改变。在教学前先列举出预期学生将来在认知行为方面可能的改变，才能保证随后的教学与考评有据可循。布卢姆按认知的复杂程度，将认知领域内目标由简单到复杂分为六个子目标，见表3-1，这些子目标之间不是完全独立和平行的，而是一个由浅入深、步步递进、有机的层次系统，每一个目标是以前一个目标为基础的。教学就是需要按照这样的顺序完成一个层级又一个层级的具体目标，最后达到完成所有的教学任务。这就有效地克服了加涅学习分类观点中存在的"不能较妥善解释'知'与'能'之间关系"的缺陷，让人清楚地看到"知识"是如何通过学习而转换为"能力"的。

表3-1 认知领域的行为目标

序号	等级	目标	心理意义	具体表现
1	知识	对已学过材料的记忆保持	主要依据记忆这种认知水平来学习	能回忆具体事实、过程、方法、理论等
2	领会	把握所学材料的意义	超越了记忆，但仍是较低水平的理解	能解释、概括和说明所学的材料，能用自己的语言方式表达已学习的内容（转换），能估计预期的后果（推断）
3	运用	将已掌握的知识应用于新的情境	已达到较高水平的理解	能将所学到的知识恰当地运用到其他情境中予以解决问题
4	分析	既能理解材料的内容，又能理解、把握材料的结构	是一种比运用更高的认知水平	能从整体出发把握材料的组成要素及其彼此联系
5	综合	能将已学过的材料或已获得的经验结合成新的整体	产生新的认知结构，故需要有一定的创造能力	能制订一些操作计划，能概括一些抽象关系，能表明（口头或文字）新的见解
6	评价	评定所学材料的合理性（如材料本身组织是否合乎逻辑）和意义性（如材料的社会价值）	最高水平的认知学习	能对各种体裁、题材、类型的材料做出价值判断

2.情感领域的目标分类

布卢姆与克拉斯沃尔（Krathwohl）等人在1964年出版了《教育目标分类学 第二分册：情感领域》一书，书中把情感领域目标分为五个亚领域，即接收（注意）、反应、价值评价、组织、由价值或价值复合体形成的性格化。

（1）接收（注意），指学习者感受到某些现象和刺激的存在，愿意接收或注意这些现象和刺激。它包括三个亚类：①觉察，指学习者意识到某一情境、现象、对象或事态。②愿意接纳，指学习者愿意承受某种特定刺激而不是去回避。例如，增强对人类需求和社会紧迫问题的敏感性。③有控制的或有选择的注意，指自觉地或半自觉地从给定的各种刺激中选择作为注意的对象而排除其他的无关的刺激。例如，注意文学作品中记载的人类价值和对生活的判断。

（2）反应，指学习者对出现在他面前的刺激已经不只是愿意注意而是上升到积极的注意。它包括三个亚类：①默认的反应，指学习者对某种外在要求、刺激做出反应，但是还存在一定的被动性。例如，愿意遵守游戏的规则。②愿意的反应，指学习者对于某项行为有了相当充分的责任感并自愿去做。例如，对自己的健康和保护他人的健康承担责任。③满意的反应，指学习者不仅自愿做某件事，而且在做了之后产生一种满意感。例如，从消遣性阅读中获得乐趣。

（3）价值评价，指学习者确认某种事物、现象或行为是有价值的，即学习者将外在价值变为他自己的价值标准，形成了某种价值观、信念，并以此来指引他的行为。它包括三个亚类：①价值的接受，即接受某种价值。例如，渴望形成良好的演讲和写作的能力。②对某一价值的偏好，指学习者接受某种价值，并且这种价值驱使着、指引着学习者的行为，同时，这种价值被学习者所追求，被学习者作为奋斗目标。例如，积极参与展示当代艺术成就的准备工作。③信奉，指个体坚定不移地相信某种观念或事业，全力以赴地去实现这种他认为有价值的观念或事业，并且他还力图使别人信服这种观念、参与这项事业。例如，献身于作为民主之基础的观念和思想。

（4）组织，是学习者在连续地将价值加以内化的过程中遇到各种不同的价值情境时，把各种价值组织成一个体系，确定价值之间的相互关系，确立占主导地位的价值和普遍性的价值的活动。这一领域包括两个亚类：①价值的概念化，即通过使价值特征化，使各种价值能够联系在一起。例如，试图识别所欣赏的某一艺术客体的特征。②价值体系的组织，指学习者把各种价值（可能是毫无联系的价值）组成一个价值复合体，并使这些价值形成有序的关系。例如，制订一个根据活动的要求来调节自己休息的计划。

（5）由价值或价值复合体形成的性格化，是指各种价值已经在个体内在的价值层次结构中固定下来，已经被组织成一种内在一致的体系，长期"控制"个体的行为，使个体长期地以某种方式去行动，即成为他的稳定的性格特征，而不再是一种表面性的或暂时性的情绪反应。这一领域也包括两个亚类：①泛化心向，指一种在任何特定的时候都对态度和价值体系有一种内在一致的倾向性。例如，根据事实随时准备修正判断和改变行为。②性格化，指外在价值已经内化为学习者的最深层的、整体的性格，包括他的世界观、人生观等。例如，形成一种始终如一的生活哲学。

3. 动作技能领域的目标分类

动作技能涉及骨骼和肌肉的运用、发展和协调。1956年布卢姆等人在创立教育目标分类理论时，仅意识到动作技能领域的存在，未提出具体的目标体系。后来，一些学者提出了几种不同的分类方法。辛普森（Simpson）等人于1972年提出的动作技能目标分类是目前应用较广的分类体系，阐述如下。

（1）感知，指通过感觉器官觉察客体、性质或关系的过程。例如，通过机器运转的声音，知道机器运转的毛病。

（2）准备，指为某种特定的行动或经验而做出的预备性调整或准备。例如，为熟练地操作钻床而做的各种准备。

（3）指导下的反应，指个体在教师指导下，或根据自我评价表现出来的外显的行为。例如，根据示范表演一种舞蹈；通过尝试各种程序，发现烫平短衫的最有效的方法。

（4）机制，指已成为习惯的习得的反应。例如，混合各种原料，制作奶油蛋糕的能力。

（5）复杂的外显反应，指个人能够表现复杂的动作和行为。例如，演奏小提琴的技能。

（6）适应，指改变动作活动以符合新的问题情境。例如，通过已有的舞蹈技能，适应不同情境的演出。

（7）创作，指创作出新的行为方式及动作。例如，创作一支现代舞蹈。

（三）奥苏贝尔的学习分类

奥苏贝尔（Ansubel）是美国当代著名的教育心理学家。他根据学生进行学习的方式，把学生的学习分为接受学习和发现学习；根据学习的内容，把学习分为机械学习与有意义学习，如图3-1所示。

接受学习，是学习者把以现成的定论的形式呈现给自己的学习材料，与自己已形成的认识结构联系起来，以实现对这种学习材料的掌握的学习方式。

发现学习，是在教师不加讲述的情况下，学习者依靠自己的力量去获得新知识、寻求解决问题方法的一种学习方式。

机械学习，即不加理解、反复背诵的学习，亦即对学习材料只进行机械识记。

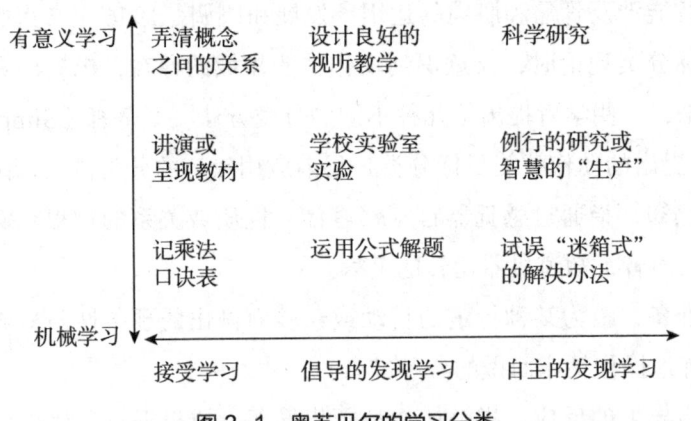

	接受学习	倡导的发现学习	自主的发现学习
有意义学习	弄清概念之间的关系	设计良好的视听教学	科学研究
	讲演或呈现教材	学校实验室实验	例行的研究或智慧的"生产"
机械学习	记乘法口诀表	运用公式解题	试误"迷箱式"的解决办法

图3-1 奥苏贝尔的学习分类

有意义学习，就是使符号所代表的新知识与学习者认知结构中已有的适当概念建立非人为的（内在的）和实质性的（非字面的）联系。所谓非人为的和实质性的联系，是指新的符号或符号代表的观念，与学习者认知结构中已有的表象、已经有意义的符号、概念或命题建立了联系。例如，dog 这个文字符号与儿童认知结构中已有的"狗"的表象建立了联系，就说明儿童对 dog 的符号学习获得了实质性的心理意义。这是最简单的有意义学习。复杂一些的如 bedroom 的学习，则必须使新知识与儿童原有的 bed 和 room 的概念和表象建立联系，才能使儿童获得新概念的意义。

接受学习 ←→ 发现学习，机械学习 ←→ 有意义学习，这是划分学习的两个维度。这两个维度之间不是互不依赖和彼此独立的。接受学习可以是机械的，也可以是有意义的；发现学习可以是机械的，也可以是有意义的。在这两个维度之间可以有许多过渡形式。

（四）冯忠良的学习分类

我国教育心理学家冯忠良依据教育系统中所接受经验内容的不同，将学习分为知识的学习、技能的学习和社会规范的学习三类。

知识的学习即知识的掌握，是指通过一系列的心智活动来接受和占有知识，在头脑中构建起相应的认知结构。具体来讲，知识的学习是通过领会、巩固和应用三个环节完成的，每一环节又有其特殊的心智动作。知识的学习要解决的是认识问题，即知与不知、知之深浅的问题。

技能的学习是通过学习或练习，建立合乎法则的活动方式的过程。技能的学习分为心智技能学习和操作技能学习两种。技能的学习比知识的学习更为复杂，不仅包括对活动的认识问题，还包括活动或动作的实际执行问题；不仅要知道做什么、怎么做，还要能够实际做出动作。技能的学习最终要解决的是会不会做的问题。

社会规范的学习又称行为规范的学习，是把外在于主体的行为要求转化为主体内在的行为需要的内化过程。社会规范的学习既包含规范的认识问题，又包含执行及情感体验问题，因此比知识、技能的学习更为复杂。

由此可见，学习知识、技能可以培养学生的能力，使学生学会做事；学习社会规范可以培养学生的品德，使学生学会做人。学校教育的最终目的也就是教会学生学会做事和学会做人，促进学生德、智、体、美、劳的全面发展。

第二节 婴幼儿的学习

从心理学的角度来讲，学习方式是指个体为接受和保持新的知识经验、技能所采用的方法和活动形式。

婴幼儿的学习与中小学生、成人的学习有着非常明显的差异，因此，了解婴幼儿的学习方式及特点对于幼儿教师来说非常重要。

一、婴儿学习的主要方式

婴儿是怎样学习的，这是近年来备受关注的一个研究领域。国内外研究者通常将婴儿的学习方式概括为以下几点。

（一）习惯化和去习惯化

习惯化是不断或重复受到某种刺激而对该刺激反应减弱的现象。它是人脑的一种功能，是要排除那些已熟悉却仍重复出现的刺激物，以免使脑负担过重的一种方式——这可以为新异刺激保留注意的空间。习惯化表明婴儿习得了这种刺激，这时如果有另外的新异刺激出现，婴儿的注意力会转向新异刺激。对熟悉的反应恢复和增加，就是去习惯化。经常更换环境刺激物和玩具，可以保持婴儿活跃的兴趣状态。

（二）经典条件作用

新生儿的神经系统发展十分迅速。研究发现，婴儿出生后不久，通过喂奶与音乐的前后出现，多次重复后，婴儿在听到音乐时吮吸会加速——这就是在吮吸无条件反射基础上建立了条件反射，音乐成了条件性刺激。这种学习方式也是婴儿最早的学习方式。3个月婴儿能很快形成条件联系，包括延缓性、分化性和消退性的条件联系。3～6个月婴儿能在社会交往中利用延缓性条件作用。当刺激物延迟出现时，如母亲离开，他们会等待做出反应。6～12个月婴儿出现了辨别不同人脸的认知能力。他们会区分熟人、依恋对象和陌生人，并产生对陌生人的焦虑反应。1岁婴儿还能学会辨别数量，能容易区分 2 个和 3 个物体，随后区分 4 个和 5 个。研究指出，婴儿明显地偏爱直立与平放人的正常面孔。婴儿还会形成条件反射的消退。已建立的条件联系，如果长时间不予以强化，即会消失。

（三）操作条件作用

操作条件作用是婴儿在教育者影响下形成的条件反射学习方式。操作条件作用表现出婴儿学习的主动性。操作条件作用以奖励某种行为为重点。操作性条件的强化物，可以是物质的，也可以是精神的。对婴儿来说，称赞、夸奖等作为强化手段的力量逐渐胜过物质形式的强化。如孩子学会谦让，为满足精神的需要，高高兴兴地选个小梨，而把大梨让给奶奶或其他长辈。那就是他放弃了物质利益，而获得精神上的满足。随着年龄的增长，在幼儿学习中，起作用的条件反射强化方式，更多是操作性条件作用，而不是经典性条件作用。

（四）模仿

模仿是婴儿学习的一种特殊方式。一般婴儿出生后就能看和听，这是一种先天能力。同时，婴儿的看和听也受后天条件影响。随着看和听在婴儿脑中不断积累，婴儿的记忆也随之发展。婴儿又通过自身的动作活动，反映出他们所看到的和听到的，这就是模仿。出生 12～21 天的新生儿就具有模仿行为。5～6 个月的婴儿出现了有意向的模仿。这种模仿行为在性质上的改变，说明新生儿早期的模仿反应只是一种自然的自动化反应，随着大脑皮层的发展而被以后的有意模仿取代。

二、幼儿学习的主要方式

幼儿学习的方式随着语言的发生及其在心理活动中作用的增长而有所变化。幼儿学习的主要方式有观察模仿学习、操作学习、语言理解学习等。幼儿对不同的学习内容，会采取不同的学习方式。

（一）观察模仿学习

观察学习是美国著名心理学家班杜拉（Bandura）提出的。观察是幼儿学习的主要方式。幼儿主要通过感官直接接触（包括视觉、听觉、触觉、嗅觉、味觉等），即广义的观察来学习。幼儿的观察学习常常与模仿相联系。幼儿的模仿学习，比婴儿要多得多。年幼的孩子主要模仿一些表面的现象，4岁前的幼儿经常会别人做什么他也要做什么。4岁以后，幼儿的模仿开始逐渐内化，大量用于行为与态度方面。幼儿常常在无意中学习，特别是不自觉地模仿亲人和教师的举止行为，在这里，受到潜移默化的影响特别明显。幼儿园教师常常为幼儿树立榜样让他们学习，收效一般较好。比如，教师说："小刚走得真好，挺起胸来像个小解放军。"孩子们随即以小刚为学习的榜样。但是幼儿也会模仿一些不良行为，甚至养成习惯，教师在这个方面要多加注意。

（二）操作学习

操作学习是幼儿重要的学习方式，是以手的动作对物体的控制而实现的学习活动。幼儿对物体的探究与发现，以及对周围世界的探索，都离不开操作活动。在幼儿操作尝试中，操作动作是学习的载体，操作学习过程表现的是"动作—经验"模式。

操作学习是一个复杂的认识过程，其运行机制表现为反复的"操作—认识"联系，即多重性操作学习的循环，具体体现为三层次的循环运动。①一级操作学习循环："实物外部操作—具体认识"循环；②二级操作学习循环："象征操作—形象认识"循环；③三级操作学习循环："概念操作—本质认识"循环。

操作活动，特别是实物操作活动，作为幼儿主要的活动方式，对幼儿的成长非常重要。

第一，操作活动是幼儿探索世界的主要方式。在操作、摆弄物体的过程中，幼儿会发现操作与物体呈现结果之间的因果关系——这成为幼儿探索自身与物体、物体与物体之间关系的重要方式。同时，通过操作，幼儿不仅能够发展感知觉，而且通过改变物体的部分属性，幼儿能够获得对物体更深刻的认识。如幼儿玩积木不但会增加其操作的乐趣，获得愉快感，而且能促进其对形状、颜色及图案等的学习和掌握，帮助其了解事物、把握物体的属性。

第二，幼儿的操作学习可以弥补语言理解和表达的不足。当幼儿不能理解成人的讲解时，成人可以让幼儿跟随某种动作来理解语言描述的内容；当幼儿不能通过语言来表达自己的思想时，他常常利用操作活动来辅助。例如，当教师让幼儿想一想"把石头、塑料和纸放到水里会怎么样"时，没有生活经验的幼儿很难回答，他需要通过操作活动才能获得直观的感受和思考。

第三，幼儿学习很多体现在运动方面，而操作学习是提高幼儿运动技能最重要的方式。在学习方式上，操作学习是幼儿通过操作动作来获得经验的学习，即"动作—经验"，动作是学习的载体；而语言学习是幼儿学习对词语的理解与把握，即"语言—经验"，以语言作为学习的载体。在学习内容上，有些操作学习的知识、技能是语言学习无法获得的，如学习舞蹈、游泳、滑冰，甚至玩具、工具的使用，都要靠操作学习去掌握。

第四，操作学习能够使幼儿获得成就感与自我价值感。在操作物体的过程中，幼儿通过自己的操作活动，引发物体一系列变化。这不仅能促进幼儿对因果关系、事件相关关系的认识，从而提高其认知与智力水平，而且幼儿能够通过自己的主动操作活动获得主体的经验，认识到自己在"改造"外部物体过程中发挥的重要作用，比如，"是我上了发条，机器猫才动起来"。因此，操作活动可以增强幼儿的主动控制感和自我价值感。

根据操作学习的目的，操作学习分为探究性操作学习、形成性操作学习、强化性操作学习、模仿性操作学习、创造性操作学习。

根据操作学习中师幼的互动关系，操作学习分为示范性操作学习、指导性操作学习、个体探究性操作学习、群体协作性操作学习。

（三）语言理解学习

语言理解学习是幼儿在获得一定水平的语言能力后使用的学习方式。在这一学习方式中，语言是学习的载体，学习过程体现为"语言—经验"模式。

与婴儿相比，幼儿会大量使用语言理解的学习方式，主要有倾听、提问、对话、阅读等形式。

与成人相比，幼儿的学习更多依赖从感性入手的方式，而不是从理性入手的方式；更多依赖从归纳入手的方式，而不是从演绎入手的方式。成人苦口婆心的讲解，幼儿常常听不进去，其中的重要原因就是过多使用抽象说教的方式，或是从某一件事做演绎推论的方式。比如，有位实习教师这样谈到她所带的幼儿和她的指导教师："和小毛头打交道真是很有道道。今天有个小家伙就是不肯吃饭，嘴巴一直闭着，我很生气，说话的声音也就大了些。带教老师走过来，对我说：'对他，你喊破喉咙都没有用的，我来。'只见她拿了个小凳子，轻轻地坐下来，对小家伙说：'宝宝来，老师帮你吹一吹汤，宝宝很乖的，一定吃得又快又好。'没想到，他的小嘴真的就'芝麻开门'了。"

在倾听学习方面，幼儿通过听觉器官对声音进行感知、理解，如听成人或同伴讲故事。这是孩子特别喜欢的获得经验和体验的学习方式。我们也会经常看到，幼儿围着家长或教师要听故事的情景。

就阅读学习而言，它是幼儿的听觉器官、视觉器官和动觉器官等共同支持的语言理解学习活动。

（四）综合性学习方式

活动是幼儿学习和发展的源泉与基础。幼儿在与周围环境的相互作用过程中实现自己的学习与发展，这种相互作用就体现为活动。幼儿作为活动的主体，积极主动地与周围环境中的人和物互动，感知周围事物，形成对人与物的基本认识与态度。幼儿的各种学习方式离不开活动。活动对于幼儿发展所具有的重要意义，决定了幼儿教育必须以活动为主要教育途径，而非"教师讲授，幼儿被动听讲"为主的上课。因此，应将幼儿教育的本质定位于活动，支持并引导幼儿去积极探索周围环境，允许幼儿根据自己的兴趣、以自己的方式作用于环境，帮助幼儿在活动中获得发展。

（五）在交往中学习

与成人、同伴的交往活动能促进幼儿多方面的学习与发展。

（1）交往能满足幼儿认知性发展动机。交往对幼儿认知性发展的价值在于：①帮助幼儿尽可能地扩大认知范围、加深认知程度，使之有可能揭示事物和现象之间的因果关系以及其他关系。②促使幼儿认识到周围世界中很多事物与人类活动有关，于是学习并掌握人类正确运用物体的动作，促进了实物活动的产生与发展。③激发幼儿的言语发展。幼儿逐步理解周围人的语言并掌握，积极地用语言与非语言方式与他人交流——这是幼儿期最重要的发展和收获。幼儿语言理解能力和表达能力的形成与发展离不开成人提供的语言环境，以及成人与幼儿的积极互动。

（2）交往能满足幼儿得到认可与支持的需要。幼儿需要成人的支持与关爱，成人的支持与肯定能使幼儿感到安全与温馨，有助于幼儿在安全的心理氛围中去积极发现与探索。

（3）促进幼儿自我意识的生成。由于交往的对象不是一般的客观世界，而是有个性的人，因此，人们交往活动中对他人的主观反应以及通过别人而形成的对自己的主观反应是交往的特殊产物。幼儿只有在社会生活中才能发现自己，才能意识到自己的个体性。

（4）交往能促进幼儿主动性与创造性发展。与同伴的交往有利于促进幼儿主动性与创造性的形成。幼儿在与成人交往中，由于年龄、地位、知识经验等诸多方面的差距，其主动性通常带有一定的条件和局限性，而在与同伴交往中，由于双方在知识经验、地位等方面的平等性，使幼儿一般能注意同伴的想法、考虑同伴的愿望，同时能自主评价同伴的意见，协调自己的愿望和行为来相互适应，这不仅有助于增强幼儿的交往能力，而且有助于幼儿发挥主动性，克服其自我中心化。

（六）游戏活动

游戏是幼儿学习和发展社会性、情绪及认知能力的重要方式。游戏让幼儿有机会了解世界，在群体中与人互动，表达与控制情绪，发展想象能力。游戏是幼儿练习新能力的舞台，它在幼儿的学习中具有重要地位与作用。维果茨基指出，有游戏才有发展，象征性游戏可以促进幼儿象征能力发展。

三、幼儿学习的主要特点

（一）学习的主动性

幼儿是主动的学习者。从直接接触的客体及社会经验中，从文化传承中，幼儿都会主动地建构他们对周围世界的了解。从出生开始，儿童就积极地与客体交往，不断建构对事物的认识。幼儿期儿童会积极地从观察及参与人际活动中学习，从亲自操作及思考过程中学习。幼儿学习的主动性源于对环境的好奇、兴趣等。

好奇，是指幼儿去观察、探索、操作、询问新奇的事物，从而获得对事物了解的一种原始性的内在冲动。好奇被视为人类与生俱来的原始性求知内驱力。

学者德西（Deci）曾说："我惊讶于幼儿经久不变的好奇心。他们探索周围的一切，他们用手触摸，用鼻子嗅，用耳朵听，用嘴巴品尝，通过这些，他们学习，并经历着激动。"

兴趣，是指幼儿对某人、某物或某事所表现出来的选择性注意的内在心向。兴趣是一种带有情绪色彩的认识倾向。

（二）学习的积极性

幼儿往往是为了"好玩"而学习的。幼儿愿意做有趣的事情，他们的学习积极性也主要是从兴趣出发的。没有兴趣的学习，幼儿往往不能坚持进行；有兴趣的学习，幼儿可以坚持较长时间。有些家长反对甚至禁止幼儿游戏，强迫幼儿"学功课"，带来的学习效果并不好。对一些无意义的学习，幼儿常常自发地加以游戏化，反而产生了学习兴趣。有些教材的设计，应根据幼儿学习的这种特点，提高趣味性，这样能更好地调动幼儿的学习积极性。

（三）学习的无意性和内隐性

幼儿的学习以无意性为主，即幼儿在学习过程中的记忆往往是无意记忆，幼儿的联想往往是无意的自由联想。一方面，应避免过多要求幼儿有意学习。注意力不集中是幼儿的年龄特点。这个年龄的孩子，往往不能按照成人的要求去集中注意力，如果要他注意听讲，他很可能看窗外的小鸟。这是因为，这个年龄孩子的注意力是以无意注意为主的。他的注意力一般会被有声有色的、新奇的或活动的东西所吸引。而且，幼儿处在无意注意这个阶段，稳定集中注意力的时间比较短暂，这和幼儿大脑的生理发育程度有关，是不可强求的。另一方面，幼儿无意学习的特点可以使幼儿轻松地学到更多的东西，在学习中不费力。幼儿的无意学习需要教师有意识地去创造条件并加以引导。适宜的学习环境和条件，对幼儿的无意学习可以起到很好的引导作用。

内隐学习也是幼儿学习的重要特征。内隐学习是在偶然的、意想不到的条件下，尤其是当刺激结构高度复杂、关键信息不明显的情况下产生的——它是在主体无意识状态下，无目的、自动化的加工活动，具有随意性，学习活动能自发进行，无须耗费心神。幼儿常常出现内隐学习，如教师在组织集体教育活动时，有一个幼儿没有参加，在教室的一个角落独自玩积木，但事后对幼儿进行测试时发现，教师讲的不少内容该幼儿都会了。幼儿园里经常发生这样的事情，教师们在幼儿自由活动时随便闲聊，没想到被幼儿无意中听见并记住了，幼儿回家向家长学舌。家长们也常常惊奇地发现孩子学会了一些东西，但家长不知道孩子是怎样学来的，孩子自己也不知道是怎样学来的。

（四）经验与体验作用的显著性

幼儿的学习主要以行为实践为主，直接参与的经验是幼儿学习的要素。在幼儿一日生活中，无论是教师指导的活动，还是幼儿自由活动，都应尽可能地给予幼儿动手操作、直接观察和体验的机会，让他们获得亲身的经验和感受，并能用自己的语言、操作等方式表达。在真实的日常生活情境中，在幼儿的体验与主动参与下，学习效果最佳。

不同的情绪状态对幼儿的智力操作有不同的影响，适中的愉快情绪可以使智力操作达到最优。适中的愉快情绪不仅使幼儿活动呈现良好的活动成果，而且让幼儿获得良好的情绪体验,如成就感、成功的喜悦、自信心等。这些体验,又反过来成为幼儿进一步学习的动力。幼儿在活动中受到尊重,不受打击,得到恰当的鼓励与赞赏,都能使他获得适中的愉快情绪。重视幼儿在学习中的体验,是幼儿教育中的重要问题。

(五) 直观形象性

直观形象性是幼儿学习的突出特点。直观形象的学习内容,会使幼儿比较容易接受。抽象的学习材料,幼儿难以接受,而在言语指导下使用直观材料或实际活动则最适合幼儿。事物形象与言语相结合,进行绘声绘色的描述,能激活幼儿头脑中的形象,有助于幼儿理解与记忆。无言语的机械练习或单凭口头说教,都不符合幼儿的学习特点。例如,有个孩子坐在椅子上时,总喜欢翘起椅子一条腿,老师就采用了语言指导,对他说:"小朋友们排队时,就请你一个人单腿站立着,你看怎么样?"那孩子想了想说:"别的小朋友都不这样站,要是我一个人那样站的话,就太难看了。"然后,老师因势利导地说:"那么椅子本来是四条腿都放在地上的,现在你坐在椅子上时也有一条腿没有在地上,那是不是也不好看呢?"通过这种直观、形象的言语指导,这个孩子就感到坐着时翘起椅子一条腿是不对的了。

(六) 对环境依赖性大

幼儿的学习受环境的影响很大。幼儿需要安全的环境,包括物质的安全环境和心理的安全环境,更重要的则是心理的安全氛围。处于安全及受尊重的群体环境中,幼儿通常能得到较好的发展。幼儿的心理是敏感而脆弱的,只有在安全的环境中,他们的身体需要才能得到满足,心里才有安全感;在受尊重的环境中,才不会有压抑感。因此,教育必须为幼儿提供健康、安全的物质与心理环境。

(七) 个别差异性显著

幼儿的学习存在个体差异。不同的幼儿有不同的认知与学习方式,也会用不同的方式表达其认知与理解。如在学习通道上，有些幼儿比较倾向视觉性的学习，有些偏向听觉或触觉等；在场依赖性上，有些幼儿是场依存性的，有些是场独立性的。幼儿经由多样化的学习方式了解万事万物，并将其对事物的了解用多种方式表达出来。

【复习与巩固】

1. 你是如何理解幼儿学习的？
2. 你是如何理解加涅的学习分类理论的？
3. 用案例分析幼儿的主要学习方式。
4. 幼儿操作学习的特点是什么？

【总结与反思】

第四章　学习理论

【知识目标】

1. 掌握试误、强化、观察学习等概念。
2. 理解行为主义学习理论对幼儿学习的主要观点。
3. 理解人本主义学习理论对幼儿学习的基本主张。
4. 掌握认知主义学习理论与幼儿的认知学习。
5. 掌握建构主义学习理论与幼儿的主动学习。

【技能目标】

结合具体实例掌握强化在幼儿教育活动中的应用价值；能够把所学理论应用于幼儿教学活动中。

【内容导读】

行为主义学习理论
一、桑代克的联结学习理论
二、斯金纳的操作学习理论
三、班杜拉的社会学习理论

建构主义学习理论
一、建构主义学习理论的不同取向
二、建构主义学习理论的基本内容
三、建构主义对学习的基本主张
四、建构主义的教学方式
五、对建构主义学习理论的简评

认知主义学习理论
一、格式塔学派的完形—顿悟说
二、布鲁纳的发现学习论
三、奥苏贝尔的有意义学习理论
四、信息加工心理学的学习理论与幼儿的三种记忆

人本主义学习理论
一、马斯洛的需要层次理论与幼儿需要的满足
二、罗杰斯的人本学习理论

请你思考：

幼儿教育心理学理论建设的重要组成部分是什么？

第一节　行为主义学习理论

行为主义学习理论的核心观点如下：将学习看作个体外显行为改变的历程，对个体内在心理历程是否改变一般不予解释，而个体外显行为的改变主要显示为刺激与反应之间的联结。个体对原本不反应的刺激产生反应，就表示其产生了学习。换言之，把个体学到的行为解释为刺激与反应之间关系的联结，认为某一刺激原本不能引起个体某种固定的反应，但经过条件作用之后，个体就会在该刺激出现时做出该固定反应（如某人走到路口见红灯停、绿灯行）。这一观点最早出自美国心理学家桑代克，后来被行为主义心理学家所继承，并成为行为主义学习理论的一个基本特点——行为主义学习理论多围绕刺激—反应之间联结的形成规律而展开。因此，在很大意义上讲，以刺激—反应学习论来指称行为主义学习理论似乎更合适。行为主义学习理论认为，一切学习都是通过条件作用，在刺激和反应之间建立直接联结的过程。强化在刺激—反应之间的建立过程中起着重要作用。在刺激—反应联结过程中，个体学到的是习惯，而习惯是反复练习与强化的结果。习惯一旦形成，只要原来的或类似的刺激情境出现，习得的习惯性反应就会自动出现。

一、桑代克的联结学习理论

桑代克是美国心理学家、动物心理学的开创者、心理学联结主义的建立者和教育心理学体系的创始人。他采用实证主义的研究取向，使教育心理学研究走向了科学化的道路，是科学教育心理学的开创者，是第一个系统论述教育心理学的心理学家，被称为"现代教育心理学之父"。

（一）桑代克的经典实验

桑代克是最早用动物实验来研究学习规律的心理学家。他从1896年开始从事动物心理的实验研究，最著名的动物学习实验是饿猫开笼取食实验。他把一只饿猫关入迷笼中，笼外放着鱼、肉等食物，笼中有一个可以打开门闩的装置（一个连着门闩的踏板）。开始时，猫在笼中用爪子够食，失败后，便乱咬、乱抓、乱跑，后来偶然间碰到了踏板，打开了笼门，吃到了食物。桑代克记录下猫进出迷笼所花的时间，而后再把它放进笼中，进行下一轮尝试。如此重复进行多次后发现，猫逃出迷笼所需的时间逐渐减少，无效动作逐渐被排除。直到最后，猫一进迷笼，就去按动可以开门的踏板，跑出来吃食物，桑代克认为，至此这只猫已产生了学习。桑代克用曲线图来表示猫学习的过程，在学习曲线中，如图4-1所示，随着尝试次数的增加，猫做出动作所用的时间逐渐减少。

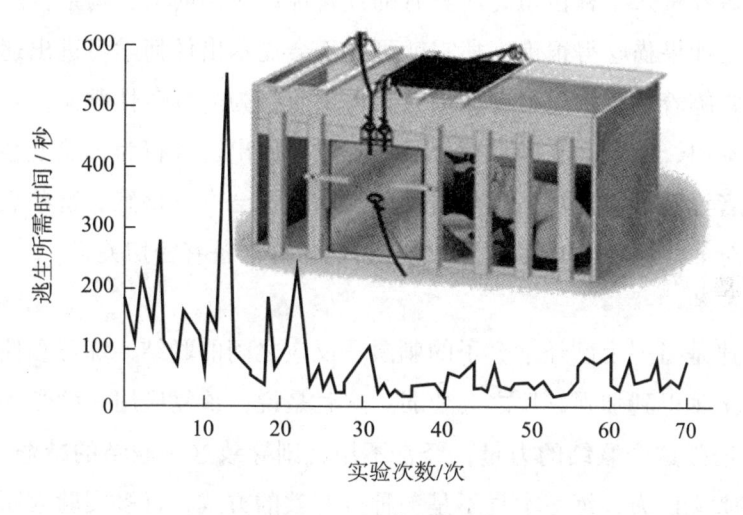

图 4-1 饿猫开笼取食

（二）学习联结说

通过这类实验，桑代克提出，学习不是建立观念之间的联结，而是建立刺激—反应联结，即在一定的刺激情境与某种正确反应之间形成联结，其中不需要观念或思维的参与。这种刺激—反应联结主要是通过尝试错误、不断修正行为而形成的，是随着错误反应的逐渐减少和正确反应的逐渐增加而形成的。联结说认为学习就是通过渐进的尝试错误形成刺激—反应联结的过程，因此，桑代克的联结说又称为联结—试误说。

桑代克也以人为被试对象做了学习实验。他认为，人和动物的学习规律是相同的，但人能够建立更多的、更为复杂的联结，对各种刺激情境及其要素做出反应的倾向的总和就构成了一个人的理智、性格和技能。

（三）学习规律

在试误学习过程中，三大基本规律影响着刺激与反应关系的建立。在桑代克看来，人与动物的学习方式虽然不同，但这三大基本规律对人与动物的学习都具有适用性。

1. 准备律

学习者在进入某种情境时所具有的预备性反应倾向会影响某种反应的学习。比如，如果猫吃得很饱，那它就可能不会显示出任何学习进出迷笼的行为，而是蜷缩着睡觉。学习者如果有某种反应行为的预备性倾向，当他做出了这种活动时，他就会有满意感，假如不让他做出这种行为，他就会产生烦恼。学习者没有准备而被强制做出某种活动时也会有烦恼感。这些表明，学习者是否对某种刺激做出反应，与他是否已做好准备有密切关系。

2. 练习律

练习律是指一个已经学会了的刺激—反应之间的联结，练习和使用得越多，就越来越得到加强，反之会变弱。这就是说，重复应用一种受到奖励的反应可以增强这个联结的力量，经常不用，则导致这一联结的减弱或遗忘。桑代克后来又认为，练习本身不是一种很有效的方式，许多实验表明，练习不会无条件地增强刺激与反应之间联结的力量。一般来说，只有当学习者发现重复练习能获得满意的效果时，练习才会有助于学习，没有强化的练习是无意义的，这样，练习律就被消融于效果律中。

3. 效果律

效果律是最重要的学习规律，指一个联结的后果会对这个联结有加强或削弱作用。学习者在对某个情境做出一个反应之后，如果伴随着一种满意的事件（比如猫吃到了食物），那这个反应与情境之间的联结就会增强，学习者以后就更可能在类似的情境中重复这一反应。相反，如果在这一反应之后跟随的是一个不满意的事件，这个联结的力量就会减弱。桑代克本来认为，奖励和惩罚都可以用来控制行为，奖励可以增强一种刺激—反应联结，惩罚可以减弱一种刺激—反应联结，但后来的实验表明，惩罚并不一定会减弱联结。

桑代克的学习联结说以实验研究为基础，提出了西方最早、最系统的学习理论。他用刺激—反应之间的联结取代了传统联想主义的观念之间的联结，提出学习无须意识参与的观点，受到后来的行为主义者的关注。但他又很强调先天本性以及满意、烦恼、定势（心向）等因素的影响，这与后来华生（Watson）提出的行为主义又是不相容的，在这种意义上桑代克又不完全是行为主义者。桑代克理论的主要缺陷在于机械论和简单化，抹杀了人类学习的主观能动作用，也把复杂的学习过程简单化了。他热衷于发现普遍适用的学习规律，但这些规律实际上只能解释简单的、机械的学习。

（四）桑代克的联结学习理论对幼儿教育的启示

第一，联结学习理论对幼儿学习目标的启示。桑代克强调学习的实质是使某一刺激与某一特定反应之间按照一定的规律建立联结，并使其联结力量得以巩固的过程。如幼儿的学习目标就是要建立起"学习情境中的学习材料和条件等刺激物"与"幼儿对学习情境做出期望反应"的联结，并在不断的强化练习中使建立的联结恒定化。一般来说，幼儿学习具有三重目标。幼儿通过反复尝试做出正确的行为反应是学习的初级目标；通过练习强化和结果强化熟练掌握学习刺激与行为反应的联结是幼儿学习的一般目标；将已经固定化了的联结应用于相类似的学习情境中，实现顺利迁移是幼儿学习的终极目标。

第二，联结学习理论对幼儿教学原则的启示。首先，教学活动中要对幼儿预设有意义的教学情境。在幼儿教学活动中，有意义的教学情境能给幼儿提供学习的可能性，使幼儿在学习中逐步从偶然走向必然，完成正确的行为选择和学习的联结。由于幼儿年龄的独特性，他们在学习活动中会受到来自周围环境的影响，所以，为了能够促进幼儿的学习能力发展，预设良好的学习情境非常重要。其次，提倡"小步子、阶梯形"原则。桑代克认为，学习是一个逐步的过程,需要分阶段、分步骤地进行。在幼儿教育中,教师应注意遵循"小步子、阶梯形"的原则,把复杂的活动内容分解成若干个小的、相互联系的步骤,逐步引导幼儿掌握知识。

第三,教学活动时要激发幼儿的学习动机。由于幼儿的好奇心较重,兴趣广泛,对教师提出的问题充满好奇,因此,教师提出的问题要有一定的障碍性,这样幼儿会对将要解决的问题充满好奇,并具有强烈的解题欲望,会不断地尝试。一旦问题解决,教师要立即采取多种手段(如反复练习)来巩固幼儿学习的不稳定性,强化幼儿学习的结果,增强幼儿学习的动机。

二、斯金纳的操作学习理论

(一)斯金纳的经典实验

斯金纳是美国心理学家、新行为主义学习理论的创始人,也是新行为主义的主要代表。斯金纳的操作学习理论也是建立在动物学习实验的基础之上的。斯金纳在以白鼠等动物为被试对象进行的精密实验研究中,如图4-2所示,运用了一种特殊的实验装置——迷箱。

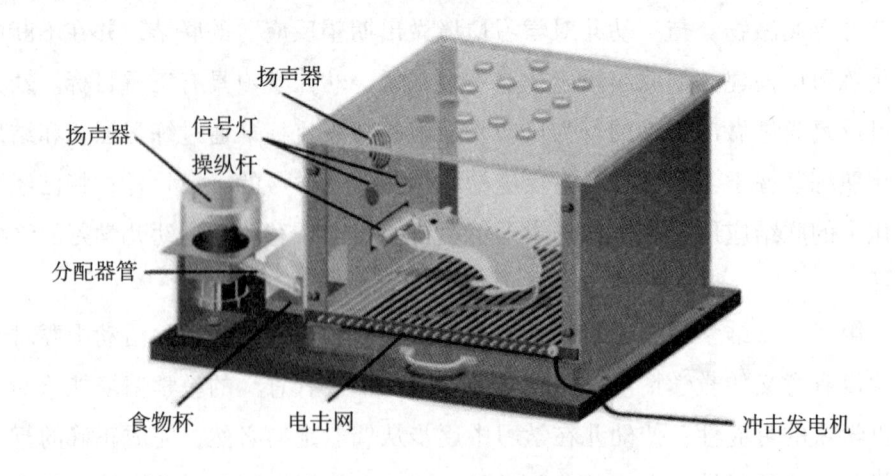

图 4-2 白鼠实验

箱内有一个伸出的杠杆,下面有一个食物盘,只要箱内的动物按压杠杆,就会有一粒食丸滚到食物盘内,动物即可得到食物。斯金纳将饥饿的白鼠关在箱内，白鼠便在箱内不安地乱跑，活动中偶然压到了杠杆，则一粒食物滚到食物盘内，白鼠吃到了食物。以后白鼠再次按压杠杆，又可得到食物。由于食物强化了白鼠按压杠杆的行为，因此白鼠后来按压杠杆的速度迅速上升。由此斯金纳发现，有机体做出的反应与其随后出现的刺激条件之间的关系对行为起着控制作用，它能影响以后反应发生的概率。他认为，学习实质上是一种反应概率上的变化，而强化是提高反应概率的手段。如果一个操作（自发反应）出现以后，有强化刺激尾随，则该操作的概率就增加；已经通过条件作用强化了的操作，如果出现后不再有强化刺激尾随，则该操作的概率就降低，甚至消失。这就是操作性条件反射的基本过程。

（二）操作性条件作用学习理论的基本内容

1. 两种类型的学习：应答性反应与操作性反应

经典行为主义主张刺激—反应理论。斯金纳承认这种主张在解释个体的某些行为时是正确的，但认为刺激—反应模式的学习更多发生在动物身上，人类学习与动物学习的最大不同是，人类的学习更多是在做出某种行为后受到环境或教育的某种强化而形成的。

斯金纳把由特殊的、可以觉察到的刺激引起的有机体的行为称为"应答性行为"，把没有受到可觉察到的刺激而由有机体本身主动做出的行为称为"操作性行为"。应答性行为是个体无意、随意、不自觉的行为，是由特定刺激所引起的，是不随意的反射性反应，是经典条件作用的研究对象。如当幼儿想去接热水时，突然被热水烫了一下手，幼儿马上就会缩回手；幼儿想学妈妈使用针线，结果被针刺了一下手，手就立刻缩回等。操作性行为则不与任何特定刺激相联系，是有机体主动做出的随意反应，是操作性条件作用的研究对象。如幼儿的读书写字、唱歌跳舞、礼貌待人、回答问题等都属于操作性行为。操作学习理论认为，如果在一种操作反应后——无论事前是否有引发这一行为的刺激——伴随着环境与教育的强化，那么，这种反应的频率就会增加，幼儿就逐渐习得某种强化的行为。在斯金纳看来，重要的刺激是跟随在反应之后的强化物，而不是在反应之前的刺激物，因此，操作性条件作用的学习方式就是反应—刺激，而不是经典行为主义所主张的刺激—反应，如白鼠在实验中的反应更多的是基于食物的强化作用，如图 4-3 所示。在日常生活中，人的行为大部分都是操作性行为，操作性行为主要受强化规律的制约。

辨别性刺激 - - - → 操作性反应 ——→ 强化性刺激
（杠杆）　　　　（压杠杆）　　　　（食物）

图 4-3　白鼠在实验中的操作性反应

2. 强化原理

斯金纳认为，强化并不一定都与令人愉快的刺激相联系。斯金纳区分了两种类型的强化：正强化（又叫积极强化）和负强化（又叫消极强化）。强化是一种操作，它的作用在于改变同类反应在将来发生的概率；而强化物则是一些刺激物，它们的呈现或撤除能够改变反应发生的概率。

有机体自发做出某种反应，从而得到正强化物，那么，此类反应发生的概率便增加，这一现象表明了正强化在塑造行为中的重要作用。在日常生活中，人们常在自觉或不自觉地运用奖励对他人的行为进行积极强化。例如，教师对所谓听话的、乖的孩子进行表扬，家长对孩子能够顺应家长意愿的行为给予物质奖励等。奖励虽然是塑造行为的有效手段，但是奖励的运用必须得当，否则便会强化不良行为。

3. 强化的程式

强化的程式是指强化的时间和频率安排，即在什么时候、以何种频度对一种反应施加强化。强化的程式分类情况如图 4-4 所示。

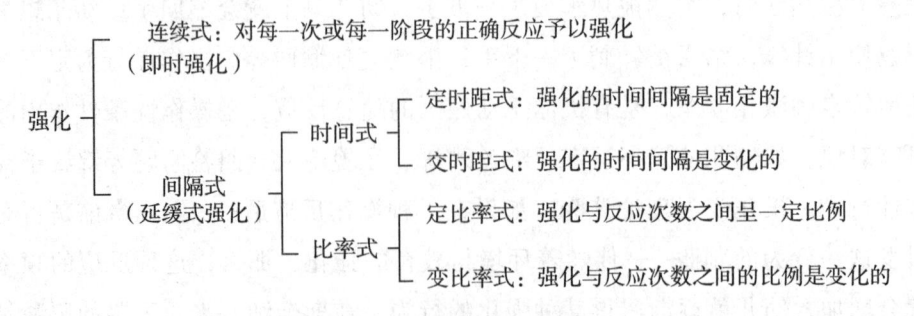

强化
├ 连续式：对每一次或每一阶段的正确反应予以强化（即时强化）
└ 间隔式（延缓式强化）
　├ 时间式
　│　├ 定时距式：强化的时间间隔是固定的
　│　└ 交时距式：强化的时间间隔是变化的
　└ 比率式
　　├ 定比率式：强化与反应次数之间呈一定比例
　　└ 变比率式：强化与反应次数之间的比例是变化的

图 4-4　强化的程式分类情况

不同的强化程式会产生不同的反应模式。连续强化在教学习者新的反应时最为有效，但这种强化下的行为容易消退。间隔式强化又称为部分强化，它比起连续强化具有更高的反应率和更低的消退率。根据这些特点，幼儿教学中应注意：①教新任务时，要进行即时强化，不要进行延缓强化。"结果紧跟行为后出现"比延缓出现要有效得多。②在学习任务的早期阶段，应对每一个正确的反应都进行强化，随着学习的进行，应逐渐地转为间隔式强化，不必事事都表扬。③不要一开始就要求做到十全十美，要朝正确方向逐步去引导和增强幼儿的行为。

4. 消退

有机体做出以前曾被强化过的反应，如果在这一反应之后不再有强化物相伴，那么，此类反应在将来发生的概率便降低，称为消退。在操作性条件作用中，无论是正强化的奖赏，还是负强化的逃避与回避条件作用，其作用都在于增加某种反应在将来发生的概率，以达到塑造行为的目的。而消退则不然，消退是一种无强化的过程，其作用在于降低某种反应在将来发生的概率，以达到消除某种行为的目的。因此，消退是减少不良行为、消除坏习惯的有效方法。

5. 惩罚

在有机体做出某种反应以后，环境中呈现一个厌恶刺激，以消除或抑制此类反应的过程，称作惩罚。但是，惩罚并不能使行为发生永久性的改变，它只能暂时抑制行为，而不能根除行为。因此，惩罚的运用必须慎重，惩罚一种不良行为应与强化一种良好行为结合起来，方能取得预期的效果。

总之，根据操作性条件作用学习理论，在教育过程中，教师应多用正强化的手段来塑造幼儿的良性行为，用不予强化的方法来消除消极行为，同时应慎重地对待惩罚，因为惩罚只能让幼儿明白什么不能做，但并不能让幼儿知道什么能做和应该怎么做。

（三）强化原理在幼儿教育中的运用

斯金纳根据强化原理设计了两种强化技术——塑造与消退，它们可以被应用于幼儿的行为塑造和行为矫正。

当我们期望幼儿习得的行为不是单一的反应，而是多个反应组合而成的复杂行为时,我们不能等到他完全表现出了这一行为之后再给予强化,而需要把目标行为分解,分成一个个的逐渐趋向目标的小步子,在幼儿每表现出一种趋近目标行为的小反应之后就给予强化,逐步提高要求,直到把多个反应连贯成一种复杂的行为。这种通过小步子反馈来帮助幼儿形成新行为的方法就是"塑造"。例如,当幼儿不知道如何正确地使用餐具时,可以通过逐步引导的方式,让他们逐渐掌握正确的使用方法。

消退是指通过停止对某种行为的强化,使其发生的频率逐渐降低。在幼儿学习中,消退是一种无强化的过程,可以帮助幼儿逐渐克服不良行为和习惯,降低某种反应在将来发生的概率,以达到消除某种行为的目的。例如,当幼儿在完成作业过程中出现磨蹭、不专注等不良学习行为时,教师可以采取规定时间的方式,不再支持或强化这种不良学习行为,帮助幼儿逐渐养成良好的学习习惯。因此,消退是减少幼儿不良行为、消除坏习惯的有效方法。

【知识延伸】

斯金纳基于操作性条件反射和积极强化的原理而提出了程序教学模式。程序教学的基本做法是把教材内容细分成很多的小单元,并按照这些单元的逻辑关系顺序排列起来,构成由易到难的很多层次或小步子,让学生循序渐进地依次进行学习。在学习过程中,学生要尽量做出正确反应,教师(或教学机器)要在学生每回答一个问题、做出一个反应之后立即反馈,出示正确答案。这是一种个别化的学习方式,每个学生都可以按照自己的步调进行学习。

斯金纳是当代心理学界最有影响的人物之一,其学说影响深远、应用广泛。但他的研究局限在实验室中动物的简单学习上,缺乏对人的高级学习活动的探讨,而且他只研究外显行为,避免涉及有机体的内部状态,在这两点上他与华生等行为主义者有着同样的缺陷。

三、班杜拉的社会学习理论

(一) 班杜拉的社会学习理论的基本观点

班杜拉是美国当代心理学家、新行为主义的主要代表人物之一、社会学习理论的创始人。班杜拉对心理学的最大贡献是提出了自我效能感理论、社会学习理论与行为矫正技术。

所谓社会学习理论，班杜拉认为是在探讨个人、行为与环境因素三者及其交互作用对人类行为的影响。按照班杜拉的观点，以往的学习理论家一般都忽视了社会变量对人类行为的制约作用，他们通常是用物理的方法对动物进行实验，并以此来建构他们的理论体系，这对于研究生活于社会之中的人的行为来说，似乎不具有充分的说服力。由于人总是生活在一定的社会条件下的，因此班杜拉主张要在自然的社会情境中而不是在实验室里研究人的行为。

班杜拉指出，行为主义的刺激—反应理论无法解释人类的观察学习现象。因为刺激—反应理论不能解释为什么个体会表现出新的行为，以及为什么个体在观察榜样行为后，这种已获得的行为可能在数天、数周甚至数月之后才出现等现象，所以，如果社会学习完全是建立在奖励和惩罚之结果的基础上的话，那么大多数人都无法在社会化过程中生存下去。为了证明上述观点，班杜拉进行了一系列实验，并在科学的实验基础上建立起了他的社会学习理论。

(二) 观察学习

1. 观察学习的经典实验

班杜拉的观察学习理论是建立在他及其合作者所进行的大量实验研究的基础上的。在早期的一项研究中，班杜拉以学前儿童为对象进行了一项实验。首先让儿童看成人榜样对一个充气娃娃拳打脚踢，然后把儿童带到一个放有充气娃娃的实验室，让其自由活动。结果发现，儿童也学着成人榜样的动作对充气娃娃拳打脚踢。这说明，成人榜样对儿童行为有明显的影响，儿童可以通过观察成人榜样的行为而习得新行为。

在稍后的另一项实验中,班杜拉对上述研究做了进一步的延伸。他把儿童分为三组,甲组观看的录像片是一个大孩子在打玩具娃娃,一个成人给他一些糖果作为奖励;乙组观看的录像片是一个大孩子打了玩具娃娃后,成人过来打了他一顿,以示惩罚;丙组儿童看到的是录像片上大孩子的攻击性行为既不受奖也不受罚。后来,这些儿童一个个被领进游戏室,里面有大孩子攻击过的玩具娃娃。结果发现:榜样受奖组儿童的攻击性行为最多,榜样受罚组儿童的攻击性行为最少。这说明,榜样攻击性行为所导致的后果是儿童是否自发模仿这些行为的决定因素。

2. 观察学习的基本过程和条件

班杜拉认为,人类的大多数行为是通过观察而习得的。人们通过观察他人的行为,可获得榜样行为的符号性表征,并可以此引导观察者在今后做出与之相似的行为。班杜拉认为,这一过程受到注意、保持、动作再现和动机四个子过程的影响。注意过程调节着观察者对示范活动的探索和知觉;保持过程使学习者把瞬间的经验转变为符号概念,形成示范活动的内部表征;动作再现过程以内部表征为指导,把原有的行为成分组合成信念的反应模式;动机过程则决定哪种经由观察习得的行为得以表现。

班杜拉的社会学习理论所强调的是这种观察学习或模仿学习——在观察学习的过程中,人们获得了示范活动的象征性表象,并引导适当的操作。观察学习的全过程由注意、保持等四个子过程构成,如图4-5所示。

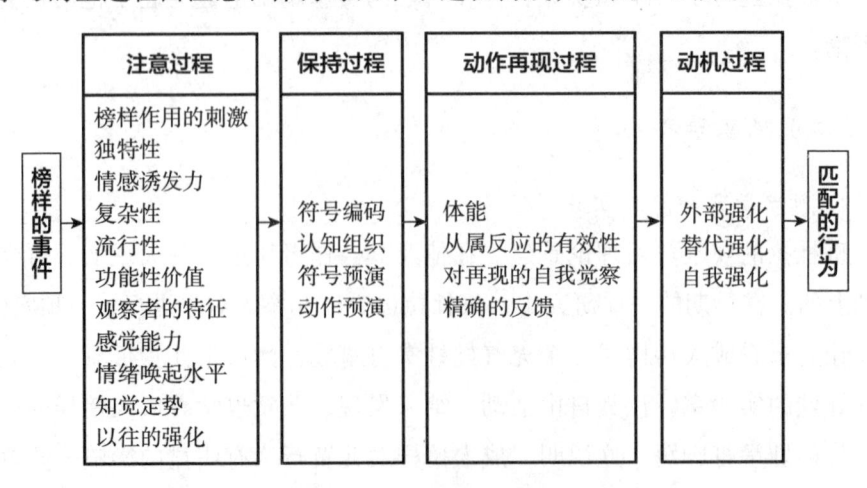

榜样的事件	注意过程	保持过程	动作再现过程	动机过程	匹配的行为
	榜样作用的刺激 独特性 情感诱发力 复杂性 流行性 功能性价值 观察者的特征 感觉能力 情绪唤起水平 知觉定势 以往的强化	符号编码 认知组织 符号预演 动作预演	体能 从属反应的有效性 对再现的自我觉察 精确的反馈	外部强化 替代强化 自我强化	

图4-5 观察学习的全过程

注意过程是观察学习的起始环节。在注意过程中，示范者行动本身的特征、观察者本人的认知特征以及观察者和示范者之间的关系等诸多因素影响着学习的效果。

在观察学习的保持阶段，示范者虽然不再出现，但他的行为仍给观察者以影响。要使示范行为在记忆中保持，需要把示范行为以符号的形式表象化。通过符号这一媒介，短暂的榜样示范就能够被保持在长时记忆中。

观察学习的第三个阶段是把记忆中的符号和表象转换成适当的行为，即再现以前所观察到的示范行为。这一过程涉及运动再生的认知组织和根据信息反馈对行为的调整等一系列操作。

能够再现示范行为之后，观察者是否能够经常表现出示范行为受到行为结果因素的影响。行为结果包括外部强化、自我强化和替代性强化。班杜拉把这三种强化作用看成学习者再现示范行为的动机力量。

班杜拉认为，由于大量因素影响观察者学习，因此即使提出最引人注目的榜样，也不会使观察者产生相同的行为。如果要使观察者最终表现出与榜样相匹配的反应，就要反复示范榜样行为，指导他们如何去再现这种行为，并当他们失败时客观地予以指点，当他们成功时给予奖励。

总之，观察学习在人类学习中具有重要的作用。它不但可以使人们超越经由赏罚控制来学习直接经验的限制，而且可以使人们超越事先设计的学习情境的限制，随时随地进行学习。人的许多社会行为都是通过观察学习而获得的，所以，观察学习对进行人的社会规范教育和道德品质培养具有一定的借鉴意义。在实际的德育工作中，教师应注意为幼儿提供良好的可资学习和借鉴的榜样，引导幼儿学习和保持榜样行为，并为幼儿创造再现榜样行为的机会，对良好的行为给予及时的表扬和鼓励，对错误的行为则给予批评和教育。

【知识延伸】

幼儿喜欢模仿心目中重要的人，如幼儿园的老师、家庭中的父母；幼儿喜欢模仿与他性别相同的人，如女儿模仿母亲、儿子模仿父亲、幼儿模仿同性老师等；幼儿喜欢模仿曾获得荣誉或得到老师表扬的幼儿；幼儿喜欢模仿幻想世界中的超人；等等。

（三）交互决定论

班杜拉的社会学习理论还详细论述了决定人类行为的诸种因素。班杜拉将这些决定人类行为的因素概括为两大类：决定行为的先行因素和决定行为的结果因素。

决定行为的先行因素包括学习的遗传机制、以环境刺激信息为基础的对行为的预期、社会的预兆性线索等。决定行为的结果因素包括替代性强化（观察者看到榜样或他人受到强化，从而使自己也倾向于做出榜样的行为）和自我强化（当人们达到了自己制定的标准时，他们以自己能够控制的奖赏来加强和维持自己行动的过程）。

班杜拉对环境决定论和个人决定论提出了批判，并提出了交互决定论，即强调在社会学习过程中行为（Behavior）、个人（Person）和环境（Environment）三者的交互作用，如图4-6所示。

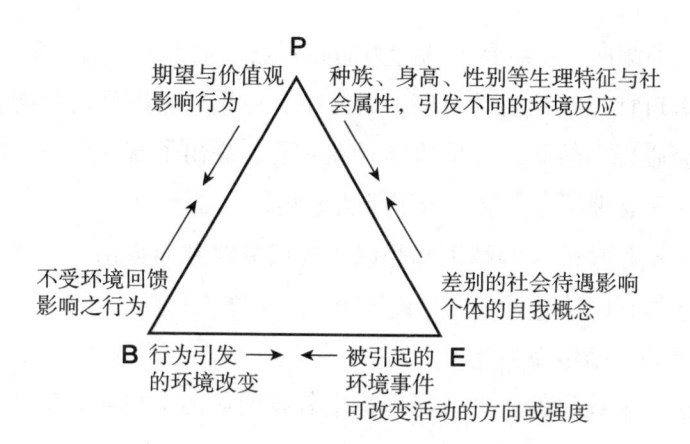

```
                    P
         期望与价值观  种族、身高、性别等生理特征与社
         影响行为    会属性，引发不同的环境反应


   不受环境回馈              差别的社会待遇影响
   影响之行为               个体的自我概念
       B  行为引发 →  ← 被引起的  E
          的环境改变     环境事件
                    可改变活动的方向或强度
```

图 4-6　行为、个人和环境三者的交互作用

环境决定论认为，行为（B）是由作用于有机体的环境刺激（E）决定的。个人决定论认为，环境取决于个人（P）如何对其发生作用。班杜拉则认为，行为（B）、环境（E）与个人（P）之间的影响是相互的，如图 4-6 所示，但他同时反驳了"单向的相互作用"，即行为是个人与环境变量的函数，认为行为本身是个人与环境相互作用的一种副产品。班杜拉指出，行为、个人（主要指认知和其他个人的因素）和环境是"你中有我、我中有你"的，不能把某一个因素放在比其他因素重要的位置上，尽管在有些情境中，某一个因素可能起支配作用。他把这种观点称为"交互决定论"。

（四）班杜拉的社会学习理论的评价

1. 理论的积极意义

班杜拉的社会学习理论是在前人研究的基础上，特别是在行为主义学习理论研究的基础上发展起来的，但他突破了旧的理论框架，把行为主义、认知心理学和人本主义加以融合，以信息加工和强化相结合的观点阐述了学习的过程和机制，并把社会因素引入研究中。他所建立的社会学习理论开创了心理学研究的新领域。

（1）班杜拉吸收了认知心理学的研究成果，把信息加工理论与强化理论有机地结合起来，以认知的术语阐述了观察学习的过程和作用，提出了替代强化、自我强化、三元交互等概念，改变了传统行为主义重刺激—反应、轻中枢过程的倾向，使解释人的行为的参照点发生了重要的转变。

（2）班杜拉在社会学习理论研究中，注重社会因素的影响，把学习心理学同社会心理学的研究有机地结合在一起，提出了观察学习、间接经验等概念，对学习心理学的发展产生了重要影响。

（3）班杜拉的实验结果都是以人为研究对象而得出的，相比于以动物为实验对象得到的结论更加具有说服力。

2.理论的局限与不足

当然，班杜拉的社会学习理论也有其明显的不足和局限性，这主要表现在以下几点。

（1）班杜拉的社会学习理论缺乏内在统一的理论框架，理论的各个部分较分散。

（2）班杜拉的社会学习理论是以儿童为研究对象建立起来的，但他忽视了儿童自身的发展阶段会对观察学习产生影响。

（3）班杜拉的社会学习理论虽然可以解释间接经验的获得，但对于比较复杂的程序性知识，以及陈述性知识和理性思维的形成缺乏说服力。

（4）班杜拉虽然强调了人的认知能力对行为的影响，但对人的内在动机、内心冲突、建构方式等因素没做研究，这表明其理论本身仍然有较大的局限性。

（五）社会学习理论在幼儿学习中的运用

在幼儿学习中，社会学习理论是一种重要的教育理论，它强调幼儿在活动中通过观察、模仿和社会互动等方式来学习新技能和知识。在幼儿学习中，社会互动与合作是一个非常重要的方式。教师要为幼儿提供合作学习的机会，例如，在集体教学活动中，教师通过分组讨论、小组合作，让幼儿学会分享、协商、解决冲突等，来促进幼儿的社会化发展。因此，在幼儿学习过程中，教师要为幼儿创造一个积极的社会环境，鼓励幼儿参与到各种活动中去，培养幼儿的社交技能和自信心，更好地促进幼儿的学习和发展。

第二节 认知主义学习理论

认知主义学习理论是通过研究人的认知过程来探索学习规律的学习理论。一般认为，其发端于早期认知理论的代表学派——格式塔学派的顿悟说。认知主义学习理论认为，学习就是面对当前的问题情境，在内心经过积极的组织，从而形成和发展认知结构的过程，强调刺激与反应之间的联系是以意识为中介的，强调认知过程的重要性。

一、格式塔学派的完形—顿悟说

（一）格式塔学派的经典实验

苛勒（Kohler）是德裔美国心理学家、格式塔心理学的创始人之一。1913至1917年，苛勒对黑猩猩解决问题的行为进行了一系列的实验研究，从而提出了与当时盛行的桑代克的联结—试误说相对立的第一个认知学习理论——完形—顿悟说。

苛勒认为，桑代克的实验情况太复杂，结论是不可靠的。于是，他重新设计了动物的学习实验。在黑猩猩取香蕉的箱子系列实验中，如图4-7所示，苛勒把黑猩猩置于放有箱子的笼内，笼顶悬挂香蕉。简单的问题情境只需要黑猩猩运用一个箱子便可够到香蕉，复杂的问题情境则需要黑猩猩将几个箱子叠起方可够到香蕉。当黑猩猩1看到笼顶上的香蕉时，它最初的反应是用手去够，但够不着，只得坐在箱子上休息，但毫无利用箱子的意思；后来，当黑猩猩2从原来躺卧的箱子上走开时，黑猩猩1看到了这只箱子，并把这只箱子移到香蕉底下，站在箱子上伸手去取香蕉，但由于不够高，仍够不着，它只得又坐在箱子上休息；突然间，黑猩猩1跃起，将箱子叠加起来，然后迅速地登箱而取得了香蕉。三天后，苛勒稍微改变了实验情境，但黑猩猩仍能用旧经验解决新问题。

图 4-7　黑猩猩取香蕉的箱子实验　　　图 4-8　黑猩猩取香蕉的棒子实验

在黑猩猩取香蕉的棒子系列实验，如图 4-8 所示，笼外放有香蕉（黑猩猩自身够不到），食物与笼子之间放有木棒（黑猩猩自身可够到，木棒之间可以插接在一起）。对于简单的棒子问题，黑猩猩只要使用一根木棒便可获取香蕉，复杂的棒子问题则需要黑猩猩将两根木棒接在一起，才能获取食物。在复杂的棒子问题情境中，最初只见黑猩猩一会儿用短木棒，一会儿用长木棒来回试着拨香蕉，但怎么也拨不着。不得已，它只得拿着两根木棒飞舞着，突然，它无意地把短木棒的末端插入了长木棒，使两根木棒连成了一根更长的木棒，并马上用它拨到了香蕉。黑猩猩为自己的这一"创造发明"而高兴，并不断地重复这一接棒拨香蕉的动作。在第二天重复这一实验时，苛勒发现，黑猩猩很快就能把两根木棒连起来取得香蕉，而没有漫无目的的尝试。

苛勒通过对黑猩猩上述问题解决行为的分析发现，黑猩猩在面对问题情境时，在初次获取食物的行为不成功之后，并未表现出盲目的尝试—错误的紊乱动作，而是坐下来观察整个问题情境，后来突然显出了领悟的样子，并随即采取行动，顺利地解决了问题。这就是所谓的"顿悟"。顿悟学习的实质是在主体内部构建一种心理完形。

（二）完形—顿悟说的基本内容

1. 学习是通过顿悟过程实现的

格式塔心理学家认为，学习是个体利用自身的智慧与理解力对情境及情境与自身关系的顿悟，而不是动作的累积或盲目的尝试。顿悟虽然常常出现在若干尝试与错误的学习之后，但不是桑代克所说的那种盲目的、胡乱的冲撞，而是在做出外显反应之前，在头脑中要进行一番类似于"验证假说"的思索。

建立和验证"假说"必须依赖以往的有关经验，因此，学习包括知觉经验中旧有结构的逐步改组和新的结构的豁然形成，也就是说，顿悟是以对整个问题情境的突然领悟为前提的。动物只有在清楚地认识到整个问题情境中各种成分之间的关系时，顿悟才会出现。换言之，顿悟是对目标和达到目标的手段与途径之间的关系的理解。动物的学习是如此，人类的学习更是如此。因此，格式塔心理学家认为，学习的过程就是顿悟的过程，并以此来反对桑代克的联结—试误说。

2. 学习的实质是在主体内部构造完形

完形是一种心理结构，是在机能上相互联系和相互作用的整体结构，是对事物的关系的认知。所谓"完形"，原是德文中 Gestalt（格式塔）一词的译名。格式塔学派所说的"完形"实际上就是"结构"，只是由于当时心理学中流行的冯特（Wundt）等人的"结构主义"实质上是一种"元素主义"，而这正是他们所反对的，所以考夫卡（Koffka）等人拒绝运用"结构"一词，而采用"完形"这一术语。

格式塔心理学家认为，学习过程中问题的解决，都是由于对情境中事物关系的理解而构成一种完形来实现的。这种完形倾向具有一种组织功能，能填补缺口或缺陷，使有机体不断发生组织和再组织，不断出现一个又一个完形。例如，在黑猩猩接棒取物的实验中，黑猩猩不是因偶然看到木棒，拿起来玩弄，碰巧得到笼外的食物的；而是先看一看目的物，考虑所要达到的目的，再开始接棒取物的。它的行为是针对食物（目标）的，而不仅是针对木棒（工具）的。这就意味着，动物领会了食物（目标）和木棒（工具）之间的关系，在视野中构成了食物与木棒的完形，才发生了接棒取物的动作。又如，在叠箱取物的实验中，当笼中的黑猩猩2正躺在箱子上时，黑猩猩1并没有发生移箱取物的动作。当黑猩猩2从箱子上起来离开后，黑猩猩1就立刻把箱子移到目的物下面，并登箱取物。这是由于在黑猩猩1的视野中，同一箱子由"可供躺卧的物体"这一完形改造成了"用以取得目的物的工具"这一完形的结果。

总之，格式塔心理学家认为，学习在于发生一种完形的组织，并非各部分间的联结，学习的过程就是一个不断地构建完形的过程。

3. 刺激与反应之间的联系不是直接的，需以意识为中介

无论是桑代克还是华生，他们的学习理论都是以刺激与反应间的直接联系为基础，都把反应看成由刺激直接引起。由此，他们把行为看成被动地由环境直接支配。格式塔心理学认为这是一种机械观点，是违反事实的。考夫卡曾指出："所谓行为，就是个体由感官方面领悟其情境，复由运动方面发为相当的动作。我们对于刺激之直接的反应，多是在心理或直觉平面上感受历程。但是这种直接的反应只是整个反应的起始。知觉则据其组织而发为动作。动作乃知觉历程之自然的持续，受知觉的支配，而不受预定的联结的支配。"这就是说，由刺激直接引起的反应乃是一种心理的或知觉方面的过程，动作直接受知觉及其组织作用所支配；反应既不是由刺激直接引起的，也不是由预定的联结决定的。

由此可见，对于刺激与反应或环境与行为之间的关系，格式塔心理学同联结主义或行为主义的理解都是不同的。前者的理解为间接的，是以意识因素为中介的；后者的理解是直接的，不存在意识的中介作用。这就是完形—顿悟说同联结—试误说的根本分歧所在。

总的来说，完形—顿悟说作为最早的一个认知学习理论，虽不如联结—试误说那样完整而系统，其实验范围也较有限，在当时的影响也远远不及联结—试误说，但它肯定了主体的能动作用，强调心理具有一种组织的功能，把学习视为个体主动构造完形的过程，强调观察、顿悟和理解等认知功能在学习中的重要作用。这对反对当时联结论的机械性和片面性具有重要意义。

（三）对格式塔学习理论的评价

1. 对冯特元素主义的反击具有进步意义

格式塔学派和行为主义几乎在同一时间从德国和美国向冯特的元素主义发难。格式塔学派主要反对冯特等人将意识人为地分析为元素并无视价值在意识中的作用；行为主义则拒绝意识，把意识和内部心理活动排斥在心理学之外。格式塔学派大胆地冲破了元素主义的束缚，积极而有成效地进行了大量的探索，并取得了一系列引人注目的成果，这对促进心理学事业的繁荣和发展是大有裨益的。

2. 格式塔学派引发了知觉心理学的革新

由于格式塔学派在知觉领域做了大量有目共睹的研究，使经验论、联想论、官能主义的传统方法逐渐让位于先验论、整体论和突创论。知觉心理学也由感觉心理学的附庸变成一个独立的分支，并在短时期内就取得了一系列突破。

3. 格式塔学派的学习理论独具特色

格式塔学派的顿悟说及对迁移、创造性思维的研究，冲击了联结主义和行为主义的框框，不论在理论创建还是在教育实践中都具有独到的价值和意义。顿悟说也成为西方学习理论中重要的理论之一。

4. 对现代认知心理学的产生起了推动作用

格式塔学派强调整体、模式、组织作用、结构等在研究知觉的认识过程及高级心理过程中的作用，并注重人们对感觉信息输入的组织和解释的主动性，这些都成了现代认知心理学的基本观点。在方法论上，格式塔学派强调研究直接经验，并主张用现象学的方法来研究它们，这也成了现代认知心理学的基础。可见，格式塔学派对认知心理学的影响和促进是极大的。

格式塔心理学家们发现了顿悟现象，这是成绩；认为解决问题的过程是顿悟，这也无大错可言；但是，他们认为解决问题的过程只是顿悟，而彻底否定了尝试错误。格式塔学派对联结主义、行为主义和元素主义的批评有的是一针见血、比较中肯的，但有的又过于武断，缺少根据，过分依赖现象学的方法，缺乏严格的控制条件和科学的依据。

二、布鲁纳的发现学习论

布鲁纳（Bruner）是美国心理学家、教育家，是一位在西方教育界和心理学界都享有盛誉的学者。他主张学习的目的在于，以发现学习的方式，使学科的基本结构转变为学生头脑中的认知结构。因此，他的理论常被称为认知—结构论或认知发现说。

（一）发现学习的基本观点

发现学习是布鲁纳主张的最佳学习方式。他认为，学生学习和掌握一般原理规则与知识技能固然重要，但更为重要的是要发展积极的学习态度与能力，即探索新情境、新问题的学习态度，以及做出假设、推测关系、应用于实践的能力。布鲁纳主张，教师的任务是让学生自己开展发现式学习，提倡发现法教学。所谓发现法，是指设置一定的学习情境，让学生用自己的头脑通过探索过程获得知识。布鲁纳指出了发现学习的几种主要作用。第一是提高智力潜能。学生自己提出解决问题的探索模式，自己学习如何对信息进行转换和组织，从而超越这种信息。第二是使外部奖励向内部动机转移。布鲁纳认为，通过探索而获得的发现会使学生产生喜悦感，这比外部的奖赏更能激发学生的学习兴趣。第三是帮助信息保持和检索。他认为传统的记忆法难以有效地保持和检索信息，而按照一个人自己的兴趣和认知结构组织起来的材料，最有希望在记忆中"自由出入"。布鲁纳的发现法有以下几个特点。

1. 强调学生的探索学习过程

布鲁纳认为在教学过程中，学生应是积极的探究者。教师的角色是为学生创设独立探究的情境，而不是提供现成的知识。他认为教一门学科，不是要建造一个小型藏书室，而是要让学生自己去思考，参与知识获得的过程，即认识是一个过程而不是一种产品。学生探索学习的过程，就是他们主动参与建立学科知识体系的过程。同时，学生的探索需要教师积极引导。

2. 强调直觉思维的重要性

在布鲁纳看来，直觉思维与分析思维不同，它并不根据仔细规定好了的步骤来思维，而是采取跃进、越级和走捷径的方式来思维的。不论在正规的学科领域还是在日常生活中，不论是科学家还是小学生，都需要也都可以使用直觉思维，所不同的只是程度问题，其性质都是一样的。

布鲁纳认为，大量事实都表明，直觉思维对科学发现活动极为重要。直觉思维的形成过程一般不靠言语信息，尤其不靠教师指示性的语言文字。直觉思维的本质是映象或图像性的。所以，教师在学生的探究活动中要帮助学生形成丰富的想象，防止过早语言化。与其指示学生如何做，不如让学生自己试着做，边做边想。布鲁纳强调"机灵的推测、丰富的假设，以及大胆迅速地做出实验性结论，这些是从事任何一项工作的思想家都应具备的极其珍贵的财富"。

3. 强调学习的内在动机

布鲁纳强调，学习应成为学生主动的过程，真正对学生学习有作用的是其内在动机，而不是成绩、奖赏、竞争之类的外部动机。布鲁纳认为发现活动有助于激发学生的好奇心，学生容易受好奇心的驱使，对探究未知的结果感兴趣。布鲁纳把好奇心称为"学生内部动机的原型"。

布鲁纳主张，与其让学生把同伴竞争作为主要动机，不如让其向自己的能力提出挑战。所以，他提出要形成学生的能力需求，就是使学生有一种发展能力与才能的内驱力，通过激励学生提高自己的才能需求，提高学习效率。

4. 强调信息提取

布鲁纳认为，人类记忆的首要问题不是贮存，而是提取。提取信息的关键在于如何组织信息，知道信息贮存在哪里和怎样才能提取信息。所以，学生如何组织信息，对提取信息有很大的影响。而学生亲自参与发现事物的活动，必然会用某种较为深刻的方式对它们加以组织，从而对记忆起到良好的效果。

以上是布鲁纳的发现法的特点。虽然布鲁纳并不是发现法的创始人，但他更注意发现法的理论依据，使之更具有科学的基础。但是，他所提倡的发现法教学和国外按照他的理论所进行的教学改革实验，大都在进行了一两年之后宣布失败，其原因是值得大家认真探讨的。

(二) 对布鲁纳发现学习理论的简评

在推动美国的认知运动，特别是以认知结构学习理论为指导的教学改革运动中，布鲁纳是一位极重要的人物，在心理学为教育教学服务方面做出了显著的贡献。他吸取了皮亚杰的认知结构理论，但又有所发展。他对发现学习的倡导虽非首创，但他是研究最深、推进最有力的学者。可以说，布鲁纳推动了教育心理学的重大转变——从行为主义向认知心理学的转变、从实验室研究向课堂研究的转变、从学习研究向教学研究的转变。

当然，布鲁纳学习理论也有自己的缺陷：在论述学生的成长时忽视了社会方面的因素；过于强调学生的发现学习，以致混淆了学生的发现学习与科学家的科学发现之间的差异；强调学科的基本结构，但有些学科的基本结构是不清楚的，比如一些人文学科。

三、奥苏贝尔的有意义学习理论

奥苏贝尔是与布鲁纳同时代的一位美国教育心理学家。他也重视认知结构，但他强调有意义的接受学习，强调对学校情境中的学生学习进行研究。

(一) 有意义学习理论

奥苏贝尔认为，传统教育心理学所研究的动物或人的学习基本上是机械学习，它对学校教育没有什么价值。因为学校中学生的学习主要是学习言语符号所代表的系统知识，它是有意义学习，而非机械学习。

1. 有意义学习的含义

有意义学习的实质是符号所代表的新知识与学习者认知结构中已有的适当观念建立实质性的、非人为的联系。判断学习者的学习是有意义的还是机械的，必须了解符号所代表的新知识与学习者认知结构中原有观念的联系的性质，看它是不是一种实质性的联系，是不是非人为的联系。对无意义音节和配对联想词表只能机械学习，因为这样的材料不可能与人的认知结构中的任何已有观念建立实质性联系，必须在逐个字母或项目之间建立联系。一切机械学习都不具备上述有意义学习的两条标准。

2.有意义学习的条件

有意义学习的产生既受学习材料性质的影响,也受学习者自身因素的影响。有意义学习受以下条件的制约:①学习材料的逻辑意义。材料本身与人类学习能力范围内的有关观念可以建立非人为的和实质性的联系。新学习材料的内容可以是词汇、概念或命题等。②有意义学习的心向。这是指学习者积极主动地把符号所代表的新知识与学习者认知结构中原有的适当知识加以联系的倾向性。③学习者认知结构中必须具有适当的知识,以便与新知识进行联系。总之,学习者必须积极主动地将具有潜在意义的新知识与自身认知结构中有关的旧知识发生相互作用,从而使旧知识得到改造,使新知识获得心理意义。

(二)意义的同化

当新知识与原有认知结构合理地联系起来,有意义学习便发生了,而这种联系的心理机制是怎样的呢?奥苏贝尔用"同化"的概念来解释意义获得和保持的机制。

奥苏贝尔认为,学习者能否习得新知识,主要取决于他们认知结构中已有的有关观念,有意义学习是通过新信息与学习者认知结构中已有的有关观念的相互作用才得以发生的,这种相互作用的结果导致了新旧知识的意义的同化。在新知识的学习中,认知结构中原有的适当观念起决定性作用,这种原有的适当观念可以对新知识起到固定作用。在奥苏贝尔看来,学习者对教材进行机械学习的主要原因之一,就是在他们还没有具备固定作用的观念之前,就被要求学习新内容。由于学习者认知结构中还没有可以与新教材建立联系的有关观念,因而使此时的教材学习也失去了潜在意义。

意义的获得过程是新旧知识经验的相互作用的过程,学习者必须有积极主动的有意义学习的心向,在原有认知结构中找到有关的观念,作为新知识的固定点(同化点),这样才能把学习材料中的潜在意义转化为自己现实的心理意义,将新知识的意义纳入认知结构中,同时原有认知结构也发生一定的变化。奥苏贝尔认为,认知结构是有一定层次性的,按照新旧观念的概括水平的不同及其联系的方式,他提出了三种同化模式。

1. 下位学习

下位学习又称类属学习，是指将概括程度或包容范围较低的新概念或命题，归属到认知结构中原有的概括程度或包容范围较高的适当概念或命题之下，从而获得新概念或新命题的意义。例如，教师让幼儿认识"水果"概念之后再去学习"苹果"和"梨"。

2. 上位学习

上位学习又称总括学习，是指新概念、新命题具有较广的包容面或较高的概括水平，这时，新知识通过把一系列已有观念包含于其下而获得意义。例如，幼儿在熟悉了"胡萝卜""豌豆"和"菠菜"这类下位概念之后，再学习"蔬菜"这一上位概念。

3. 组合学习

组合学习又称并列结合学习，当新概念或新命题与学习者认知结构中已有的观念既不产生下位关系，又不产生上位关系时，它们之间可能存在组合关系，这种只能凭借组合关系来理解意义的学习就是组合学习，如蔬菜和水果、动物和大象等。在这种学习中，实际上学习者头脑中没有直接的可以利用的观念，只能在更一般的知识背景中为新知识寻找适当的固定点。

（三）组织学习的基本原则与策略

以有意义学习和认知同化的观点为基础，奥苏贝尔提出了组织学习的基本原则和策略。

1. 逐渐分化原则

逐渐分化原则即首先应该传授一般的、包摄性广的观念，然后根据具体细节对它们逐渐加以分化，这样可以为每个知识单元的教学都提供理想的固定点，即对新知识起固定作用的先前知识。奥苏贝尔提出两个基本假设：①学习者从已知的包容性较广的整体知识中掌握分化的部分，比从已知的分化部分中掌握整体知识难度要低些。这实际上就是说，下位学习比上位学习更容易些。②学习者认知结构中对各门学科内容的组织，是按包容性水平组成的。包容面最广、概括性水平最高的观念在结构中居于最高层，下面依概括性程度而逐渐递减。

2.整合协调原则

整合协调原则是指对学习者认知结构中现有要素重新加以组合。当有些知识无法按照从概括到具体的序列来进行下位学习时，教学就要考虑上位学习和组合学习。而在这种学习中，学习者必须考虑有关概念之间的横向联系，要明确有关概念之间的差异，防止混淆那些看似相同、实则含义不同的概念，同时也要找出不同知识块之间隐含的意义联系，防止因表面说法的不同而割裂知识，造成人为的障碍。奥苏贝尔认为，所有导致整合协调的学习，同样也会导致学习者现有知识的进一步分化。因此，整合协调是在有意义学习中发生的认知结构逐渐分化的一种形式。

3.先行组织者策略

所谓"先行组织者"，是先于学习任务本身呈现的一种引导性材料，它要比学习任务本身有更高的抽象、概括和综合水平，并且能清晰地与认知结构中原有的观念和新的学习任务关联起来。设计"先行组织者"的目的，是为新的学习任务提供观念上的固定点，增加新旧知识之间的可辨别性，以促进下位学习。也就是说，通过呈现"先行组织者"，在学习者已有知识与需要学习的内容之间架设一道桥梁，使学生能更有效地学习新材料。

（四）对奥苏贝尔学习理论的评价

奥苏贝尔对发现学习与接受学习、有意义学习与机械学习之间的区分提出了独到的见解，并对有意义学习的过程和条件做了具体解释。他的同化论虽然沿用了前人的概念，但他重在用同化来解释课堂教学中的知识获得问题，对实际教学有重要价值。值得注意的是，奥苏贝尔所说的发现学习与布鲁纳所讲的发现学习的内涵有所不同。奥苏贝尔认为，各类学习中都可以采用发现法，甚至可以让学生发现物体的名称。而布鲁纳所提倡的发现学习是要学习者通过参与探究活动发现基本的原理或原则，使他们像科学家那样思考问题。

四、信息加工心理学的学习理论与幼儿的三种记忆

(一)信息加工心理学的学习理论

20世纪70年代中期至20世纪80年代,信息加工理论逐渐成为学习和记忆领域占主导地位的一种理论。其中,加涅提出的关于学习与记忆的信息加工模型如图4-9所示,被公认为是较好的解释模式。

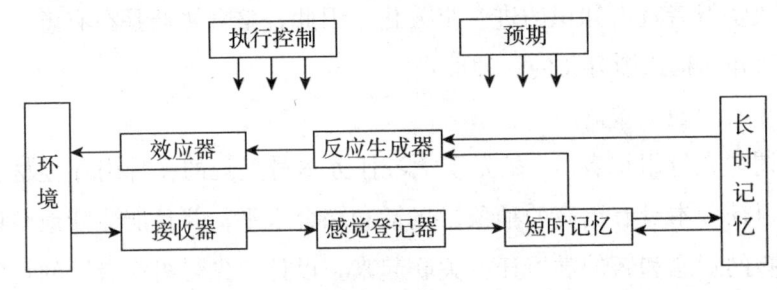

图4-9 学习与记忆的信息加工模型

从图4-9中可看到信息加工的过程。学习者从环境中受到刺激,刺激推动接收器,并转变为神经信息。这个信息会进入感觉登记器,这是非常短暂的记忆储存,一般在0.25~2秒就可把来自各接收器的信息登记完毕。有些部分被登记了,有的部分很快就消逝了,这涉及注意或选择性知觉的问题。被视觉登记的信息很快进入短时记忆,信息在这里可以持续2.5~20秒。短时记忆的容量很有限,一般只能储存7个左右的信息项目。当信息从短时记忆进入长时记忆时,信息发生了关键性转变,即要经过编码过程。所谓编码,不是把有关信息收集在一起,而是用各种方式把信息组织起来。信息是经编码形式储存在长时记忆中的。长时记忆中的储存一般被认为是永久性的,而后来回忆不起来的原因是"提取"这些信息有困难。从短时记忆或长时记忆中检索出来的信息通过反应生成器,使效应器(肌肉)活动起来,产生影响学习者环境的操作行为。这种操作使外部的观察者了解到原先的刺激发生了作用——信息得到了加工,也就是学习者确实学会了。

在加涅提出的信息加工模型中,还包含着预期与执行控制。预期是指学习者期望达到的目标,即学习的动机。正是因为学习者对学习有某种期望,教师

给予的反馈才会具有强化作用。换言之，反馈之所以有效，是因为反馈能肯定学习者的期望。执行控制即加涅学习分类中的认知策略，执行控制过程决定哪些信息从感觉登记器进入短时记忆、如何进行编码、采用何种提取策略等。由此可见，预期与执行控制在信息加工过程中起着极为重要的作用。加涅之所以没有把这两者与学习模式中其他结构联系起来，主要是由于这两者可能影响信息加工过程中的所有阶段，并且它们之间的关系目前还不太清楚。

（二）幼儿的三种记忆

信息加工心理学的学习理论提出幼儿有三种长时记忆：情景记忆、语义记忆和程序记忆。

1. 情景记忆

情景记忆是有关个体经历的记忆，是个体对看到、听到或经历事情的心理再现。情景记忆储存的是个体所经历事件的表象，这些表象可以按照事件发生的时间、地点等组织起来。幼儿的很多记忆都是情景记忆。例如，幼儿回忆起下午到野生动物园时所发生的事情，或是回忆起去年过生日时吹蜡烛的场景，都属于情景记忆。教师可以利用形象的视听刺激来创设易于幼儿记忆的事件，以促进概念和信息的保持。例如，借助投影、动画片、模拟及其他形式，呈现生动、形象的学习内容，以强化幼儿记忆，进而又可以用这些形象的内容帮助他们提取相关的信息。

2. 语义记忆

语义记忆也称为陈述性记忆，是对词语、概念、规则和定律等抽象事物的记忆。语义记忆的组织是抽象的和概括的，与人的抽象思维有密切联系。它所包含的信息不受接收信息的具体时间和空间的限制，以意义为参照，比情景记忆受到干扰较少，抽取信息也更迅速，往往不需要搜索。例如，让幼儿通过卡片认识"蛋"这个字，幼儿可以从中联想到是鸟蛋、鸡蛋、鹅蛋等，形成"蛋"的图式。

3. 程序记忆

程序记忆是有关事情进行过程的记忆，这在身体活动任务中表现得最为明显。该类型的记忆主要是以一系列刺激—反应配对的方式储存的，它是

"知道怎样做"，而不是"知道是什么"的记忆。骑自行车、玩滑板、游泳等技能都储存在程序记忆中。要促进幼儿的学习，程序记忆同样是非常重要的。例如，教师为了帮助幼儿了解"种子发芽"的过程，创设了植物角，让幼儿将带来的种子放在泥盆里，并参与动手浇水的种植过程。通过几个月的观察和记录，幼儿记下了"种子发芽"的全过程。这种教学策略有助于幼儿长时记忆的保持。

第三节　人本主义学习理论

人本主义心理学是 20 世纪五六十年代在美国兴起的一种心理学思潮，其主要代表人物是马斯洛（Maslow）和罗杰斯（Rogers）。人本主义是与程序教学运动、学科结构运动齐名的 20 世纪三大教学运动之一，其学习与教学观深刻地影响了世界范围内的教育改革。

人本主义主张，心理学应当把人作为一个整体来研究，而不是将人的心理肢解为不完整的几个部分，应该研究正常的人，而且更应该关注人的高级心理活动，如热情、信念、生命、尊严等内容。人本主义的学习理论从全人教育的视角阐释了学习者的成长历程，以发展人性；注重启发学习者的经验和创造潜能，引导其结合认知和经验肯定自我，进而趋向自我实现。人本主义学习理论重点研究如何为学习者创造一个良好的环境，让其从自己的角度感知世界，发展出对世界的理解，不断趋向于自我实现。

一、马斯洛的需要层次理论与幼儿需要的满足

马斯洛是美国著名哲学家、社会心理学家、人格理论家和比较心理学家，是人本主义心理学的主要发起者和理论家。马斯洛提出了融合精神分析心理学和行为主义心理学的人本主义心理学，并于其中融合了其美学思想。

马斯洛认为，个体成长的内在力量是动机，而动机是由多种不同性质的需要所组成的，各种需要之间有先后顺序与高低层次之分，每一层次的需要与满足将决定个体人格发展的境界或程度。

马斯洛指出，只有当个体的低级需要得到满足时，才可能寻求更高一级的需要。马斯洛需要层次理论如图 4-10 所示。

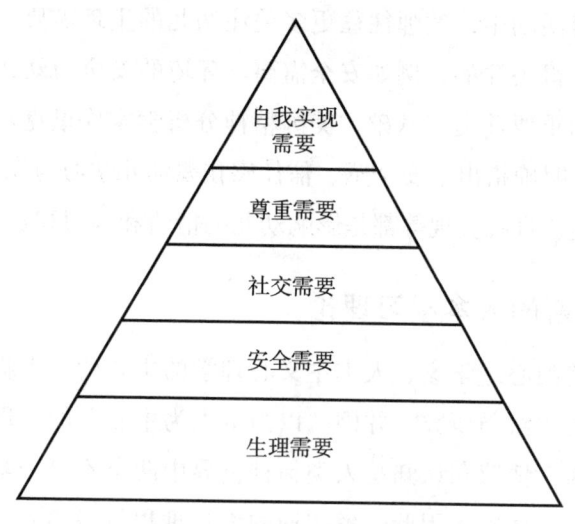

图 4-10　马斯洛需要层次理论

（1）生理需要。生理需要是指维系生存及延续种族的需要。生理上的需要是人们最原始、最基本的需要，如吃饭、穿衣、住宅、医疗等。它是最强烈的、不可避免的最底层需要，也是推动人们行动的强大动力。

（2）安全需要。安全需要是指寻求受保护与免于遭威胁从而获得安全感的需要。每一个在现实中生活的人都会产生安全需要，如希望拥有交通安全、环境安全、食品安全等。

（3）社交需要。社交需要也叫归属和爱的需要，是指个体渴望在社会交往中找到归属感，是对亲情、友情、爱情、信任、温暖的需要。社交需要与个人性格、经历、生活区域、民族、生活习惯、宗教信仰等都有关系。

（4）尊重需要。尊重需要属于较高层次的需求。尊重需要包括自尊和他尊两个方面：自尊是指个体对自己的尊重，如渴求力量、成就、自强、自信、自主、胜任、支配等；他尊指别人对自己的尊重，如渴求名誉、地位、尊严、承认、注意、欣赏等。

（5）自我实现需要。自我实现需要是最高层次的需求，是针对真善美人生境界获得的需求，具体包括认知、审美、创造、发挥潜能的需要等。在生理、安全、社交、尊重需要都能满足时，最高层次的需求方能相继产生，它是一种衍生性需求。

在实际教育活动中，教师往往更多关注幼儿的生理需要。但是，幼儿的心理需要也是值得关注的，例如安全需要。环境的安全与幼儿的安全感是幼儿学习与发展的重要前提与基础。美国精神分析学家埃里克森提出的人生发展八阶段理论就明确指出了安全感、信任感在婴幼儿学习与发展中的重要性。归属与爱、尊重、自我实现等都是影响幼儿的情绪和学习积极性的因素。

二、罗杰斯的人本学习理论

罗杰斯是美国心理学家、人本主义心理学的主要代表人物之一，从事心理咨询和治疗的实践与研究，并因"以当事人为中心"的心理治疗方法而驰名。罗杰斯认为，情感和认知是人类精神世界中两个不可分割的有机组成部分，彼此是融为一体的。因此，罗杰斯的教育理想就是培养"完人"或"功能完善者"，也就是既用情感的方式也用认知的方式行事的情知合一的人。当然，"完人"或"功能完善者"只是一种理想化的人的模式，而要想最终实现这一教育理想，应该有一个现实的教学目标，对此，罗杰斯认为是"培养能够适应变化和知道如何学习的人"。他说："只有学会如何学习和学会如何适应变化的人，只有意识到没有任何可靠的知识、只有寻求知识的过程才是可靠的人，才是真正有教养的人。在现代世界中，变化是唯一可以作为确立教育目标的依据，这种变化取决于过程而不是静止的知识。"可见，人本主义重视的是教学的过程而不是教学的内容，重视的是教学的方法而不是教学的结果。

罗杰斯关于学习的基本主张有以下几点。

（一）以学生为中心的教育理念

罗杰斯在教育上的主张秉持他的一贯理念，将学生视为教育的中心。他认为，学生是学习的主体，而不是被动的听众或信息的接收者，教育要以学生为中心，充分发挥学生的潜能。他强调教师应该创造一个支持学生自主学习和发展的环境，为学生提供一种学习的氛围，让学生在自信、轻松的情境中决定自己学什么、如何学。罗杰斯认为，影响学生学习气氛的因素有以下三点。

1. 真实和真诚

罗杰斯认为，教师应该真实地展现自我，不在学生面前掩饰自己的情感。他强调师生之间的真诚关系，即学生应当能够感受到教师的真实情感、诚恳与人情味。这种真实和真诚的氛围可以促使学生更积极地参与学习和自我发展。

2. 无条件积极关注、尊重和接纳

罗杰斯认为，教师应该尊重学生的个性和需求，接纳学生的差异和多样性。他主张教师对学生采取无条件积极关注的态度，即无论学生表现如何，教师都应该给予接纳和尊重。这种尊重和接纳的氛围可以帮助学生建立自信和自尊，激发他们的内在动力和积极性。

3. 同理心

罗杰斯认为，同理心是建立良好人际关系和有效治疗的关键要素。同理心需要教师敏锐地察觉到学生的情绪和感受，能够捕捉到学生的非言语和隐含的信息、理解学生的内在反应、了解学生的学习过程。同理心的表达不仅仅是一种理解，也是一种关心和关注。教师通过表达对学生感受的理解和重视，可以在师生之间建立一种相互信任和尊重的关系，从而促进有效的沟通和交流。

罗杰斯以学生为中心的教育理念对当今的教育改革和实践具有重要的启示和指导意义。幼儿的学习是主动、建构的，是对生活经验的积累，教师应该信任、理解、尊重幼儿，以幼儿为中心，做幼儿学习的促进者，引导幼儿主动发展，让幼儿从小学会学习、学会生活。

（二）有意义的自由学习观

在《学习与自由》一书中，罗杰斯详细解释了他所坚持的以自由为基础的教育理念。他认为，教育应该以学生的自由为基础，尊重学生的个性和自由，创造一个支持性的学习环境，让学生能够自由地表达想法和感受，充分展现他们的个性和创造力。

罗杰斯把学生的学习分为两类：一类无意义学习，一类是意义学习。罗杰斯认为对学生有真正价值的是意义学习。它是指一种使个体的行为态度、个性以及在未来选择行为方针时发生重大变化的学习。这种学习不仅意味着增长知识，而且是一种与个人经验融合在一起的学习。如幼儿对当前材料的理解程度，取决于这一材料对其当时的个人意义以及是否能意识到这种意义。罗杰斯强调的是学习时学生当时整个身心状态与学习材料的关系，整个人都参与并左右脑都共同发挥作用的学习才称为意义学习。

罗杰斯把意义学习分为以下要素：①学习具有个人参与的性质，即整个人(包括情感和认知)都投入学习活动；②学习是自我发起的，即使在其动力或刺激来自外界时，但要求发现、获得、掌握和领会的感觉是来自内部的；③学习是渗透性的、全面发展的，它会使学生的行为、态度乃至个性都会发生变化，获得全面发展。④学习是由学生自我评价的，学生根据学习是否满足自己的需要、是否有助于达成自己想要的结果、是否明了自己原来不甚清楚的某些方面进行自我评量，根据自评结果进行检讨，反思如何改进自己。以自由为基础的教学设计就是要学生对自由选择的学习结果，从事自我评量，从而做成结论以示自我负责。如此，使学生在自由气氛中学习，将有助于其独立思维与创造力的成长。

(三)构建真实的问题情境，鼓励从做中学

罗杰斯认为，变化是生活中最大的事实，一般的知识未必适合未来生活的需要，因此，除培养学生的求知能力外，教学活动应通过构建真实的问题情境，使教学内容生活化，以适应变动的社会。应鼓励学生从做中学，让学生直接在现实世界体验到各类实际问题，并掌握解决这些问题的有效方法，从而培养学生的学习兴趣和解决实际问题的能力。[①]

---

① 张春兴.教育心理学[M].杭州：浙江教育出版社，1998：268.

【知识延伸】

罗杰斯认为,人具有非常优异的先天潜能,教育无须也不应该用指导性的方式向学生灌输,这样做会压抑潜能的自然实现,适得其反。教育只要为学生潜能的发展提供一个宽松、和谐的心理环境,使自我发展能在"内驱力"的本能驱动下自动形成、充分形成。同时,人无时无刻不处在动态的变化之中。他说:"一个人是一个流程,而不是一团固定的材料;是不断变化着的潜能之星座,而不是一组稳定的特征。"这样,教育就不可能按照一组预定的程序、利用外部的要求向学生施教,而必须顺学生内心心理体验变化之自然。

第四节 建构主义学习理论

建构主义是认知主义的进一步发展。在皮亚杰的思想中已经有了建构的思想。皮亚杰认为,知识既非来自主体,也非来自客体,个体是在与周围环境相互作用的过程中,逐步建构起关于外部世界的知识,从而使自身认知结构得到发展。个体与环境的相互作用涉及"同化"和"顺应"两个基本过程。其中,同化是指把外部环境中的有关信息吸收进来并结合到个体已有的认知结构(也称图式)中,即个体把外界刺激所提供的信息整合到自己原有认知结构内的过程;顺应是指外部环境发生变化,而原有认知结构无法同化新环境提供的信息时所引起的个体认知结构发生重组与改造的过程,即个体的认知结构因外部刺激的影响而发生改变的过程。可见,同化是认知结构数量的扩充(图式扩充),而顺应则是认知结构性质的改变(图式改变)。个体就是通过同化和顺应这两种形式来达到与周围环境的平衡。

一、建构主义学习理论的不同取向

建构主义本身并不是一种学习理论流派，而是一种理论思潮。在目前的各种建构主义思潮中，对教育实践具有一定影响的主要有以下四种理论。

（一）激进建构主义

激进建构主义是在皮亚杰思想基础上发展起来的建构主义，以冯·格拉塞斯费尔德（Von Glasersfeld）和斯泰费（Steffe）为代表。激进建构主义有两条基本原则：知识不是通过感觉被个体被动地接收的，而是由认知主体主动地建构起来的，建构是通过新旧经验的相互作用而实现的；认识的机能是适应自己的经验世界，帮助组织自己的经验世界，而不是去发现本体论意义上的现实。激进建构主义者相信，世界的本来面目是我们无法知道的，而且也没有必要去推测它，我们所知道的只是我们的经验。所以冯·格拉塞斯费尔德认为，应该用"生存力"来代替"真理"一词，只要某种知识能帮助我们解决具体问题，或能提供关于经验世界的一致解释，那它就是适应的，就是有"生存力"的，不要去追求经验与客体一致。为了适应不断扩展的经验，个体的图式会不断进化，所有的知识都是在这种个体与经验世界的对话中建构起来的，而这要以个体的认知过程为基础。激进建构主义以这些思想为基础，深入研究了概念的形成、组织和转变，但这种建构主义主要关注个体与其物理环境的相互作用，对学习的社会性的一面则重视不够。

（二）社会建构主义

与激进建构主义不同，社会建构主义是以维果茨基的理论为基础的建构主义，以鲍尔斯费尔德（Bauersfeld）和库伯（Cobb）为代表。它也在一定程度上对知识的确定性和客观性提出了怀疑，认为所有的认识都是有问题的，没有绝对优胜的观点，但它又比激进建构主义稍温和。它认为，世界是客观存在的，对每个认识世界的个体来说是共通的。知识是在人类社会范围里建构起来的，又在不断地被改造，以尽可能与世界的本来面目相一致，尽管永远无法达到一致。另外，它也把学习看成个体建构自己的知识和理解的过程，但它更关心这一建构过程的社会性的一面。它认为，知识不仅是个体与物理环境的相互作用内化的结果，而在此过程中，语言等符号具有极为重要的意义。学习者在自己的日常生活、交往和游戏等活动中，形成了大量的个体经验，这可以叫做"自下而上的知识"。它从具体水平向知识的高级水平发展，走向以语言实现的概括，具有理解性和随意性。而在人类的社会实践活动中则形成了公共文化知识，在个体的学习中，这种知识首先以语言符号的形式出现，由概括向具体经验领域发展，所以也可以称为"自上而下的知识"。儿童在与成人或比他成熟的社会成员的交往活动（特别是教学活动）中，在后者的帮助下，解决自己还不能独立解决的问题，理解体现在后者身上的"自上而下的知识"，并以自己已有的知识为基础，使之获得意义，从而把"最近发展区"变成现实的发展。这是儿童知识经验发展的基本途径。

（三）社会文化取向

社会文化取向与社会建构主义有很大的相似之处，它也受到了维果茨基的影响，也把学习看成建构过程，关注学习的社会方面。但它又与社会建构主义有所不同，它认为，心理活动是与一定的文化、历史和风俗习惯背景密切联系在一起的，知识与学习都是存在于一定的社会文化背景中的，不同的社会实践活动是知识的来源。所以，它着重研究不同文化、不同时代和不同情境下个体的学习和问题解决等活动的差别。社会文化取向借鉴文化人类学的方法，研究一定文化背景下的个体为达到某种目的而进行的实际活动，并认为这些实际活动是以一定的社会交往、社会规范、社会文化产品为背景的。个体以自己原有的知识经验为基础，通过一系列的活动，解决所出现的各种问题，最终达到活动的目的。学习应该像这些实际活动一样展开，在为达到某种目的而进行的实际活动中，解决遇到的实际问题，从而学习某种知识。学生在问题的提出及解决中都处于主动地位，而且在其中可以获得一定的支持。这种观点提倡师徒式教学，就像工厂中师傅带徒弟那样去教学。

（四）信息加工建构主义

信息加工理论不属于严格意义上的建构主义。它认为认知是一个积极的心理加工过程，学习不是被动地形成刺激—反应联结，而是包含了信息的选择、加工和存储的复杂过程。在此意义上，信息加工理论比行为主义大大前进了一步。但是，信息加工理论假定，信息或知识是事先以某种形式存在的，个体必须首先接收它们才能进行认识加工，那些更复杂的认识活动也才得以进行。即便它看到了已有的知识在获得新知识中的作用，也基本不把它看成新旧经验间的反复的、双向的相互作用过程。它只是强调原有知识经验在新信息的编码表征中的作用，而忽略了新经验对原有知识经验的影响。

客观地说，建构主义不仅是一种心理学思潮，更是一种哲学、文化学和教育学的取向，因此也有学者将建构主义划分为哲学建构主义、社会学建构主义和教育学建构主义。由于不同的建构主义者所持的建构主义程度不同，也有学者将其划分成激进建构主义和温和建构主义。不过，在教育心理学领域，更多的学者主张将建构主义划分成认知建构主义和社会建构主义两大类。其中，认知建构主义也称个人建构主义，强调个体自身在知识建构中的作用，主要以皮亚杰的发生认识论为基础，包括冯·格拉塞斯费尔德的激进建构主义和斯皮罗（Spiro）等人的认知灵活性理论等；社会建构主义也称文化建构主义，强调社会互动、历史文化在个人知识建构中的重要作用，主要以维果茨基的社会历史观为基础，包括上述的社会建构主义、社会文化取向等。

二、建构主义学习理论的基本内容

建构主义源自关于儿童认知发展的理论，由于个体的认知发展与学习过程密切相关，因此利用建构主义可以比较好地说明人类学习过程的认知规律，即能较好地说明学习如何发生、意义如何建构、概念如何形成，以及理想的学习环境应包含哪些主要因素等。

建构主义学习理论的基本内容可从学习的含义（什么是学习）与学习的方法（如何进行学习）这两个方面进行说明。

（一）关于学习的含义

建构主义认为，知识是学习者在一定的情境即社会文化背景下，借助学习过程中其他人（包括教师和学习伙伴等）的帮助，利用必要的学习资料，通过意义建构的方式获得的。由于学习是在一定的情境即社会文化背景下，借助其他人的帮助即通过人际间的协作活动而实现的意义建构过程，因此建构主义学习理论认为，情境、协作、会话和意义建构是学习环境中的四大要素或四大属性。

（1）情境。学习环境中的情境必须有利于学生对所学内容的意义建构。这就对教学设计提出了新的要求。也就是说，在建构主义学习环境下，教学设计不仅要考虑教学目标分析，还要考虑有利于学生建构意义的情境的创设问题，并把情境创设看作教学设计的最重要内容之一。

（2）协作。协作发生在学习过程的始终。协作对学习资料的搜集与分析、假设的提出与验证、学习成果的评价直至意义的最终建构均有重要作用。

（3）会话。会话是协作过程中不可缺少的环节。学习小组成员之间必须通过会话商讨如何完成规定的学习任务的计划。此外，协作学习过程也是会话过程，在此过程中，每个学习者的思维成果（智慧）为整个学习群体所共享，因此会话是达到意义建构的重要手段之一。

（4）意义建构。这是整个学习过程的最终目标。所要建构的意义是指事物的性质、规律及事物之间的内在联系。在学习过程中帮助学生建构意义就是要帮助学生对当前学习内容所反映的事物的性质、规律及该事物与其他事物之间的内在联系达到较深刻的理解。这种理解在大脑中的长期存储形式就是图式，也就是关于当前所学内容的认知结构。

（二）关于学习的方法

建构主义提倡在教师指导下的、以学习者为中心的学习，也就是说，既强调学习者的认知主体作用，又不忽视教师的指导作用。教师是意义建构的帮助者、促进者，而不是知识的传授者与灌输者；学生是信息加工的主体、意义的主动建构者，而不是外部刺激的被动接收者和被灌输的对象。

学生要成为意义的主动建构者，就要在学习过程中从以下几个方面发挥主体作用：要用探索法、发现法去建构知识的意义；在建构意义过程中要主动去搜集并分析有关的信息，对所学习的问题要提出各种假设并努力加以验证；要把当前学习内容所反映的事物尽量和自己已经知道的事物相联系，并对这种联系加以认真的思考。

联系与思考是意义构建的关键。如果能把联系与思考的过程与协作学习中的协商过程（交流、讨论的过程）结合起来，则学生建构意义的效率会更高、质量会更好。协商有自我协商（内部协商）与相互协商（社会协商）两种，其中自我协商是指自己和自己争辩什么是正确的，相互协商则指学习小组内部相互之间的讨论与辩论。

教师要成为学生建构意义的帮助者，就要在教学过程中从以下几个方面发挥指导作用：激发学生的学习兴趣，帮助学生形成学习动机；通过创设符合教学内容要求的情境和提示新旧知识之间联系的线索，帮助学生建构当前所学知识的意义；为了使意义建构更有效，教师应在可能的条件下组织协作学习，并对协作学习过程进行引导使之朝有利于意义建构的方向发展。

教师在课堂进行引导的方法包括：提出适当的问题以引起学生的思考和讨论；在讨论中设法把问题一步步引向深入，以加深学生对所学内容的理解；启发诱导学生自己去发现规律、自己去纠正错误、自己去完善认知。

三、建构主义对学习的基本主张

（一）如何看待知识——知识是生成的

客观主义的知识观认为，事物是客观存在的，知识是对客观事物的真实表征，它是完全中立的，是不依赖于认识主体的，有着绝对的客观性和真理性。随着奠基于经典物理学的绝对主义世界观的颠覆，知识的绝对客观地位被动摇，不再是被认识和控制的客观对象，而是认识主体与其他主体、客观世界交往实践活动的产物。知识的本质是生成建构性，即随着认识主体交往实践活动的不断深入而形成新观点与认识。

建构主义者在一定程度上质疑知识的客观性和确定性，强调知识的动态性，具体体现在以下三个方面。

（1）知识不是对现实的准确表征，只是一种解释、一种假设。知识不是问题的最终答案，相反，它会随着人类的进步而不断地被"革命"，并随之出现新的假设。

（2）知识不是通过感觉或交流而被个体被动接收的，而是由认知主体主动建构生成的。

（3）在建构的过程中，为了适应不断扩展的经验，个体的图式会不断进化，所有的知识都是在这种个体与世界的对话中建构起来的。

上述观点充分指出了生成建构性是知识的本质特征。客观主义的知识观视知识为现实的客观反映，是封闭的、稳定的、可以从外部加以研究的系统，这是一种"符合论"式的知识观。而建构主义将知识视为动态的、开放的自我调节系统，认识主体本身即处在这个系统之中，通过交往实践来把握它。

（二）如何看待学习者——学习者是有主体性的

建构主义认为，学习是学习者建构自己的知识的过程，学习者不是被动的信息吸收者，相反，他要主动地建构信息的意义，这种建构不可由其他人代替。学习是个体建构自己的知识的过程，这意味着学习是主动的，学习者不是被动的刺激接收者，他要对外部信息做主动的选择和加工，因而不是行为主义所描述的刺激—反应过程。

建构主义者完全否定心灵白板说，强调学习者经验世界的丰富性和差异性。建构主义者强调，任何时候学习者都不是空着脑袋走进教室的，他们拥有已有的经验与前结构。在日常生活中，在以往的学习中，他们已经形成了丰富的经验，小到身边的衣食住行，大到宇宙、星体的运行，从自然现象到社会生活，他们几乎都有一些自己的看法。而且，有些问题即使他们还没有接触过，没有现成的经验，但当问题一旦呈现在面前时，他们往往可以基于相关的经验，依靠他们的推理和判断能力，形成对问题的某种解释。这说明学习者在遇到问题时，是从已有经验背景出发进行解决的。

因此，教学不能无视学生的原有经验和前结构，而是要把学生的原有经验作为新信息或新知识的生长点或平台，引导学生从原有的知识经验中"生长"出新的知识经验。教学不是知识的传递，而是知识的处理和转换。教师不只是知识的呈现者，还应该重视学生自己对各种现象的理解，倾听他们的意见，洞察他们这些想法的由来，并以此为根据，引导学生丰富或调整自己的理解。这不是简单"告诉"就能奏效的，而是需要与学生共同针对某些问题进行探索，并在此过程中相互交流和质疑，了解彼此的想法，彼此做出某些调整。

（三）如何看待学习过程——学习是主动建构的

建构主义认为，学习是学习者自助建构关于事物及其表征的过程，它不是外界的直接翻版，而是通过已有的认知结构对新信息进行加工；学习者不是被动的信息接收者，而是信息意义的主动建构者，这种建构不可能由其他人代替。这意味着学习是主动的，学习者不是被动的刺激接收者，而是要对外部信息进行主动的选择和加工。而且，知识或意义也不是简单地由外部信息决定的。外部信息本身没有意义，知识或意义是学习者通过新旧知识经验间反复的、双向的相互作用过程而建构成的。其中，每个学习者都在以自己原有的经验系统为基础对新的信息进行编码，建构自己的理解，而且原有知识又因为新经验的进入而发生调整和改变。因此，学习并不简单是信息的积累，它同时包含由于新旧经验的冲突而引发的观念转变和结构重组；学习过程并不简单是信息的输入、存储和提取，而是新旧经验之间双向的相互作用的过程。

四、建构主义的教学方式

（一）随机通达教学

随机通达教学是基于建构主义学习理论的一个新兴分支"认知灵活性理论"为基础发展起来的。

认知灵活性理论认为：人的认知随情境的不同而表现出极大的灵活性、复杂性、差异性；不存在放之四海而皆准的知识，同样的知识在不同的情境中会产生不同的意义；不仅不同的主体对同样的知识会建构出不同的意义，即使同一个主体在不同的情境和不同的条件下，对同样的知识也会建构出不同的意义。

认知灵活性理论的代表斯皮罗等人曾对人的学习进行了重新解释。他们认为，人的学习可以分为两种类型，即初级学习和高级学习。初级学习主要是掌握结构性知识的过程，学习者由此获得的是普遍的、抽象的事实、概念和原理。高级学习则主要是获得非结构性的知识和经验的过程，学习者由此获得的是与具体情境相关联的不规范的、非正式的知识，这些知识是在解决问题的过程中不断建构出来的。

随机通达教学是指对同一教学内容在不同时间、不同情境，基于不同目的，着眼于不同方面，用不同方式多次加以呈现，以使学习者对同一内容或问题进行多方面探索和理解，获得多种意义的建构。例如，对"火"的含义的理解可以表现在把握它的不同使用方式，如火势凶猛、火气很大、火红的太阳等。

（二）支架式教学

支架式教学即为学习者建构对知识的理解提供一种概念框架。按此教学方式，教师事先要把复杂的学习任务加以分解，以便把学习者的理解逐步引向深入。这种教学思想来源于苏联心理学家维果茨基的最近发展区理论。维果茨基认为，在学生智力活动中，对于所要解决的问题和原有能力之间可能存在差异，通过教学，学生在教师帮助下可以消除这种差异，这个差异就是最近发展区。

支架式教学由以下几个环节组成。

（1）搭脚手架。围绕当前学习主题，按最近发展区的要求建立概念框架。

（2）进入情境。将学生引入一定的问题情境（概念框架中的某个节点）。

（3）独立探索。让学生独立探索。探索内容包括确定与给定概念有关的各种属性、将各种属性按其重要性大小顺序排列等。探索开始时要先由教师启发引导（例如演示或介绍理解类似概念的过程），然后让学生自己去分析；探索过程中教师要适时提示，帮助学生沿概念框架逐步攀升；最后要争取做到无须教师引导，学生自己能在概念框架中继续攀升。

（4）协作学习。进行小组协商、讨论。讨论的结果有可能使原来确定的、与当前所学概念有关的属性增加或减少，各种属性的排列次序也可能有所调整，并使原来多种意见纷呈的复杂局面逐渐变得明朗、一致起来。在共享集体思维成果的基础上达到对当前所学概念比较全面、正确的理解，即最终完成对所学知识的意义建构。

（5）效果评价。对学习效果的评价包括学生个人的自我评价和学习小组对个人的学习评价。评价内容主要包括自主学习能力、对小组协作学习所做出的贡献、是否完成对所学知识的意义建构等。

（三）抛锚式教学

建构主义认为，学习者要想完成对所学知识的意义建构，最好的办法是让学习者到现实世界的真实环境中去感受、体验（通过获取直接经验来学习），而不是仅仅聆听别人（例如教师）关于这种经验的介绍和讲解。这种教学方式叫做抛锚式教学，也称实例式教学或基于问题的教学。

抛锚式教学由以下几个环节组成。

（1）创设情境。使学习能在和现实情况基本一致或相类似的情境中发生。学生的学习情境要与现实情境相类似，以提高学生在现实生活中解决问题的能力。

（2）确定问题。在上述情境下，选择出与当前学习主题密切相关的真实性事件或问题作为学习的中心内容（让学生面临一个需要立即去解决的现实问题）。这种教学过程与学生解决现实问题的过程相类似，教师不是将事先准备好的内容教给学生，而是提出学生可能遇到的问题，支持学生自主探索，在特定情境中解决问题。此环节选出的事件或问题就是"锚"，这一环节的作用就是"抛锚"。

（3）自主学习。不是由教师直接告诉学生应当如何去解决面临的问题，而是由教师向学生提供解决该问题的有关线索（例如需要搜集哪一类资料、从何处获取有关的信息资料、现实中专家解决类似问题的探索过程等），并要特别注意发展学生的"自主学习"能力。

（4）协作学习。学生间进行讨论、交流，通过不同观点的交锋，补充、修正、加深每个学生对当前问题的理解。

（5）效果评价。由于抛锚式教学要求学生解决现实问题，学习过程就是解决问题的过程，即由该过程可以直接反映出学生的学习效果。因此对这种教学效果的评价只需在学习过程中随时观察并记录学生的表现即可。

五、对建构主义学习理论的简评

建构主义强调知识的动态性，强调学习是一个主动建构的过程，强调学习的社会性和情境性，试图实现学习的广泛而灵活的迁移应用，这些观点对改革传统教学具有重大意义。基于这些观点，建构主义者提出了一系列教学改革的设想。建构性的学习和教学旨在使学生形成真正的、深刻的、灵活的理解，为此，教师需要就学习内容设计出有思考价值的、有意义的问题，引导学生通过持续的概括、分析、推论、假设、检验等思维活动，来建构起与此相关的知识。在此过程中，教师要更多地帮助学生对自己的学习策略、理解状况以及见解的合理性等进行监视和调节。为了促进学生的知识建构，教师要创设平等、自由、相互接纳的学习气氛，在教师与学生之间以及学生与学生之间展开充分的交流、讨论、争辩和合作，教师自己要耐心地聆听学生的想法，以便提供有针对性的引导。同时，教师要为学生设计情境性的、多样化的学习情境，要帮助学生利用各种有力的建构工具来促进他们的知识建构活动。

当然，建构主义尚在发展和完善之中，不同倾向的建构主义者还存在着重大的分歧。有的建构主义者较为温和，他们承认知识的客观性和可靠性的一面，只是强调实际情境的复杂性和变化性，反对对知识的教条化和过分简单化的处理，主张加深知识理解的深度，把握其复杂性。而有的建构主义者则鲜明地提出，知识不是对客观事物本来面目的反映，它是适应的结果，只体现我们的经验。知识是不能传递的，它只能由个体学习者建构起来。教学的作用仅仅在于给了学生有效的活动机会，学生在活动和讨论中、在问题解决中建构自己的知识。教师是活动的促进者，但不能直接告诉学生结论。这里建构主义更为充分地揭示了认识活动的能动性，但又表现出了一定的相对主义和工具主义的色彩。

【复习与巩固】

1. 请评述行为主义、认知主义、人本主义、建构主义的学习理论及其对幼儿学习与教育的启示。

2. 你认为在促进幼儿学习时应遵循哪些原则？

3. 区别人本主义、行为主义、认知流派的学习观。

4. 自己选择喜欢的内容进行课堂设计，体现人本主义教学理念。

【总结与反思】

第五章　幼儿的学习动机

【知识目标】

1. 了解学习动机的概念和结构，以及学习动机与需要、内驱力、兴趣、目的等概念的关系。

2. 概述几种学习动机理论的基本观点，说明这些理论对教学的启示。

3. 掌握幼儿的学习动机及其影响因素，以及引发幼儿学习动机的措施。

【技能目标】

能够根据所学理论在教学活动中、游戏活动中激发幼儿的成就动机，引导幼儿学会正确归因。

【内容导读】

幼儿学习动机概述
一、幼儿学习动机及其分类
二、幼儿学习动机的主要内容
三、动机理论与幼儿的学习

01　幼儿的学习动机　02

幼儿学习动机的激发
一、幼儿学习动机的主要特征
二、影响幼儿学习动机的主要因素
三、培养幼儿学习动机的有效方法

请你思考：

幼儿的主动学习是由什么引起的？是什么因素促使幼儿学习的？

第一节　幼儿学习动机概述

近年来，早期教育越来越重视幼儿的自主学习，关注如何使幼儿学会学习，促进幼儿形成主动学习的意识与能力，激发幼儿学习的兴趣与乐趣。作为一名幼教工作者，必须了解幼儿学习动机的各个方面，特别是对幼儿学习动机的各种理论、幼儿学习动机的主要特征及如何有效激发幼儿学习动机等问题有比较清晰的认识。由于学习动机是影响学习的重要因素之一，同时它本身也是学校教育的重要目标，因此在十分强调学习者主体性发展以及情感教育的今天，激发和培养幼儿的学习动机，不仅具有重要的理论意义，而且具有重大的实践意义。

一、幼儿学习动机及其分类

（一）动机及学习动机

动机的英文是 motivation，来源于拉丁文 movere，意思是移动、推动和引起活动。现代心理学将动机定义为引起、激发和维持个体进行活动，并导致该活动朝向某一目标的心理倾向和动力。动机涉及以下三个方面的问题：引发行为的起因是什么；使行为指向某一目的的原因是什么；维持这一行为的原因是什么。在许多有关动机的文献中，心理学家们往往用动机作用这一术语来描述个体释放能量和冲动，指引行为朝向某一目的，并将这一行为维持一段时间的种种内部状态和过程。至于包括人在内的个体为什么会出现这样或那样的行为，在心理学回答涉及行为起因的问题时假设了一个中间变量，即动机，以解释行为的起因和动力。在涉及动物行为动机时，常用需要和内驱力（或诱因）来解释。如食物剥夺引起饥饿，这种饥饿刺激作为一种内驱力驱使动物寻找食物；动物吃到食物，饥饿消失，停止寻找食物的行为。

动机有两种功能：第一，唤醒与维持功能。动机水平高的个体同动机水平低的个体相比,其情绪和意识处于较高的唤醒状态,在动机指向的目标达到之前,这种唤醒状态将维持下去。如幼儿在做自己特别喜欢的事情时其唤醒状态保持较高水平,一直要到活动结束后,思想和情绪才会放松。第二,指向功能。有较强动机的个体,同无动机的个体相比,其思想和行为更集中指向满足动机的客体或事物。如喜欢足球的幼儿与一名不喜欢足球的幼儿同看一场足球赛,由于前者喜欢足球,其行为指向与后者不同,他将注意力更集中在球赛上,在球员的表现上。

【知识延伸】

与学习有关的几种主要动机如下。

认知需要,指要求了解和理解的需要,要求掌握知识的需要,以及系统地阐述问题并解决问题的需要。如幼儿对新事物特别好奇,爱问为什么,体现出幼儿的好奇心与探究环境的倾向性。

自我提高的需要,指个体因自己的胜任能力或优秀表现而赢得相应地位的需要。如幼儿园教师对幼儿的学习活动给予肯定及表扬能够满足幼儿的自我提高的需要。

好孩子的需要,指一个人为了赢得长者(如家长、教师或领导等)的赞许或认可而表现出来的将学习或工作做好的一种需要。如幼儿从教师、家长的赞许和认可中感到满足,获得一种派生的地位。

动机总是和一定的实践活动联系在一起的,人们参与不同的实践活动,往往有着不同的动机。学习动机就是动机在学习活动中的表现。确切地说,所谓学习动机,就是激发个体进行学习活动,维持已引起的学习活动,并导致行为朝向一定的学习目标的一种内在过程或内部心理状态。

幼儿的学习动机属于外部动机。随着幼儿的成长,他们会对周围的世界感到好奇,也会开始对周围的自然环境进行探索,有强烈的好奇心,在此基础上，幼儿学习动机被调动起来。因此，幼儿学习动机是指幼儿在成人的激励或肯定下对环境中的新奇事物产生好奇心和求知欲并朝向一定目标前进而促使内部动机逐渐发展起来的相对稳定的动机体系。

（二）幼儿学习动机的分类

1. 普遍型学习动机与偏重型学习动机

根据幼儿对学习活动的侧重面的不同及其强弱，学习动机可分为普遍型学习动机与偏重型学习动机。幼儿对所有的学习活动都能积极参加并具有较强的内在学习动机，这是普遍型学习动机；幼儿只对某些学习活动或其中一个领域的学习有较强的学习动机，而对其他领域的学习缺乏强烈的动机，这是偏重型学习动机。这两种动机都不是一时能形成的，而是与幼儿长期的学习活动、生活有关。

2. 内部学习动机与外部学习动机

根据学习动机的动力来源，学习动机可以分为内部学习动机与外部学习动机。

内部学习动机指幼儿对学习任务或活动本身的兴趣（如求知欲、操作欲、成功感等）所引起的动机，是幼儿本身与自我奖励的学习活动相联系的动机，动机的满足在活动之内而不在活动之外，不需要外界的诱因、惩罚来使行动指向目标，因为行动本身就是一种动力。求知欲是幼儿对追求知识的需要，是幼儿内部学习动机的基础。求知欲来源于好奇心，如幼儿对颜色鲜艳的绘本感兴趣、对很多没有见过的动态世界感兴趣，他们会在幼儿园图书角看自己喜欢的故事书，也会在手工区做自己感兴趣的手工。这些活动本身就能给他们带来愉悦。幼儿参与的动机来源于愉悦感带给他们的自我奖励，而不是这些活动对他们有什么功利价值。

外部学习动机是指个体的动机不是由他本人自行产生的，而是他以外的人或事提出的，需要学习以外的诱因加以维持，是指向学习结果的学习动机，与外部奖励相联系。此时，幼儿动机的满足不在活动之内而在活动之外，幼儿对学习本身不感兴趣，而是对学习所带来的结果感兴趣。这些外部奖励来自学习情景之外，如学习活动中表现好了会有小红花，把小手放好是为了获得老师的表扬，吃饭乖就能得到老师的认可等，这些外部奖励往往是社会性的。

【知识延伸】

皮格马利翁效应是一种社会心理效应，指的是殷切的期望能戏剧性地收到预期效果的现象。

1968年，美国心理学家罗森塔尔（Rosenthal）和雅各布森（Jacobsen）进行了一项有趣的实验。他们先找到了一个学校，然后从校方手中得到了一份全体学生的名单。在经过抽样后，他们向学校提供了一些学生名单，并告诉校方，他们通过一项测试发现，这些学生有很高的天赋，经过鉴定是"最有发展前途者"，只不过尚未在学习中表现出来。其实，这是从学生的名单中随意抽取出来的几个人。有趣的是，在学年末的测试中，这些学生的学习成绩的确比其他学生高出很多。研究者认为，这就是由于教师期望的影响。由于教师认为这个在名单上的学生是天才，因而寄予他更大的期望，在上课时给予他更多的关注，通过各种方式向他传达"你很优秀"的信息；学生感受到教师的关注，因而产生一种激励作用，学习时加倍努力，因而取得了好成绩。这种现象说明，教师的期待不同，对学生施加影响的方法也不同，学生受到的影响也不同。从原理上说，虽然教师们没有把这份名单告诉他人，但由于他们受到"权威"的心理学家的暗示，对名单上的学生充满信心，掩饰不住的热情会通过他们的眼睛、语言、音容笑貌等传递出来，滋润着这些学生的心田。学生们潜移默化地受到影响，因此变得更加自信，奋发向上的冲动在他们的血液中激荡。于是，他们在行动上就不知不觉地更加努力学习，结果就有了飞速的进步。

内部学习动机和外部学习动机决定着幼儿是否去持续保持或掌握各个领域中教师所教的知识。具有内部学习动机的幼儿能在学习活动中得到满足，他们积极地参与学习过程，具有好奇心，喜欢挑战，在解决问题时具有独立性。而外部学习动机是由家长、教师、亲友等外部人士人为地灌输给幼儿的，往往需要外部诱因激发幼儿学习，一旦达到了目的，幼儿学习动机便会下降。因此，相对于内部学习动机，外部学习动机效应微弱而短暂，不可能使幼儿的学习活动、兴趣持之以恒。

二、幼儿学习动机的主要内容

学习动机是由学习需要和诱因两个方面构成的。对于幼儿来说，学习需要主要表现在对事物的好奇心强、兴趣广泛。其中，好奇心是所有幼儿学习知识、积累经验、了解社会的主要动机，它能促使幼儿积极主动地与周围环境相互作用，积极主动地参与学习活动，从而满足内心对探索问题的需要，积极的情感体验也伴随出现。由于幼儿的学习价值观、意志、自我效能感等尚未形成，因此激发幼儿的学习动机也主要从好奇心、兴趣、诱因等方面入手。

（一）好奇心

在幼儿学习动机中，好奇心是指幼儿去观察、探索、操作、询问新奇的事物，从而获得对事物了解的一种原始性的内在冲动。3～4岁的幼儿好奇心特别强，为了满足他们的好奇心，他们会用各种感知去了解社会。例如，有的幼儿在树下看到一群蚂蚁或者是一只大蚂蚁，他会把蚂蚁拿到手里仔细观察并自言自语；有的幼儿会将手机等放在水里，只是为了验证它在水里会不会游泳、会不会响。虽然好奇是幼儿与生俱来的，但它同样受到环境与教育的影响。有一些幼儿天性好奇，这可能是因为家长鼓励他们具有好奇心，支持他们提出各种问题。而也有一些幼儿在提问时经常受到家长或其他人的责备，这样的幼儿在以后提问题时就会谨慎、小心翼翼，好奇心也会逐渐消失。

（二）兴趣

在幼儿学习动机中，兴趣是指幼儿对某人、某物或某事所表现出来的选择性注意的内在心向。爱因斯坦（Einstein）曾说过："兴趣是最好的老师。"兴趣是一种带有情绪色彩的认识倾向，它以认识和探索某种事物的需要为基础，是推动幼儿认识事物、探求现象的一种重要动机，也是幼儿学习动机中极为活跃的因素。幼儿对某些学科或学习活动产生了兴趣，便有一种内在的、强有力的力量推动他自觉、积极地去学习，使学习需要更加稳定和深刻。例如，在幼儿园游戏活动中或手工活动中，把多件物品呈现在幼儿面前，幼儿可能在巡视过程中会突然紧盯某一件物品，即可推知幼儿对此物感兴趣，然后他就会把所有的注意力集中在这一物品上，并尽情去体验、去感受，获得满足感。

兴趣是激发幼儿探索的重要内在动力，能对学习起持久的促进作用。兴趣最初是一种潜在的动机力量，是从好奇心和探究环境的倾向基础上产生的，要通过幼儿在实践中不断取得成功，才能真正表现出来，才能具有特定的内容和方向，然后成为真实的动机。而动机的实现与否也会影响幼儿兴趣的进一步形成或改变。例如，有的幼儿喜欢美工活动，但教师在安排人员活动时总是安排他去图书角，该幼儿去美工角的动机总是得不到实现，久而久之，幼儿可能逐渐产生阅读的兴趣，对美工活动反而不感兴趣了，即该幼儿的兴趣发生了转变。所以说，幼儿的学习兴趣在教育与环境的影响下是可以改变的。

（三）诱因

诱因是指吸引有机体的行为目标，即能满足有机体需要的目的物或刺激物。诱因可以是简单的物体，如食物、水等；也可以是复杂的事物，如名誉、地位等。诱因是诱发个体行为的外在原因，通常指环境刺激，但并非任何环境刺激都可以引起幼儿的学习行为，有些环境刺激反而会阻碍、制约幼儿的学习。在幼儿阶段，幼儿更容易"见食眼开""见玩眼开"，非常容易被奖励所左右；幼儿自身不能独立，对父母师长有很强烈的依赖性，非常容易被他们所左右。如教师提供小红花、小点心、粘贴纸等幼儿感兴趣的奖励会激发幼儿学习的渴望；若教师对幼儿失败的行为或结果给予批评或讽刺，则会阻碍幼儿积极主动探索，不利于幼儿产生学习动机。

诱因按其性质可分为两类：凡是令幼儿因趋向或接近的刺激，并由趋向或接近的环境刺激而获得满足体验的诱因称为正诱因，如食物、玩具、小红花等；凡是令幼儿逃离或躲避，并由逃离或躲避而获得满足的刺激诱因，就是负诱因，如惩罚、批评等。

在幼儿活动过程中，需要与诱因是幼儿学习动机的两个主要因素，其中需要是最基本的成分，如图 5-1 所示。需要是幼儿活动积极性的源泉，产生内驱力；诱因是能满足幼儿需要的客体，是情景条件。

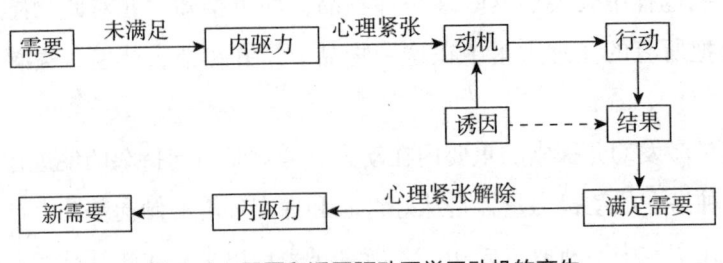

图 5-1 需要和诱因驱动了学习动机的产生

实践活动教学表明：教学活动的最佳水平是幼儿在活动过程中对教师提供的信息有所认识，并在此基础上产生矛盾，出现认知需要。这时幼儿的注意力高度集中，想象力丰富，兴趣浓厚，求知欲最强，是幼儿教师开展教学活动的良好时机。

三、动机理论与幼儿的学习

幼儿的学习既可能受外部力量的激发，也可能受内部力量的驱动。为了有效激发和培养幼儿的学习动机，首先必须了解学习行为是如何受学习动机影响的。人们对这一问题的看法大致可以归为三类：第一类看法强调诱因的直接作用，如斯金纳的强化理论，属于行为主义观点；第二类看法强调需要的直接作用，如马斯洛的需要层次理论，属于人本主义观点；第三类看法强调，需要和诱因并不产生直接作用，而是通过学生对需要、诱因及与学习活动本身相关的因素的意识和思考作中介而起作用的，如自我效能感理论、成就动机理论和动机归因理论等，属于认知观点。

（一）行为主义的强化理论与幼儿的学习

行为主义学习理论将学习看作个体外显行为改变的过程，对学习时个体内在心理历程是否改变一般不予解释，认为个体外显行为的改变主要显示在刺激与反应之间的联结上。个体对原本不反应的刺激产生反应，就表示其产生了学习。换言之，把个体学到的行为解释为刺激与反应之间的联结，认为某一刺激原本不能引起个体某种固定的反应，但经过条件作用之后，他就会在该刺激出现时做出固定反应（如孩子听到教师摇铃就会停止讲话）。这一观点最早出自桑代克，为行为主义心理学家所继承，并成为行为主义学习理论的一个基本特点，其学习理论也多围绕刺激—反应之间联结的形成规律而展开。同时行为主义学习理论认为，人类一切行为都是由刺激—反应构成的，在刺激和反应之间不存在任何中间过程或中介变量，既然不存在任何中间过程或中介变量，那也就不可能到中间过程或中介变量中去寻找行为的动力，只能到行为的外部去寻找。顺着这个逻辑，再加上受到巴甫洛夫经典条件反射学说和桑代克学习理论的影响，行为主义者尤其是典型的行为主义者一般将人类行为动力归结为强化，斯金纳是典型的代表。

斯金纳不仅用强化来解释操作学习的发生，而且也用强化来解释动机的引起，在他看来，个体行为动机的激发与先前这种行为所受到的强化有很大关系。一般说来，过去受到强化的行为比没有受到强化的行为重复出现的可能性更高；反之，这种行为出现的可能性则会降低。现实中，幼儿因学习受到强化（如得到家长和教师的表扬或奖励等），他们就会有进一步学习的动机；如果学习没有得到强化（如没有获得家长或教师对其学习的肯定，甚至受到家长、教师的责骂），幼儿就很可能不会产生进一步学习的动机，甚至有可能逃避学习。

行为主义者强调外部动机作用，例如强调外部事件或来自外部的奖赏、强化的作用，而不大考虑学习本身的情况，因此在实际应用于教育工作时，强调分数、等级以及对学习的其他外部奖赏等。行为主义的动机强化理论与实践虽然在促进幼儿学习上有一定效果，特别对年龄尚小的幼儿，他们非常重视身边"重要他人"（如父母、教师等）的奖励与批评，因此外部强化确实能起到维持幼儿学习动机的效果。但从幼儿自主发展的观点来看，这种只注重外在学习动机而忽视个体内在动机的教学方式，有很多不足。

首先，只重外部控制难以有效激发、培养幼儿的求知欲。只重外在动机而不顾内在动机的做法，很容易诱导幼儿为追求外在奖励而学习，而不是出于对知识的渴求、对问题的探索、对学习的热情而学习。3～6岁的幼儿本身兴趣广泛、求知欲强、好奇心重，为此教师不要刻意用学习的成效来奖励和惩罚幼儿，而是应该激发幼儿的好奇心和探索自然、勤于动手的欲望。奖励和惩罚相结合会使幼儿对参与教学活动或学习形成一种习惯。

其次，将手段目的化不利于幼儿良好人格的形成。奖励和惩罚是手段，是鼓励幼儿学习的外部动机，而不是目的；但在实践中很可能发生幼儿把得到奖励作为学习的主要目的，乃至唯一目的。例如，教师看到幼儿今天表现比较"乖"，离园时就给了幼儿一颗糖作为奖励，并告诉幼儿这是因为表现"乖"而得到的奖励，回到家后幼儿把教师的话重复给父母听，父母也顺便给了幼儿一些物质奖励，导致幼儿认为只要听师长话、家长话就会得到奖励，于是幼儿的学习就失去了主动性。美国教育家杜威（Dewey）指出："人们并非因为靶子的存在才射击，而是为使投掷和射击更加有效和有意义才树立靶子。"学习活动原本是一种富有乐趣的探索、求知的过程，但由于外部刺激的引入，幼儿将求学的乐趣转向寻求外部奖励，反而会影响幼儿学习的内在动机。

最后，不宜过于重视环境在幼儿学习中的作用。在幼儿教育过程中，不应只注重环境的作用而忽视幼儿的主体性、创造性、兴趣、爱好、已有知识经验等内在因素在学习中的重要作用，这既不利于幼儿的知识发展，也不利于幼儿的人格成长。

（二）人本主义的动机理论与幼儿的学习

人本主义学习理论强调个体自主学习，自主建构知识意义；强调以人的发展为本，发掘人的创造潜能；强调情感教育。人本主义心理学者把教育视为发展个体内在潜能的过程。在讨论学习动机时，人本主义心理学将其视为个体成长、发展的内在原动力,这与行为主义的外部动机观完全不同。

【知识延伸】

人本主义学习理论的五大观点如下。

潜能观。人本主义理论认为:在学习与工作上人人都有潜在能力。教育本身就要努力去发掘学生的潜在能力。教师在这个过程中要发挥主导作用,而这个主导作用在于怎样去发掘学生的潜能。

自我实现观(也叫自我发展观)。人本主义理论高度重视学生的个性差异和个人价值观;强调学生自我实现(发展),把学生的自我实现作为教学的目标。教师在活动中,应该根据每个学生的个性差异,因材施教,为不同学生创设不同的学习条件,使每个学生都能得到自由发挥,满足不同的个性需求,促进他们自身的发展。

创造观。人本主义与建构主义一样在知识与能力方面注重学生能力的培养,并把创造力作为教学的核心问题。罗杰斯指出,人人有创造力,至少有创造力的潜能,人应该主动地发展这些潜能。

情感因素观。学习中的情感因素与发掘学生潜能、发展学生创造力有密切关系。

师生观。人本主义重视师生定位观。师生之间的关系应以情感为纽带,维持一种宽松、和谐、民主、平等的学习氛围。教师应该平等地对待每一个学生,根据学生的个性差异,因材施教,尊重学生。

行为主义的学习动机理论,主要考虑对学生的某种行为给予何种强化,如何给予强化,给予多大程度强化,从而维持其学习动机。而人本主义的学习动机理论,重视的是创设良好的师生关系与培养和谐的课堂气氛,认为这些是维持学生学习动机的基本要素。人本主义学者认为，有了良好的师生关系，学生就会感受到教师的关爱和支持，增强学习的信心；有了温馨的课堂气氛，学生就会感到安全，而不会产生因失败而受到惩罚的恐惧，才会在学习中敢于尝试错误。

在人本主义动机理论中最具有代表性的是马斯洛的需要层次理论。如前所述，马斯洛认为，人的需要是按层次组织起来的呈金字塔式的系统，由低级到高级分别是生理的需要、安全的需要、归属和爱（社交）的需要、尊重的需要和自我实现的需要。

以上是1943年马斯洛在《人的动机理论》一书中提出的需要层次理论。1954年，马斯洛在《激励与个性》一书中探讨了他在早期著作中提及的另外两种需要：求知需要和审美需要。这两种需要未被列入他的需要层次排列中，不过他认为这二者应居于尊重需要与自我实现需要之间。

马斯洛将前四种需要（生理的需要、安全的需要、归属与爱的需要、尊重的需要）称为基本需要。它们都是由于个体生理或心理缺失而导致的，因而又被称为缺失性需要。基本需要对个体身心健康发展非常重要，必须得到满足。而这些需要一旦得到满足，个体会进一步产生成长需要。成长需要由低到高，有求知需要、审美需要和自我实现的需要。其中，自我实现具有两方面的含义，即完整而丰满的人性的实现，以及个人潜能或特性的实现。

马斯洛认为，自我实现的人心胸开阔，独立性强，具有创造性，他们知道自己的需要，能意识到自己实际上是怎样一个人、自己的使命是什么。从学习心理的角度看，人们进行学习就是为了追求自我实现，即通过学习使自己的价值、潜能、个性得到充分而完备的发挥、发展和实现。因此可以说，自我实现是一种重要的学习动机。

马斯洛指出，基本需要虽然有层次之分，但这种层次并不是固定的顺序，而只是一种一般的模式，在实际生活中，有些富有理想和崇高价值观念的人"会为了某种理想和价值而牺牲一切"。并且，所谓需要的满足，不是指绝对的满足，而是从相对意义上说的。一般来说，低级需要只要有部分满足，较高的需要就有可能出现，人的动机就有可能受新的需要所支配。对于需要逐渐发生的现象，马斯洛曾做过这样的说明：如果需要A满足10%时，需要B

也许还不会出现，但当需要 A 满足 25% 时，需要 B 可能出现 5%；当需要 A 满足 75% 时，需要 B 可能出现 50%；等等。

在幼儿教育实践活动中，幼儿缺乏动机在某种程度上与缺失需要（特别是归属和爱的需要、尊重的需要）未得到充分满足有很大的关系。如果幼儿没有感到被人爱、关注、赞扬，或认为自己无能，他们就不可能有强烈的动机去实现较高的目标。那些无法确定自己是否惹人（特别是教师）喜欢或不知道自己能力高低的幼儿，往往会做出较为"安全"的选择，规矩地学习而不是对学习本身感兴趣。因此，要使幼儿具有创造性，首先要使幼儿感到教师是公正的，是热爱和尊重自己的，不会因为自己出错而加以嘲笑和惩罚，这样幼儿的学习动机就会越来越强烈。

（三）认知主义的归因理论与幼儿的学习

归因是指人们对他人或自己的行为结果进行分析，推论这些行为产生的原因的过程。归因理论的最早提出者是美国社会心理学家海德（Heider）。他认为，人们都具有理解世界和控制环境这两种需要，使这两种需要得到满足的最根本的手段就是了解人们行为的原因，并预测人们将如何行为。他认为对行为的归因有两种：一种是环境归因，即将行为原因归为环境，如将行为的原因归为他人的影响、奖励、运气、工作难易等；另一种是个人归因，即将行为的原因归为个人的情绪、态度、努力等。

理解学生对成功或失败的归因是一种鉴别控制学生行为的动机类型的方法。归因理论的指导原则和基本假设就是"寻求理解是行为的基本动因"。

1. 行为结果的归因

美国认知心理学家韦纳（Weiner）认为，人们在对自己的成功和失败进行归因时，通常会归于能力、努力、任务难度和运气这四种主要原因，并且，人们的归因过程主要是按照控制源、稳定性、可控性三个维度来进行的。

内部归因是指个体把行为失败或成功的原因归于个体内部的因素，如能力、努力、态度等。外部归因是指个体把行为失败或成功的原因归于外部因素，如任务的难度、运气、环境等。例如，如果幼儿在教学活动中取得好结果或好成绩，内部归因的幼儿就会认为是由于自己能力强、态度认真、努力学习的因素造成的，外部归因的幼儿则认为是活动内容简单、运气好、活动环境舒适等因素造成的。

稳定性归因是指个体在相同情境下表现出的行为原因是稳定不变的，如能力、人格等。不稳定性归因是指个体在相同情境下表现出的行为原因是多变的，如努力、情绪等。例如，如果幼儿在教学活动中一直都深受教师喜欢，稳定性归因会认为这是由于自己本身能力强、性格好、兴趣广等因素，这是稳定不变的因素，而不稳定性归因则会认为这是自己本身努力的结果，和能力、性格没有多大关系，这是多变的因素。

可控性归因是指个体把行为失败或成功的原因归于努力等可控因素。不可控性归因则是指个体把成败的原因归于任务难度等不可控因素。

2.活动成败的原因

韦纳认为，人们对行为成败原因的分析可归纳为以下六个因素。

（1）能力。自己评估个人对该项工作是否胜任。

（2）努力。个人反思在工作过程中是否竭尽全力。

（3）任务难度。凭个人经验判定该项任务的困难程度。

（4）运气（机遇）好坏。个人自认为此次成败是否与运气有关。

（5）身心状态。工作过程中个人当时身体及心情状况是否影响工作成效。

（6）外界环境（其他因素）。个人自觉在此次成败因素中，除上述五个因素外的其他因素（如别人帮助或评分不公等）。

如果将上述三个维度和六个因素结合起来，就组成了学习动机的归因模式，见表5-1。

第五章 幼儿的学习动机

表 5-1 学习动机的归因模式

影响因素	稳定性		内在性		可控性	
	稳定	不稳定	内在	外在	可控	不可控
能力高低	√		√			√
努力程度		√	√		√	
任务难度	√			√		√
运气好坏		√		√		√
身心状态		√	√			√
外界环境		√		√		√

韦纳认为，每一个维度对动机都有重要影响。在稳定性维度上，将成功归因于稳定性因素，会产生自豪感，从而提高学习动机；归因于不稳定因素，则会产生侥幸心理。将失败归因于稳定因素，会引发伤心、绝望；归因于不稳定因素，则会生气、愤怒。在内在性维度上，将成功归因于内在因素，会产生自豪感，从而提高学习动机；归因于外在因素，则会产生侥幸心理。将失败归因于内在因素，会产生羞愧感；归因于外在因素，则会难过、生气等。在可控性维度上，将成功归因于可控因素，会努力去追求成功；归因于不可控因素，则会失望。将失败归因于可控因素，会努力追求成功；归因于不可控因素，则会生气。[①]

韦纳的归因理论对幼儿教育有重要意义，教师若注意引导幼儿进行积极的自我归因，即凡事主动自己承担责任，认定事情可以向好的方向发展，并积极寻求自己可以解决的办法，那么随着孩子逐渐长大，他能学会自己承担责任，并善于从失败中吸取教训，最终成为把握自己命运的人。如当孩子不小心撞了桌子，成人不要说："桌子不乖，把宝宝撞疼了，桌子该打。"而应该说："宝宝把桌子撞疼了，桌子没有眼睛，宝宝有眼睛呀，宝宝不哭，宝宝下次一定会小心的！"归因理论在幼儿教育活动中得到了较多运用，主要是因为该理论揭示了学习活动的成败因素。幼儿教师帮助幼儿建立起明确的自

---

① 陈美荣. 学前教育心理学[M]. 北京：北京师范大学出版社，2015：195.

我观念对其成长有重要作用,即形成积极的成败归因,有助于幼儿积极地看待成功与失败,并努力追求成功。如果幼儿一直努力学习还是学不会,他就会产生消极归因,反复这样,幼儿就会形成学习困难的感觉,久而久之甚至会产生习得性学习无助感。

【知识延伸】

一些动物学习理论家们研究发现,当动物(狗、白鼠等)被置于难以逃避的电击区域时,起初它们试图逃避电击的反应很积极。然而24小时之后,它们的逃避反应明显地减少或消失了,表现为动机缺乏、认知或联想缺失、情绪缺失等现象。研究者称这种现象为"习得性无助",认为这种习得性无助现象的产生是因为动物在无休止的电击过程中了解到它们的反应和结果(电击)是相互独立、不相倚的。无论它们做出什么样的反应都无济于事,而且这种习得性无助具有弥散性,能够扩散到新的情境中去。

由上可知,习得性无助感是指个体经历了失败与挫折后,面临问题时产生的无能为力、丧失信心的心理状态与行为。习得性无助感对人的身心健康危害很大,万万不容忽视。习得性无助感产生后,首先会严重影响人的情绪,使人变得抑郁、沮丧、无奈、绝望或烦躁不安、冷漠悲观,久而久之,会产生许多社会行为,如适应不良反应或抑郁症。

幼儿教师在对幼儿进行评价时,不仅要考虑幼儿的活动结果,而且要联系其在活动中的进步与努力程度,强调内部、稳定和可控制的因素,以此引导幼儿进行正确归因。

第二节 幼儿学习动机的激发

一、幼儿学习动机的主要特征

(一) 内在动机以好奇和兴趣为主

好奇是因无知而力求获知的心理状态,是学习需求的一种重要表现形式。兴趣指人们力求认识某种事物和从事某项活动的意识倾向,它表现为人们对某种事物、某项活动的选择性态度和积极的情绪反应。

个体学习的内部动机有多种,如努力、能力、兴趣。在幼儿阶段,儿童的内部动机以好奇为主。儿童从出生就开始探索周围世界,对环境充满了好奇。幼儿总是不停地提问:"这是什么?那是什么?为什么?"这反映了幼儿对外部世界的好奇与探索欲。幼儿刚接触社会,充满对新异事物探究的心理需要。世界上一切事物对他们来讲都是新鲜有趣、具有吸引力的,好奇是幼儿心理的一个特点。他们对于周围的新异事物都要看一看,都要摸一摸,都要问一问。

幼儿的内部学习动机以好奇为主,表现为好问,充满探索欲。随着年龄的增长,幼儿的内部动机由好奇变为兴趣。兴趣与好奇有着联系,常常表现为幼儿的探究行为,但与好奇又有区别。相同之处是二者都能激起幼儿的探索行为。不同之处在于好奇更多地受到外在环境影响,表现为个体在外部新异刺激的影响下受到吸引,具有普遍性。兴趣更多与个体的积极情绪相联系,体现个体性。不同的幼儿有着不同的兴趣,有的幼儿喜欢模拟现实生活的实物类玩具,如玩偶娃娃、过家家用品;有的喜欢情感宣泄类玩具,如敲打台、橡胶玩具;有的喜欢投射内心世界类玩具,如报纸、黏土、面具、画具。

(二) 外在动机逐渐增长

幼儿学习的内部动机虽然已经产生,但外部动机在其学习活动中仍占有重要地位,表现为渴望得到教师的肯定和鼓励。教师在幼儿心目中有很高的威望，幼儿在各种活动中总是力求得到教师的鼓励，包括精神鼓励和一些物质鼓励（具体的鼓励形式如教师的微笑、口头表扬、实物奖励及小红花）。幼儿虽然对学习已产生内部动机，逐渐具有探求与认识外部世界的认知需求，但是外部动机在幼儿的学习活动仍然是大量需要的、重要的。幼儿仍然离不开教师的支持与肯定，教师对幼儿内部动机的激发起着重要作用。为了得到教师的赞扬，幼儿能够坚持完成较枯燥的学习任务。教师会运用各种外部动机激励方法，引导幼儿进行学习活动。例如，如果幼儿喜欢进行建构游戏，不喜欢美工。教师就可以规定，必须先在美工区玩20分钟，然后才可以到建构区玩。而幼儿为了得到教师的赞赏和肯定，通常会听从老师的安排，这种行为表现就出于外部动机。有些教师也会采取另外一种办法，即让幼儿按自己的意愿到建构区活动，当幼儿玩了一会儿后，教师再引导幼儿把建构区的活动和美工区的活动结合起来，如用粘贴花美化积木，同样可以激发幼儿参与美工活动的动机。这种办法的目的是以幼儿的内部动机为基础，以教师的引导激发幼儿的外部动机，从而进一步培养幼儿新的内部动机。

（三）较稳定的学习成败归因意识形成

一般而言，儿童在7岁时已形成较稳定的内外归因意识。一项针对我国幼儿成败归因稳定性的研究，从他人总体评价、他人具体评价及日常生活选择等三个维度对幼儿进行了内外控制点的访谈，两周后进行重测。结果证实，5~6岁是形成稳定的学习成败归因意识的阶段，儿童通常在6岁初步形成稳定的内外控制倾向。[①]

二、影响幼儿学习动机的主要因素

影响幼儿学习动机的因素既有来自幼儿自身的，如成功的满足感，也有来自外部的，如教师的赞赏或奖励。具体来讲，幼儿学习动机的主要影响因素有下面几种。

---

① 陈帼眉，姜勇. 幼儿教育心理学[M]. 北京：北京师范大学出版社，2007：100.

（一）学习任务的特点

学习动机的变化与个体所从事的学习活动或任务的特点有密切联系，这表现在下面几个方面：

首先，学习任务的难度水平。过难或过易的学习任务都无益于学习动机的产生。学习活动过于简单或幼儿早已非常熟悉，学习内容没有挑战性，即使完成了，幼儿也感受不到成功的喜悦，他们会觉得厌倦，提不起兴趣；学习活动过于复杂，难度太大，与幼儿以前的经验距离太远，幼儿不能完成，往往半途而废，甚至产生焦虑。

其次，学习任务的有趣性和新颖性。形象鲜明、生动具体、形式多变的事物容易引起幼儿的兴趣与注意，促使幼儿花更多的时间探究其内容，这将有助于幼儿对所学内容的理解和掌握。

最后，学习任务的明确性。一般而言，幼儿如果在学习时有一个明确的目标，心中期待着一个好的成果，学习起来就觉得有目的、有意义，兴趣与投入自然增加。如果学习目标不明确，学习者很可能就会变得浑浑噩噩，不知要做什么，兴趣很难维持。在大多数情况下，如果幼儿能知道他们正在进行什么，或将会做什么，或已经完成了什么，他们学习的情绪就会高涨。幼儿要是浑然不知自己在做什么，也没有人告诉他们将要做什么，他们对学习的兴趣自然会减弱。

（二）教师的行为与态度

幼儿很容易受到教师的态度与行为的影响，这主要表现在两方面：

一是对学习活动而言，如果教师对某项学习内容表现出特别的兴趣，则这种兴趣也会带动幼儿，使幼儿学习起来倍加用心。反之，幼儿的学习兴趣也将会相应地降低。

二是对幼儿而言，幼儿很重视教师对他的爱和尊重，他如果得到教师的爱和尊重，便会有更强的动机去获得更大的成就，并且觉得自己有能力、有用处。相反，幼儿如果觉得没有人爱他或尊重他，便可能产生自卑感和无能感，失去自信心。如果教师能对幼儿完成的学习任务给予积极的评价和鼓励，赞赏他们付出的努力和取得的进步，关心、信任和谅解幼儿，则幼儿将会信赖与爱戴教师，乐意完成教师提出的学习要求，学习起来会更有劲头，其进取心会更强。

（三）基本需要的满足状况

美国人本主义心理学家马斯洛认为，人的需要是分成多个层次的，在低层次的需要得到一定程度的满足后，人们才有可能产生更高层次的需要。由于求知和理解行为所归属的自我实现需要处于生理、安全、爱和归属、尊重等需要之上，所以要想使幼儿产生求知方面的需要，首先要满足其生理、安全、爱和归属、尊重等需要。

当幼儿饥饿、身体疲倦时，其学习动机会减弱；当幼儿健康欠佳、精神不足时，其学习兴趣也会减少。如果幼儿衣食不足，常常受到严厉斥责或体罚，其家人时常争吵、打架，其父母离异或死亡，幼儿便会感到不安，缺乏归属感，产生焦虑、恐惧和孤独感。一般来说，欠缺安全感和归属感的幼儿较难发展学习动机，对学习的兴趣也较弱，而且往往缺乏信心。

除了生理、安全、爱和归属等需要之外，还要使幼儿对于尊重的需要得到满足，才能使其产生动机去追求知识、去进行学习。尊重的需要包括自尊、自重和受人尊重。无论成年人还是未成年人，都有这方面的需要，一方面渴望自己有能力去完成任务，另一方面又希望自己受到别人赏识、关心、重视或高度评价。如果尊重的需要获得满足，人们就会充满信心，觉得自己有价值、有能力、有用处，也会有较强的动机去获取更大的成就。相反，尊重的需要如果未被满足，人们就会产生自卑感，对自己的能力欠缺信心，也就难以产生学习动机了。

三、培养幼儿学习动机的有效方法

培养幼儿的学习动机，不仅可以促进幼儿学习和掌握一些具体的知识和经验，而且对幼儿身心的全面发展也具有积极的意义。下面介绍几种培养幼儿学习动机的有效方法。

(一)设置问题情境,激发幼儿的认知兴趣与求知欲

认知失调理论指出,在面临认知冲突时,儿童的认知兴趣与求知欲会被激发起来。因此,教师应创设激发幼儿探索的"问题情境",即让活动内容与幼儿已有的认知结构之间产生一种"不协调"或"矛盾",激发幼儿产生"这是为什么""为什么会是这样的呢"等"冲突性"问题,从而激发幼儿主动探索与发现。

教师在创设问题情境时须注意以下几点:一是问题难度不宜太大,应是幼儿通过探索能够解决的(或者幼儿对于问题的完成度不低于50%);二是引导幼儿探索的问题应是开放式的,幼儿能积极参与,提高探索的兴趣;三是创设的问题情境(活动内容)应有趣,直接引发好奇心。

例如,教师在讲《欢迎新年》这一课时,由于这个故事比较抽象,如果直接讲给幼儿听,他们并不会太感兴趣。教师可以先提问幼儿:"新年快到了,我们小朋友想怎样欢迎新年呢?"幼儿的回答可能多种多样:拍手、跳舞、唱歌、穿新衣、放炮……对此,教师可以接着引导幼儿:"那你们知道太阳、云彩、风儿、雨水、小动物,它们是怎样欢迎新年的吗?"幼儿们一个个很迷惑地说:"不知道。""那当你们听完这个故事就会明白了,想听《欢迎新年》这个故事吗?"此时,幼儿的好奇心便受到激发,会产生一种探究学习的冲动,因此会很认真地听故事。

(二)重视幼儿学习活动中的游戏动机

游戏是幼儿认识世界的重要方式。幼儿的学习内部动机以好奇和兴趣为主。而幼儿最大的兴趣就是活动的兴趣、游戏的兴趣。如果能将游戏的兴趣与幼儿的学习兴趣结合起来,寓教于乐,必将激发幼儿强烈的学习动机。

针对语言领域的学习,教师不应一味要求幼儿采用简单、直接的记诵方式,可以用各种游戏活动,激发幼儿的游戏动机。教师要尽量运用多种教学手段,尽可能采用语言游戏形式,并保证教学内容的丰富和语言信息量的充足。如《水果之车》这一课,教师的教学目的是让幼儿能够学会用"又……又……"句式说一句完整的话。教师为了让幼儿感兴趣,使他们学会说一句

完整的话，可以准备各种各样的水果、自制火车教具、游戏音乐、油画棒等。活动开始，教师模仿火车的声音，引出可爱的火车及所载的水果，并引导幼儿描述火车的特点及火车里水果的名称，让幼儿给各列火车涂颜色、起名字，并运用"又……又……"进行造句游戏，也可以分组活动。

（三）为幼儿学习创设安全、开放、温馨的氛围

根据马斯洛的需要层次理论，幼儿在产生归属于自我实现需要的求知需要前，必须满足其基本需要，如生理需要、安全需要、归属与爱的需要。因此，为激发幼儿学习与探索的主动性，教师必须创设安全、开放、温馨的学习氛围。

安全，指的是让幼儿在生理和心理上感到安全。处于依恋期的幼儿，他们的探索与学习是以重要的依恋对象——母亲为"安全基地"的，当母亲在幼儿的身边，幼儿的探索兴趣就会增加，母亲的离去则会使幼儿感到焦虑，降低主动探索的可能性。在幼儿园，教师要为幼儿创设安全、可信赖的环境，关注每位幼儿，并建立一定的亲密关系，让幼儿能够感受到教师的温暖和关爱，幼儿在这样的环境中才会幸福、快乐成长。

开放，指的是幼儿天生就是"探索家、发现家"，要让幼儿有自由探索的可能。教师有时出于"安全"考虑，不许幼儿做这个，不许幼儿做那个，束缚了幼儿的手脚，也就降低了幼儿探索与求知的欲望。

温馨，指的是教师要为幼儿学习创设宽松的氛围，特别是当幼儿探索失败、学习不成功时，教师不应指责，而要宽容幼儿的失败。在温馨的学习环境中，幼儿不会因自己的失败而退缩，而是大胆探索与发现，保持学习的动力。

（四）让幼儿体验学习的成就感与快乐

获得成功与快乐是幼儿学习的重要动力。假如幼儿在追求成功的过程中屡遭失败，其学习动机就难以维持。教师必须针对幼儿的个体差异，使每个幼儿获得成功的体验，使其在努力之后获得满足，肯定自己的价值。教师在评定幼儿学习时，应该重视幼儿学习上的努力与进步，并给予积极表扬。教

师不能用"一刀切"的标准,使学习表现在集体中处于下游的幼儿总是受到批评。例如,美国个别化教育计划强调儿童的学习和绩效目标,这一计划首先对儿童在每学期要努力获得的学习目标做出整体说明,然后使儿童通过成功达到每阶段的目标,产生学习的快乐体验,激发儿童下一阶段学习的兴趣及对学习成功的渴望。

（五）运用适宜反馈激发幼儿的学习动机

韦纳的归因理论指出,幼儿学习成败的归因方式直接影响其后继的学习动机,幼儿归因方式的形成与教师的评价和影响有关,也就是说,教师的反馈对幼儿的学习归因方式与学习动机都有很大影响。

教师的反馈无论是正面的（赞许或鼓励）,还是负面的（批评或训斥）,均会成为幼儿对自己学习成败归因的根据。例如,当幼儿失败时,教师对他说:"你的能力就是比较弱,你看你,又失败了。"经常得到这样消极反馈的幼儿,就会感觉自己能力差,对自己的失败进行内归因,从而降低了学习的兴趣与动力。相反,如果教师对学习失败的幼儿做出外归因的评价,"这次任务太难了,所以失败了,但你的总体能力还是很强的,下次你再努一把力,发挥得好一些,就会成功。"得到积极反馈的幼儿通常会将失败的原因归纳为自己还不够努力,因此其很可能会在以后的学习中更加努力,增强学习动机。

【复习与巩固】

1. 请结合理论与实践谈谈如何激发幼儿的学习动机。
2. 如何指导幼儿对活动结果进行正确归因。
3. 如何培养幼儿的学习动机。

【总结与反思】

_____

_____

_____

_____

_____

第六章　幼儿的学习迁移

【知识目标】

1. 了解学习迁移的概念和学习迁移的类别；
2. 概述几种学习迁移理论的基本观点，说明这些理论对教学的启示；
3. 掌握幼儿的学习迁移及其影响因素，及引发幼儿学习迁移的方法。

【技能目标】

结合学习迁移原理，分析学习迁移在幼儿学习过程中的重要效能，引导幼儿在生活中利用学习迁移，提高幼儿的学习迁移技能。

【内容导读】

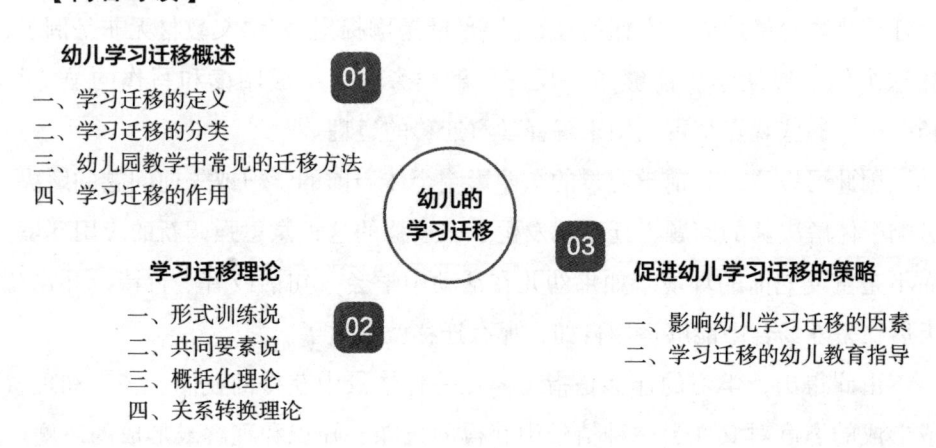

幼儿学习迁移概述　**01**
一、学习迁移的定义
二、学习迁移的分类
三、幼儿园教学中常见的迁移方法
四、学习迁移的作用

幼儿的学习迁移

学习迁移理论　**02**
一、形式训练说
二、共同要素说
三、概括化理论
四、关系转换理论

促进幼儿学习迁移的策略　**03**
一、影响幼儿学习迁移的因素
二、学习迁移的幼儿教育指导

请你思考：

假如你是一名幼儿教师，你如何确定幼儿在情景改变的情况下会使用他们在特定情境中所学的知识或技能？

第一节　幼儿学习迁移概述

一、学习迁移的定义

学习是一个连续的过程，新的学习过程必须依赖于个体原有的知识经验和认知结构，而新的学习过程又会对个体原有的这些内容产生影响。

这种学习过程之间的相互影响，就是学习的迁移。如，昨天老师教孩子"数的认识"过程中，让幼儿数图片上有几只小鸟，幼儿会把刚学会的"只"用到其他环境中，如"一只人、两只人……"。这说明幼儿已经具备简单的迁移能力。学习的迁移在幼儿教育中非常重要，如果没有学习迁移，幼儿就无法将学到的知识应用到其他情景中。

先秦时期，我国教育家孔子所提出的"举一反三""触类旁通"等，就是对迁移现象所作的原始而形象的概述；美国心理学家比格（M.L.Bigge）认为："学校的效率大半依学生所学材料可能迁移的数量和质量而定。因而，学习迁移是教育最后必须寄托的柱石。"[①] 叶圣陶提出，"语文教材无非是例子，凭这个例子要使学生能够举一反三、触类旁通，练成阅读和写作的熟练技巧……"这些观点都可以用来解释学习迁移的道理。[②]

因此可以说，先前学习过的东西影响个体当前的学习或先前问题的解决，影响个体解决新的问题，迁移就发生了。迁移的这种意思强调新的应用环境，而不是重复先前的环境，如果幼儿在活动中学会一句话或者一首诗，并在几天后在另外场合中能够运用自如，那么迁移就发生了。

由此得出，学习的迁移是指个体在一种情景中获得的技能、知识和理解或形成的态度对其在另一种情景中获得的技能、知识和理解或形成的态度产

---

① 李希，戴航，万佩真，等.学习迁移理论在《编译原理》教学中的应用[J].职教论坛，2012(35)：55-56.

② 叶圣陶.叶圣陶语文教育论集[M].北京：教育科学出版社，1980：49.

生的影响。简言之,迁移就是一种学习过程对另一种学习过程的影响。

二、学习迁移的分类

人们在学习过程中,经常可以遇到迁移现象。例如,掌握英语的人学法语就比较容易;会骑自行车的人比不会骑的人,学开摩托车要容易一些;会拉二胡的人,再学习弹三弦、拉小提琴,也比较容易。此外,也可以遇到一些与此相反的现象,如学汉语拼音与学英语字母语音之间常常发生干扰;习惯于右脚起跳的跳高技能对人们掌握用左脚起跳的撑竿跳高也有干扰。

学习迁移有多种多样的表现形式。为了研究的便利性,可以按照不同的标准对学习迁移进行分类。

(1)根据迁移的内容,学习迁移可分为知识的迁移、动作技能的迁移、态度和情感的迁移、能力的迁移等等。例如,幼儿在幼儿园学会简单数学运算,在生活中可以运用所学的数学运算进行简单迁移,属于知识迁移;学习弹钢琴的促进手风琴的学习属于动作技能的迁移;幼儿不喜欢某位老师,他也不喜欢和老师一起活动或游戏,属于态度情感的迁移;语文学习中培养的表达和分析问题能力对其他活动的影响属于能力迁移;等等。

(2)根据迁移的性质,学习迁移可以分成正迁移和负迁移。正迁移也叫"助长性迁移",是指一种学习对另一种学习的促进作用。如幼儿在幼儿园大班学习了汉语拼音,有利于学习汉字的知识,学习了词汇有利于学习语法的知识。

负迁移也叫"抑制性迁移",是指一种学习对另一种学习产生阻碍作用。如幼儿学习了汉语拼音,会对学习英文音标有干扰现象。这是因为在两种学习内容相似却不相同的情境下,学习者认知混淆而产生了负迁移。

(3)根据迁移的方向,学习迁移可以分为顺向迁移和逆向迁移。顺向迁移是指先前的学习对后继学习发生的影响。幼儿面临新的问题情境时,如果他利用原有的知识、经验与技能解决新问题,就是顺向迁移,举一反三即属于顺向迁移。逆向迁移是指后续的学习影响着先前的学习所形成的经验结构,使原有的经验结构发生一定的变化,使之得到充实、修正、重组或重构等。如幼儿在新的问题情境中,无法运用原有的知识经验解决新的问题,而需要对原有的知识结构进行补充或重组，就是逆向迁移。

（4）根据迁移发生的方式，学习迁移可以分为特殊迁移和非特殊迁移。特殊迁移是指学习迁移发生时，学习者原有的经验组成要素及其结构没有变化，学习者只是将一种学习中习得的经验要素重新组合并移用到另一种学习之中。如教师在教幼儿舞蹈动作时，幼儿会不断训练，将舞蹈的基本动作熟练掌握，以后在学习新的舞蹈动作时，就可以把之前学习的基本动作进行组合，形成新的动作技能。

非特殊迁移是指个体在一种学习中所习得的一般原理、原则和态度对另一种具体学习内容的影响，即将原理、原则和态度具体化，运用到其他具体的事例中。如幼儿可以将学习中获得的一些基本的运算技能、阅读技能运用到其他具体的实践活动中。

（5）根据迁移的自动化程度，学习迁移可以分为低路迁移和高路迁移。低路迁移的发生是自然的、自动化的。一个非常熟练的技能从一种情境迁移至另一种情境时，通常不需要思维活动或者只需要很少的思维活动。比如，幼儿一旦学会骑自己的自行车，他就有可能把所学到的技能迁移到另一辆自行车上。

高路迁移需要个体有意识地从情景中抽象出规则、核心概念或程序，以将其迁移到另一个情景中，此活动需要意识和思维的参与。如幼儿学会了绘画技能后，在美工区活动时，他可能会先用油画棒画好图画，然后用剪刀进行裁剪。

三、幼儿园教学中常见的迁移方法

（一）类比迁移法

类比迁移，也可以叫作比较迁移。假如能够在两种事物中查找到一些相像点，那么，以这些相像点为基础，就可以把其中一种事物中已经具有而另一事物中还没有的性质，对应迁移到另一事物中去。在幼儿园里，这种类比迁移的事例是很多的。例如，幼儿可以依据"击鼓传花"的游戏想到玩沙包时可以"击鼓传沙包"。

（二）扩展迁移法

扩展迁移，指的是人们把在某一领域某一方面中的已经掌握的学问、技能、方法，运用到同一领域的其他方面，从而使原来已经掌握的学问、技能、方法的应用范围得到延伸。比如，人们平常所说的"举一反三"就是扩展迁移。又如：春天到了，幼儿在老师的带领下来到种植区，通过参与活动，了解到种植蔬菜所需要的流程并认真记录下来，夏天到了，幼儿就会主动运用之前的经验，把种植蔬菜获得的经验方法运用到观察各种植物的生长情况之中，进而了解各种植物的生长习性。这也是在进行扩展迁移。

（三）借用迁移法

借用迁移，指的是两个或几个不同领域之间的迁移。在幼儿园里，这种迁移方法在不同教育领域的教学中是经常用到的。例如，在语言教学活动中，老师用图片在幼儿园中开展"共享阅读"活动，其中有一张图片是这样的：两棵树之间有一张吊床，上面有四个不同图案的枕头，图片中显示吊床上已经上来了一条蛇。老师就问幼儿："还会不会有小动物上来？还能上来几个呢？"这实际是数学教学活动在语言教学活动中的借用迁移，老师根据幼儿已经学习的数学知识进行语言教学，大大地丰富了教学活动的内容。

四、学习迁移的作用

（一）迁移对于提高幼儿问题解决能力具有直接的促进作用

在教学活动情境中，大部分的问题解决是通过迁移实现的，迁移是幼儿进行问题解决的一种具体方式，幼儿要将在园所学的知识技能用于解决园外的现实问题，这同样也依赖于迁移。要想培养幼儿解决问题的能力，就必须从迁移能力的培养入手，否则问题解决会成为空谈。

（二）迁移是幼儿能力与品德形成的关键环节

作为一种教学活动的延伸，幼儿和家长进行的亲子活动中就经常发生迁移现象，尤其是在亲子互动中，只有通过不断的迁移，幼儿原有的知识经验才会得以改造，只有在不断积累经验的过程中，幼儿才能够将新旧知识逐渐概括化，其原有的经验结构才会更为完善、充实，从而建立起能稳定调节个体活动的心理结构，即能力与品德的心理结构。迁移是习得的知识、技能与行为规范向能力与品德转化的关键环节。

（三）迁移是一种重要的学习能力

幼儿在教学活动中及活动延伸环节所学的知识或经验能不能发生迁移、迁移的效果如何，直接影响着幼儿学习的进程与效率。如幼儿在数学教学活动领域中获得有关知识、技能或态度，并能够将其运用于其他教学领域或校外生活情境中，那么这些他已经获得的知识、技能就能创造出新的经验或成果，其学习过程就会加快。从这个意义上来说，迁移就是一种重要的学习能力，迁移的原则和规律对于学习者、教育工作者以及有关的培训人员具有重要的指导作用。

（四）迁移对于幼儿学习具有重要作用

从某种意义上说，能否形成多种学习之间的积极迁移，决定幼儿在园学习的效率，甚至成败。只有通过积极迁移，幼儿才能使已有知识、经验或技能得到进一步检验、充实与熟练应用；只有通过积极迁移，幼儿才能在已有知识、经验的基础上形成能力。应用有效的迁移原则，幼儿可以在有限的时间内学得更快、更好，并在适当的情境中主动、准确地产生迁移。

第二节　学习迁移的基本理论

自从有了学习活动，学习迁移的现象就一直为人们所关注。各种学习理论都非常重视学习迁移问题。对学习迁移现象的系统研究始于18世纪中叶，此后，研究者从不同的理论基础出发，对迁移发生的原因、过程以及影响因素等进行了一系列的研究和解释。

一、形式训练说

形式训练说源于德国心理学家克里斯提安·沃尔夫（Christian Wolff）所提出的官能心理学，沃尔夫是近代德国莱布尼兹唯心论哲学的直接继承人，官能心理学思想的系统化者，被称为"官能心理学之父"。

沃尔夫认为，心理有各种官能，它们在很大程度上是相互独立的。不同的官能从事不同的活动，好比人的身体器官。他认为人的各种活动都由相应的官能主宰，各种官能分别从事不同的活动，例如，利用记忆官能进行回忆活动，利用思维官能从事思维活动。官能主要包括注意、知觉、记忆、思维、想象等。注意是使人观念明确的官能，注意范围的大小与对象的明晰度成反比，即范围大则明晰度低，范围小则明晰度高。

形式训练说以官能心理学为理论基底，认为迁移要经过一个"形式训练"的过程才能产生。对官能的训练就如同对肌肉的训练，而得到训练的官能又可以自动地迁移到其他活动中，即一种官能改进了，其他官能也会在无形中得以加强，如记忆官能增强以后，可以更好地学会和记住各种东西。形式训练说认为，要想发展和提高各种官能，除了"训练"之外，没有别的办法，如感觉官能越用越敏锐，记忆官能因记忆活动而增强，推理能力、想象能力则因推理活动和想象活动而长进，这些能力如果不用、不训练，便会变弱。官能训练注重训练的形式而不注重内容，因为内容是会忘掉的，其作用是暂时的，只有通过一定形式的训练，官能达到的发展才是永久的，才能迁移到其他的知识学习，使人终生受用。形式训练说认为，迁移是无条件的、自动发生的。由于形式训练说缺乏科学的依据，所以引起了一些研究者的怀疑和反对。

形式训练说认为，迁移确实是幼儿的某种官能得到训练而开展的结果。因此，这种理论有一定的可取之处，即某一官能能够通过训练得到加强，其不合理之处在于，只注重外在的形式训练，而不注重内在的学习内容。

二、共同要素说

共同要素说又称相同要素说，19世纪末20世纪初由美国心理学家桑代克（Edward Lee Thorndike）和伍德沃斯（Woodworth）提出。共同要素说认为，一种学习之所以有助于另一种学习，是因为两种学习具有共同因素，不管有机体是否觉察到这种因素方面的共同性，迁移现象都会发生。

由于反对形式训练说对迁移的解释，桑代克以学生为被试，首先训练学生对平行四边形的面积估算，然后对他们进行两种测验。结果表明，被试对矩形面积的判断成绩提高了，但他们对三角形、圆形和不规则图形面积的判断成绩并没有提高。据此，桑代克认为，学习中训练某一官能未必能使这一管能的所有方面都得到改善。他认为两种学习之间只有在具有相同因素时，才会发生迁移，例如，骑自行车与骑摩托车在协调和操作方式上有共同因素，所以迁移就容易发生。

后来，桑代克等人还通过针对知觉、注意、记忆和运动等方面进行的一系列的迁移实验，检验形式训练说。结果发现，经过训练的某一官能并不能自动地迁移到其他方面，再次证实了只有当两种情境具有共同要素时，迁移才能产生，即认为两种情境在含有共同成分时可以产生迁移。迁移是非常具体的，并且是有条件的，需要有共同的要素。这些都是对形式训练说的否定，也使迁移的研究有所深入。但桑代克所提出的共同要素只是元素间一一对应，根据这种说法，没有相同要素或者相同成分的过程之间，完全不相似的刺激与反应之间，不可能产生迁移，这种只是把迁移视为相同要素联结下的转移，在某种程度上否认了迁移过程中的复杂的认知活动，这是共同要素说的局限所在。

三、概括化理论

概括化理论是由美国学者贾德（Judd）提出的。贾德所做的"水下打靶"实验，是概括化理论的经典实验。他以五六年级的小学生作被试，将被试分成两组，要求他们练习用标枪投中水下的靶子。实验前，对于其中一组讲解了光学折射原理，另一组不讲。在投掷练习时，当把靶子置于水下3厘米时，两组学生平均成绩大体相同。当把水下3厘米处的靶子移到水下10厘米时，学过折射原理的学生，则能迅速适应水下10厘米的学习情境，学得快，投得准。贾德认为儿童在经验中学到的原理是迁移发生的主要原因。

概括化理论与共同要素说的区别在于，共同要素说把注意力集中在先期和后期的学习活动所共有的因素上，概括化理论则认为先前学习中所获得的东西，之所以能够迁移到后来的学习，是因为先前学习时获得了一般原理，这种一般原理可以部分或全部迁移到后来的学习之中。这一理论倾向于把两个情境之间共同要素的重要性减少到最低限度，即共同要素并不能自动导向迁移，对经验的概括才是重要的。

贾德认为，两种学习活动之间存在的共同成分，只是产生迁移的必要前提，而产生迁移的关键是学习者在两种活动中概括出它们之间的共同原理。贾德的概括化理论强调概括化的经验或原理在迁移中的作用，强调对于原理的理解，这一点与共同要素说相比有所进步，但概括化的经验仅是迁移成功的条件之一，并不是迁移的全部条件。

四、关系转换理论

格式塔心理学家苛勒在1919年所做的"小鸡（幼儿）觅食"实验是关系转换理论的经典实验。他让小鸡在深浅不同的两种灰色的纸下面寻找食物。通过条件反射学习，小鸡学会了只有从深灰色纸下寻找才能获得食物奖赏。然后，变换实验情境，保留原来的深灰色纸，用黑色纸取代浅灰色纸。

实验假设：小鸡仍然到深灰色纸下面寻找食物，那就证明迁移是由于相同要素的作用；如果小鸡是到两张纸中颜色更深的那张纸（即黑色纸）下面寻找食物，那就证明迁移是对关系做出的反应。

实验表明：小鸡对新刺激（黑色纸）的反应为70%，对原来的阳性刺激（深灰色纸）的反应是30%；而幼儿在做同样的实验时始终对黑色纸的刺激做出反应。

苛勒通过实验证明迁移产生的实质是个体对事物之间关系的理解。即关系转换理论认为迁移的产生依赖于两个条件：一是两种学习之间存在一定的关系，二是学习者对这一关系有着理解和顿悟。其中，后者比前者重要。习得的经验能否迁移，并不取决于是否存在某些共同的要素，也不取决于对原理的孤立的掌握，而是取决于个体能否理解各个要素之间形成的整体关系，能否理解原理与实际事物之间的关系，即个体对情境中一切关系的理解和顿悟是一般迁移产生的根本要素和真正原因。苛勒对迁移的研究和贾德的观点不谋而合，他们都认为对事物的内在组织的理解是迁移的基础，即理解力越强，对总体情境的知觉就越完善，概括化经验和迁移现象产生的可能性也越大。

第三节 促进幼儿学习迁移的策略

迁移是指人们在学习过程中将新旧经验进行整合，以构建更加完整和广泛的知识体系的过程。通过迁移，人们能够将新知识与已有的知识相结合，并形成新的连贯的理解和操作方式，从而提高学习效果和应用能力。心理学上把学习迁移视为一种学习对另一种学习的影响，是指已获得的知识、动作技能、情感和态度等对新的学习的影响。

一、影响幼儿学习迁移的因素

（一）幼儿原有的认知结构

认知结构就是贮存在长时记忆系统内的各类知识的实质性内容以及它们彼此之间的联系。美国教育心理学家奥苏贝尔（David Pawl Ausubel）认为，一切有意义的学习都是在原有学习的基础上产生的，不受原有认知结构影响的有意义的学习是不存在的。原来的学习对后继学习的影响是比较常见的一种迁移方式。对于幼儿来说，先前学习的知识或经验是对后继经验学习的准备；后继学习的经验需要和先前学习的经验相联系，并影响先前的经验，这种后继学习既是一种概括性学习，也是一种学习的迁移。幼儿原有认知结构的清晰度、稳定性、概括性和包容性，会影响幼儿在学习新知识、新经验或解决新问题时提取已有知识经验的速度和准确性，是影响新学习行为的关键因素。原有结构中巩固性知识越多、概括性越高，同化新知识的能力就越强，也就越有助于迁移。无论在接受学习还是在问题解决中，只要原有的认知结构影响了新的认知活动，就存在迁移。

(二) 幼儿的智力和年龄

智力对学习迁移的质和量均具有重要作用。智力高低的判断标准，包括个体的概括、分析和推理能力等。智力较高的个体往往比较容易发现两种学习情境之间的相同要素及其相互关系，善于总结所学内容中的原理和方法，能够较好地将以前习得的原则和策略运用到后继的学习中。而年龄不同的个体由于处于不同的思维和记忆发展阶段，其学习时迁移产生的条件和机制自然有所不同。

(三) 学习材料和学习情境的相似性

学习材料和学习情境之间相似性的大小主要是由两者含有的共同成分的多少决定的。作为影响迁移的客观因素，学习材料和学习情境的相似性对学习迁移有重要的影响。安德森（John R.Anderson）等人曾对迁移的问题得出如下结论：迁移量的多少取决于实验情境及材料之间的相关性，从一种技能到另一种技能的迁移量主要取决于两种技能的共有成分量。

(四) 幼儿教师的指导

幼儿教师在活动过程中，如果对幼儿的活动能够进行有针对性的指导和延伸，就有利于幼儿迁移的发生。教师在教学活动中或游戏活动中有意识地引导幼儿发现不同知识、不同技能之间的联系，引导幼儿总结不同知识之间的区别，鼓励幼儿积极主动学习或教会幼儿学习的方法和技巧，让幼儿在亲子互动与群体活动中获得一定的交往能力等，都会对幼儿的学习及其迁移产生有益的影响。

(五) 学习活动的多样性

幼儿的个性特点是好奇心强，爱探索世界，对新鲜事物比较感兴趣，注意力容易分散。教师在教学活动中或游戏活动中采用的方法使幼儿感受到的刺激越多样，就越有助于幼儿学习的迁移。相反，教学方法越单一呆板，就越难以产生迁移作用。此外，原学习活动中刺激的多样性，也能增加原学习活动与新学习活动之间的相似性或相关性。

二、学习迁移的幼儿教育指导

(一) 合理安排教育教学活动的内容

首先在教学活动中,应根据幼儿的身心发展特点,尽量以含义浅近的文字或图片展示教学活动内容,图片应尽量多种多样、色彩明亮,并且具有动态感,让幼儿在连续的图片中看到"内容",感受和体验图片所表达的情感。其次,为了增强幼儿学习兴趣和便于幼儿理解,还应尽量将内容和要求相似的活动设计目标根据幼儿教育相关指南中的要求进行安排,根据幼儿的年龄特征和认知结构由易到难、由简到繁地进行排列。

(二) 培养幼儿的学习兴趣和自信心

诺贝尔物理学奖获得者丁肇中说过,任何科学研究,最重要的是个体对于自己所从事的工作有没有兴趣,凡是符合个体兴趣的活动,就能提高个体的积极性,使个体积极愉快地从事某种活动。[①] 浓厚的兴趣和信心有利于学习的迁移。兴趣是认识和从事活动的巨大动力,是推动人们寻求知识和从事活动的心理因素。兴趣能引起和保持注意,产生愉快、活跃的心理状态,对认识过程的产生和学习迁移的产生有积极的影响;兴趣能促进智力的发展,从而为学习的迁移提供准备。自信心充足不仅可以让幼儿有足够的毅力去战胜学习的困难,及时解决暂时的学习失利,而且能在具体的学习情境中促进学习迁移的顺利实现。要想培养幼儿的自信心,不仅要适当鼓励,还要制定适当的活动目标,让幼儿体验成功的喜悦。

(三) 幼儿园或家庭内外练习配合,提供实践机会

当幼儿在园一日活动中获得知识或技能后,作为家长应充分利用家庭内外的机会,针对幼儿所学的知识或技能引导幼儿实践,让幼儿不断体验,并在此基础上积累经验,幼儿园教师应对幼儿长辈提出合理的要求,让幼儿在

---

① 张峰.影响迁移的因素和促进迁移的策略[J].长春教育学院学报,2009,25(3):111-112.

家庭内外活动中做一些力所能及的事情，建议幼儿家长在家庭活动中增加一些共同要素，以提高幼儿对不同情境之间统一性的直觉力，并不断给予幼儿练习的机会，促进幼儿学习的迁移。

（四）提高幼儿的分析、概括能力，强调理解

迁移理论认为，如果个体的分析能力和概括能力强，那么个体就能很容易地分析概括出新旧知识之间的共同点，掌握新旧知识之间的联系，这有利于知识经验的迁移。要想提高幼儿这方面的能力，教师在平时的教学活动中就不能简单、机械地将知识直截了当地"告诉"幼儿，而要启发他们的思维，重视发展幼儿的能力，进而提高知识的迁移量和幼儿的迁移能力。

（五）应为幼儿提供尽可能多样的迁移的情境

在幼儿园教学中，教师应创设一些特定的情境，使幼儿得到尽可能多样的机会，以应用所学的经验，这样可以使幼儿在实践中获得更多的迁移练习和经验。比如，在幼儿画篱笆的活动中，老师可以告诉幼儿：鸡妈妈的孩子经常走失，我们需要帮助鸡妈妈在小鸡活动的场地围上篱笆，这样小鸡就再也不会走失了。这样的情境会让幼儿觉得自己画篱笆是在帮助鸡妈妈，从而激发幼儿画短竖线的兴趣，引发幼儿的爱心，使幼儿产生极大的画画的欲望，幼儿就会愉悦地参与到画画的活动中。

【复习与巩固】

1. 请观察幼儿在活动中的迁移案例，并进行分析。
2. 理论联系实际，如何在实际教学活动中促进幼儿学习的迁移？

【总结与反思】

_____

_____

_____

_____

_____

第七章　幼儿创造性学习与发展

【知识目标】

1. 了解创造性学习的定义；
2. 认识幼儿创造性学习的特点；
3. 重视幼儿创造性学习与培养幼儿创造性的重要作用。

【技能目标】

分析影响幼儿创造性学习的各种因素，并在此基础上提出促进幼儿创造性学习的主要途径或策略。

【内容导读】

幼儿创造性的概述　01
一、天才、创造、创造性的含义
二、幼儿创造性学习的特点
三、幼儿创造性的表现

幼儿的学习迁移

幼儿创造性的测量　02
一、幼儿创造性测量的目的
二、幼儿创造性测量的原则
三、幼儿创造性测量的方法
四、幼儿创造性测量工具

幼儿创作性的影响因素及培养　03
一、幼儿创造性的影响因素
二、幼儿创造性的教育培养

请你思考：

当你听到天才和创造性，你是如何设想这些词汇所指代的特征的？请你尽可能多地列举出这些特征。

第一节 幼儿创造性的概述

一、天才、创造、创造性的含义

（一）天才

当提起天才时，人们会想到非常聪明的人物，但是在标准化测验中处于超常水平的人或许很"聪明"，却不一定是天才。天才一词"Genius"源自拉丁语，原意是指守护神，随后衍生出创造能力、天赋、才华等意思。天才，顾名思义，是指有天生才能的人。天才在心理学上指有超常智力的人物，比人才高级。特曼（Lewis Terman）利用斯坦福－比奈智力测验选出智商高于140分的1500名儿童，经过长期追踪研究后发现，这些儿童在成人阶段与其他同龄人相比，有更好的适应性与更高的成就。自此以后智商140分以上的人就被称为"潜在天才"。高尔顿（Francis Galton）则认为"天才"应有独创性、创造性，能在完全生疏的环境中从事思想工作，能够独立地为世界做出前所未有的贡献。

多元智能理论和成功智力理论认为天才是智力的延伸，然后在这两大理论中，智力是多维度的，是由几种独立但又相互联系的能力构成的。如多元智能理论把智力分为：语言能力、逻辑数学能力、空间能力、身体运动能力、人际能力、音乐能力、内省能力等。有天才的个体在各个领域中都有自己的优势，处理事情游刃有余。

心理学认为，天才的本质的、内在的特征是"中间型心潮"和"极端型浅层信息结构"（知识铀块）。天才的外在的特征主要包括：思维耐力高、专注力和抗干扰力强、精神与体验能力强、美好的境界、迥异的感知、离奇的梦境、超常的创造、幸福的生活、灵感的多元、特别的记忆、出奇的安静，等等。

综上所述，天才代表着人类的杰出才能，是认知能力与非智力因素共同作用的产物，遗传的天赋在后天教养作用下历经一系列发展过程，系统发展成为某领域的杰出才能。

（二）创造、创造性

创造就是人们在一定创造力的基础上，按照一定的思维和物质生产过程，产生新颖、独特和有价值的思维产品或物质产品的活动。首先，创造需要思维的活动。任何一项创造成果都离不开思维的活动，都是思维活动的产物。当然这并不是说任何思维活动都是在创造，也不是说任何思维活动最终都能产生创造成果，而是说创造本身离不开思维的活动。其次，创造需要物质的活动。任何一项创造成果不仅离不开思维活动而且也离不开物质活动。物质活动是人类的基本活动，在某种意义上说，思维活动也是一种物质活动。

对于创造性的定义，不同的专家有不同的观点。一般认为创造性是指个体产生新奇独特的、有社会价值的产品的能力或特性，也称为创造力。创造性就是指创造的属性或特性，它是对创造内涵和本质的规定。创造性包括新颖性、独特性、有价值。新奇独特意味着能别出心裁地做出前人未曾做过的事，有社会价值意味着创造的结果或产品具有实用价值或学术价值、道德价值、审美价值等。在多元智能理论和成功智力理论中，创造性是智力的一部分。比如，某些幼儿在科学领域不但有探索兴趣，并且具备创造的优势。总的来说，创造性学习是一种自主探究或者合作式的学习方式，其目的是通过创造性的活动促进个体的全面发展。

总的来说，幼儿创造性是幼儿根据一定的目的或意愿，在已有知识经验的基础上，用新颖、独特的方法产生具有个人价值的产品的心理品质。[①]

二、幼儿创造性学习的特点

创造性由创造性意识、创造性思维和创造性活动三部分组成。在创造性的组成部分中，创造性思维是核心。创造性思维又包含聚合思维和发散思维，其中，发散思维是创造性思维的核心。发散性思维表现在行为上，一定程度

---

① 陈帼眉，姜勇.幼儿教育心理学[M].北京：北京师范大学出版社，2007：162.

上代表着个人的创造性。

创造性学习是创造性活动的一种重要形式，幼儿阶段的创造性学习具有以下特点。

（一）情绪影响大

情绪是指短暂而强烈的具有情景性的情感反应，如愤怒、悲伤、恐惧。情绪是影响个体心理健康、导致心理异常和障碍的中介，这是因为由生理、心理变化以及环境刺激等因素造成的各种情绪反应，可以导致神经系统和内分泌系统的变化，使人的心理活动和行为方式也发生相应的变化。幼儿情绪对于其创造性学习的影响很大，积极情绪能够促进幼儿创造性学习的开展，而消极情绪则会阻碍幼儿创造性学习的进行。

（二）注意的持久性差

注意是指个体的心理活动集中在一定的人或物上，包括有意注意和无意注意两种。有意注意是自觉的、有目的的注意，需要一定的努力；而无意注意则是自发的，不需要任何努力。如老师正在教孩子唱歌，这就需要有意注意的听和唱，突然有人推门进来，这时候孩子的注意力会不约而同地转向门口，这就是无意注意。幼儿虽有一定的有意注意，但有意注意的稳定性较差，易受外界因素的干扰而分散转移，因此老师需要采用多种方式吸引幼儿的注意力。

（三）能从不同角度了解事物

幼儿对事物的理解，取决于他们的知识经验水平和思维发展水平。一方面由于知识经验不丰富，幼儿的思维带有很大的具体性，他们对事物的理解一般是不深刻的；另一方面由于在教育影响下知识的不断积累和第二信号系统的不断发展，幼儿的理解也不断地提高和不断地深入。此外，由于幼儿具有很强的好奇心和探究欲望，往往能够从不同的角度了解事物，并通过创造性活动表达自己的想法和感受。

三、幼儿创造性的表现

幼儿创造性是幼儿回忆过去的经验，并对这些经验进行选择、重新组合，将其加工成新模式、新思路或新作品的过程。比如，小班的幼儿常常会问老师："蚊子有几条腿""地为什么会震呢，可以让地不震吗""为什么汽车的尾巴会吐气""为什么蜗牛背上有壳"等问题，这就是幼儿创造性的反映。幼儿的创造性是一种萌芽状态的创造力。由于幼儿期思维直观形象性的特点，幼儿的这种创造更多是"初级创造""表达式创造"。创造型人格的幼儿具有以下主要特征。

（一）具有浓厚的认知兴趣，旺盛的求知欲属于创造型儿童的典型人格特征

幼儿对周围世界充满浓厚的兴趣，对新鲜事物具有强烈的好奇心，喜欢向成人提出各种各样的问题，虽然这些问题十分肤浅、幼稚，但对幼儿理智感、求知欲的发展有极大的启迪作用。此时幼儿开始能以认真的态度对待成人所教之事，并有动手尝试的愿望。比如，拿到新玩具时，幼儿既喜欢操作摆弄，也能认真看、听成人讲解，并试着改变玩法。又如，幼儿看到新奇的事物会主动接近，探索其中的奥秘。

（二）情感丰富、富有幽默感

情感在个体的生活中起着非常重要的作用，它是个体行动的动力。而幼儿在与同伴群体交往中或在各种游戏活动过程中，常常伴随着各种不同的态度，或喜爱、兴奋、愉快、赞赏，或厌恶、痛苦、愤怒、恐惧。这种种表现，就是情感。一般幼儿自出生后，随着年龄的增长，在周围环境和教育影响下，都会对周围客观世界产生丰富的情感。

幽默感对创造型幼儿而言是与生俱来的，他们在婴幼儿时期就能根据成人的面部表情进行模仿。在日常生活中幼儿学步摔倒时，父母冲他做个鬼脸以表示安抚，此时他往往会被父母扮的鬼脸引得破涕为笑。2岁的幼儿已能

从身体或物品的不和谐性中发现幽默的成分。幽默是一种能力,具有幽默感的幼儿沟通能力强,乐观,自信,想象力丰富,能很好地化解尴尬、处理焦虑,具有幽默感的幼儿,语言发展和创造力相比于其他幼儿也较强。

(三)勇敢、甘愿冒险

创造型儿童喜欢标新立异,突破常规,不愿把自己束缚在一个狭小的框框内。冒险精神是一种积极向上的态度,它可以帮助幼儿在面对挑战和困难时,勇敢地迎接挑战并克服困难。在这个过程中,幼儿不仅能够锻炼自己的勇气和自信心,还能够培养出独立、自主、创新等多种优秀的品质。因此在日常生活中,幼儿教师要鼓励幼儿勇于尝试新事物,引导幼儿能够正确面对失败,让幼儿明白只有勇于尝试、努力实践,才能真正实现自己的梦想;在日常生活中,要让幼儿学会自己解决问题和困难,例如,让他们自己整理房间、穿衣服、洗手等。同时,也要鼓励幼儿多参加各类活动,让他们在实践中锻炼自己的能力和自信心。

(四)坚持不懈、百折不挠

坚持不懈、百折不挠是幼儿成长过程中不可或缺的精神品质。只有在不断的尝试和挑战中,幼儿才能真正发掘出自身的潜力。幼儿在成长的道路上,难免会遇到各种困难和挑战,日常生活中,教师可以为幼儿设置一些小目标,如可以让小班幼儿自己穿衣服、洗手,自己吃饭等。当幼儿成功完成后,教师要及时给予肯定和鼓励,让幼儿感受到自己的能力和价值。同时,教师也可以通过一些趣味性的游戏和活动,如走迷宫、拼图、搭积木,培养幼儿的毅力和耐心。

(五)独立性强

独立性强是一种优秀的品质,它可以帮助幼儿在日常生活中更好地自理、学习、交往和思考。如幼儿自己穿衣、洗手、吃饭、整理玩具。在日常生活中,教师和家长要让幼儿学会自己的事情自己做,并给予他们必要的指导和支持。同时，也可以通过一些趣味性的游戏和活动，促进幼儿的自理能力。

自主学习和探索是独立性强的重要表现，包括自主看书、听故事、观察、探索等方面。作为教师，也需要引导幼儿在课堂活动过程中或在区域自由活动中自主学习和探索，给他们自由探索的时间和空间，让幼儿自主选择自己喜欢的活动和游戏。同时，也可以为幼儿提供一些符合他们年龄特点和兴趣的学习材料和其他资源，如绘本、教学图卡，让他们在玩中学、在学中玩。

（六）自信、勤奋、进取心强

创造型的幼儿通常具备自信、勤奋和进取心强的特质，这些特质对于他们的成长和发展至关重要。首先，创造型的幼儿通常具备自信的特质。自信是创造力的基础，它可以让幼儿勇敢地尝试新事物，并从失败中迅速恢复过来。其次，创造型的幼儿通常具备勤奋的特质。勤奋是成功的关键之一，它可以让幼儿不断地探索和学习，积累更多的经验和知识。最后，创造型的幼儿通常具备进取心强的特质。进取心强可以让幼儿不断地追求进步和发展，不断提高自己的能力和素质。在日常生活中，教师要鼓励幼儿多思考、多提问，让他们在探索中学习和成长。

总之，创造型的幼儿自信、勤奋、进取心强的特质对其成长和发展至关重要，教师应善于发掘幼儿的这些特质，进一步促进幼儿的全面发展。

（七）自我意识发展迅速

创造型的幼儿通常具备敏锐的自我意识，能够迅速捕捉自己和他人的情绪变化，以及自己和他人的关系。一般能够正确认识到自己在自我评价方面往往出现偏高的想象，在智力活动方面有较强的自控能力。创造型的幼儿通常具备自我反思的能力，他们能够对自己与他人的行为和想法进行反思，从而更好地理解自己与他人的情感和需求。创造型的幼儿通常具备自我表达的能力，他们能够清晰地表达自己的情感和需求，以及自己的创造和表达的目的与意义。总之，创造型的幼儿自我意识发展迅速，具备敏锐的自我反思和自我表达的能力。这些能力对于他们的创造力和全面发展至关重要。

（八）一丝不苟

创造型的幼儿喜欢刨根问底，不把问题搞个水落石出就不罢休。除此以外，不同类型的创造型儿童不但具有创造型儿童共同的人格特征，还表现出一些独特的人格特征。如艺术类创造型儿童还具有超俗的思想，非常灵敏等；自然科学类创造型儿童具有高度的自我控制能力，较少从众，喜欢做出抽象思考等特征。

第二节 幼儿创造性的测量

一、幼儿创造性测量的目的

幼儿创造性测量的目的主要是了解幼儿创造性的发展水平，以及鉴别幼儿创造性的发展水平，从而为幼儿的创造性学习进行指导。要想为幼儿教育过程提供科学依据，需要进行幼儿创造性测量。具体来说，幼儿创造性测量的目的包括以下两个方面。

（一）服务于创造性学习的指导

通过测量幼儿创造性，教师和家长可以了解幼儿在创造性方面的优势和不足，从而为幼儿提供有针对性的教育和指导，促进幼儿创造性潜力的发挥。

（二）服务于创造性潜能的开发

幼儿创造性测量可以帮助教师和家长了解幼儿的创造性潜能，从而在教育过程中有针对性地加以开发和挖掘，为幼儿将来的创造性发展奠定基础。

总之，幼儿创造性测量可以为教育、心理和医学等领域的从业者提供有价值的参考，并且可以为幼儿创造性潜能的开发提供科学依据，进而促进幼儿的全面发展。

二、幼儿创造性测量的原则

幼儿创造性测量需要遵循一定的原则，主要体现在以下几个方面。

（一）适用性原则

适用性原则就是指幼儿创造性测量在工具选择方面应该适合幼儿的年龄和认知水平，避免使用过于复杂或让幼儿难以理解的工具；测量工具应该具有一定的实用性，能够在实际教学和评估中发挥作用；基于科学的理论和方法，具有可靠性和有效性；考虑到实际可行的因素，如测量时间、人力、物力。在此基础上，教师可以根据具体情况对于测量工具进行适当的调整和修改。总之，幼儿创造性测量需要适用于幼儿的年龄、认知和情感特点，教师应采用适合幼儿的游戏、活动或任务等形式进行测量，避免过于抽象或复杂。

（二）活动性原则

幼儿创造性测量需要让幼儿在活动中进行，通过参与体验加深幼儿对创造性的认识和理解，在活动中加强幼儿对于创造性的发挥和展示的意识，鼓励幼儿自主活动，通过自主活动提升幼儿的主动性、积极性和创造性。在此过程中要避免使用过于抽象或理论化的测量方式。

（三）多元性原则

幼儿创造性测量需要采用多种方法、形式从角度进行测量，避免使用单一化的测量方式，以便更全面地了解幼儿创造性的发展水平。

（四）发展性原则

幼儿创造性测量需要关注幼儿创造性的发展过程，不断调整和改进测量方法，以便更好地适应幼儿的发展需要。

（五）客观性原则

幼儿创造性测量需要遵循客观、公正和科学的原则，采用标准化的测量方法和程序，避免主观臆断或偏见。

总之，幼儿创造性测量需要遵循一定的原则，只有以客观、科学、公正和适宜的方式进行测量，才能为幼儿的创造性发展提供有价值的参考和依据。

三、幼儿创造性测量的方法

幼儿创造性测量的方法主要有以下几种。

（一）主观评定法

主观评定法是指由有关专家或专门研究者按照一定的标准，对幼儿创造性进行评价的一种方法。比如，让幼儿说出水杯的用途，幼儿会在短时间内有多种回答："喝水、做实验、养花、当装饰、做笔筒、做灯罩、当存钱罐、做淘米桶、画圆、泡茶、当玩具、装沙子、当烟灰缸、做冰块、养鱼、当风铃、做擀面杖、当乐器、搭积木等"。相关人员进而对幼儿的这些答案做出评定，以确定幼儿的创造性发展水平。

（二）作品分析法

作品分析法是指通过对幼儿按要求完成的作品进行定性和定量分析，如幼儿的绘画、作文、手工制品，了解或鉴定幼儿运用创造力的过程、特点及其创造性发展水平。幼儿绘画作品《昆虫的世界》如图 7-1 所示，表现出幼儿较高的创造性。画中昆虫看到的世界很和谐，宁静中带有幸福，所有的小动物都在忙碌着，太阳公公也面带微笑地俯瞰这一美好的世界。

图 7-1 昆虫的世界

（三）测验法

测验法就是通过心理测验的形式对幼儿创造性进行测量的一种方法。目前主要以瑞文标准推理测验、智力量表、投射测验测量幼儿的创造性。

投射测验是指以没有结构性的测题，引起被试者的反应，借以考查被试者的特征。在投射测验中，向被试者提供模糊的测验刺激的主要目的就是引起被试者的联想，让他的动机、情绪、焦虑冲突、价值观念或愿望在不知不觉中投射出来。投射测验主要包括以下几种类型。

联想型：让幼儿说出某种刺激（如单字、词、墨迹）所引起的联想，如荣格的文字联想测验和罗夏墨迹测验。

构造型：让幼儿根据他所看到的图画编造一套含有过去、现在、将来等发展过程的故事，如主题统觉测验。向幼儿提供一些不完整的句子、故事或辩论材料等，让幼儿自由补充，直至完成，如语句完成测验。

造排型：让幼儿根据某一准则选择项目，或做出各种排列。可用图画、照片、数字等作为刺激项目，如内田—克雷佩林心理测验。

表露型：让幼儿通过某种媒介（如绘画、游戏、心理剧）自由表露他的心理状态，如画人、画树测验。

四、幼儿创造性测量工具

目前幼儿创造性测量工具主要是国际上较为权威的测验量表,如托兰斯创造性思维测验、南加利福尼亚大学创造力测验、威廉斯创造力测验,以下就前两种测验量表进行详细介绍。

(一)托兰斯创造性思维测验

由托兰斯(Torrance)设计的托兰斯创造性思维测验是公认的较好的测查儿童创造性思维的工具。该测验编制于1966年,是目前应用最广泛的创造力测验之一,适用于各年龄阶段。托兰斯测验由言语创造性思维测验、图画创造性思维测验,以及声音和词语的创造性思维测验构成。这些测验均以游戏的形式组织、呈现,测验过程轻松愉快。

托兰斯创造性思维测验包括以下几种:

(1)言语测验。

(2)图画测验。

(3)声音词语测验。

托兰斯创造性思维测验(TTCT)的试题样例如图7-2至图7-4所示。

图7-2 对上图填充玩具进行改进,让它更好玩。

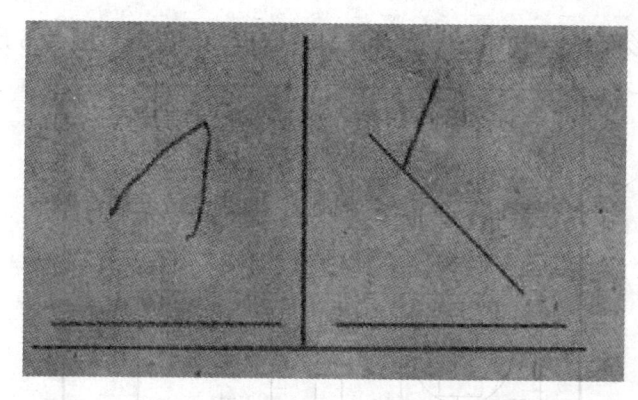

图 7-3 把以上不完整的图画补充完整，并用你完成的图画讲述一个完整的故事。给你的图画起名。

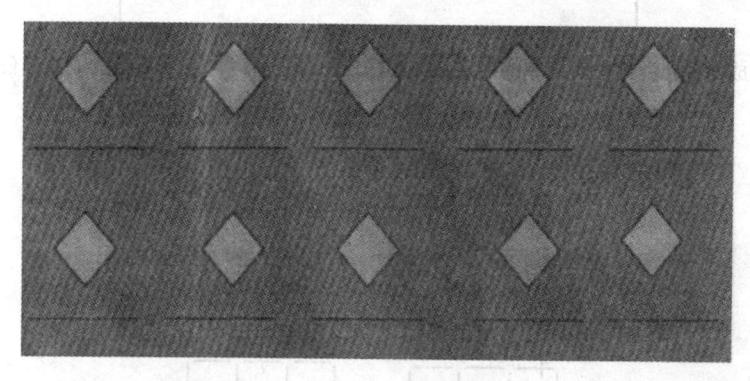

图 7-4 给以上方块图案添加细节，使其构成完整图画。让这些方块成为你的图画的一部分。努力画出别人未曾画出的图画。添加细节，并根据画面讲述完整故事。给图画起名。

（二）南加利福尼亚大学创造力测验

吉尔福特（J.P.Guilford）根据 1957 年提出的智力三维结构模型理论，编制了发散思维测验，也称南加利福尼亚大学创造力测验，发表于 1960 年。吉尔福特认为发散思维是创造力的外在表现，他将该测验发展为一套创造力测验。该测验由言语测验和图形测验两部分组成，共 14 个项目。

（1）言语部分。字词流畅、观念流畅、联想流畅、表达流畅、多种用途、解释比喻、效用测验、故事命题、推断结果、职业象征。

（2）图形部分。作图、火柴问题、装饰，如图7-5、图7-6所示。

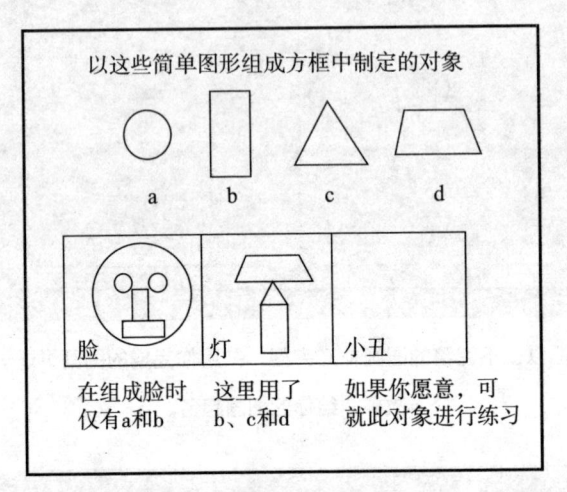

图7-5 组成对象：利用一套简单的图案，如圆形、三角形，画出几个特定的物体，任一图案都可以重复或改变大小，但不能增加其他任何线条或图案。

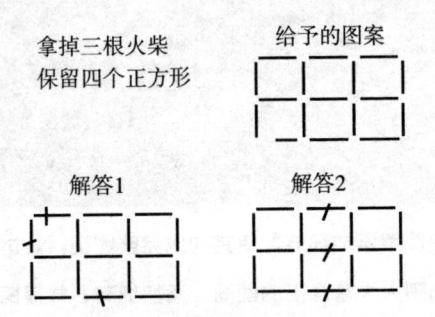

图7-6 火柴问题：移动特定数目的火柴，保留特定数目的正方形或三角形。

总之，幼儿创造性测量方法的选择要根据具体情况，结合幼儿的特点和需要，应当采用多种方法进行综合评价。

第三节 幼儿创造性的影响因素及培养

一、幼儿创造性的影响因素

幼儿创造性的影响因素既包括外在的教育方面的影响因素，也包括内在的幼儿自身的影响因素。

(一) 外在影响因素

1.过于重视让幼儿模仿，使其不能自由学习

有些成年人很乐于把自己的知识经验拿出来让幼儿照着样子做，唯恐不能把自己的全部知识传授给幼儿，唯恐幼儿懂得不够多、不够快。人们往往认为，只要孩子学得好、学得多，孩子就会聪明、优秀、出色。事实上，孩子的接受能力和模仿能力在得到提高的同时，也不可避免地会导致他们对世界主动积极探索的欲求随之减弱，对于未知问题的兴趣也会淡化。有些孩子在遇到不懂的问题时，甚至会用轻松的口吻回答："老师又没教过，我怎么知道？"因此，过于重视让幼儿模仿会降低幼儿探索的积极性，使其不能创造性地自由学习。

2.限定幼儿思路，使其不能自由地发散思维

幼儿在成长过程中离不开教师的培养，但如果在幼儿的一切活动中都有教师的"影子"反而会限制幼儿的创造性。幼儿渴望依靠自己的力量长大成人，教育必须顺应和尊重幼儿的这份天性，尽管幼儿的想法有时显得幼稚可笑。教育者应小心地保护和最大限度地开发幼儿的创造性思维，但在许多实际教学活动中，有些教育者习惯把幼儿的思维引导到自己思维方式上并加以界定，对类似的问题解决情境采取无视、否定甚至取笑的态度：不能那样做，要这样做；那样做是错的，这样做才是最好的。久而久之，幼儿会认为能够解决问题的只有一个标准的、最好的答案，得到答案之后，便不再探索其他的办法，思维产生惰性，创造性也逐渐磨灭。

3.过分苛求秩序，使幼儿不能自由探索

幼儿天生具有好奇心，一旦产生兴趣，幼儿就想要弄明白。然而幼儿的探索不是那么容易的事情，并且多数教师重视教学活动秩序，这个过程中幼儿的行动往往受到教师的管束和限制。例如，在课堂上，部分教师往往希望教学能够顺利进行，希望幼儿的回答能按照教师的思路，而不鼓励孩子发表与预设教学思路不同的意见。

> 【案例】
>
> 教师带小朋友去公园散步，教师强调不能捡路上的石子和其他东西，小心扎手。可是有的小朋友还是按捺不住好奇心，冒着挨批评的风险，把石子捡了起来。教师问他们为什么不听话时，他们都有充分的理由："我实在想看看，想摸摸这个石子。""我一不小心就捡起来了。""别人都捡，我也捡了。"

（二）内在影响因素

除了外在的教育方面的因素，幼儿自身的内在因素也会影响幼儿的创造性学习。

1. 幼儿知识经验

个体的知识经验会影响创造性的表现，这里的创造性主要指的是创造性思维。一个人的知识经验越丰富，其解决问题的思路也很可能越丰富，思维越发散，创造性也就越好。一般而言，对于同一个创造情境，知识经验丰富的成人解决问题的办法会更有创造性，而知识经验、生活经验不足的幼儿则表现出创造性不足。同样，对于具有不同知识经验的幼儿而言，其创造性也表现迥异：知识经验丰富、见多识广的幼儿在解决问题时比很少接触外界事物的幼儿表现出更高的创造性。因此，培养幼儿的兴趣与探索欲望，丰富幼儿多方面的知识经验，对于幼儿解决问题能力和创造性思维的培养有重要意义。

对于幼儿而言，其知识经验显然不如成人丰富，但同时人们也应当注意到，这里的创造性包括创造性思维和创造性人格两层含义。对于幼儿而言，其创造大多属于类创造，所涉及的创造性也更多指的是创造性人格。

2. 幼儿智力

个体的创造性与其智力有显而易见的相关性，但是这种关系是非线性的。

两者的关系可以具体表述如下（邵瑞珍，1988）：①低智商者难以有高的创造力；②高智商者不一定有高的创造力；③创造力较高者一定具有高于一般水平的智商；④创造力较低者的智商水平可高可低。[①]

这表明：第一，创造性与智力的发展并不同步，其主要原因是创造性包含智力测验未涉及的某些智慧品质，如发散思维、直觉思维；第二，超过一般水平的智力是实现创造性潜力所必需的，但是超过了这个一般水平，智力提升与创造性提升的相关性并不强。但在生活中，很多教师比较喜欢智商高的学生，而不喜欢创造力强的学生。为何如此？这涉及创造性内部影响因素中的个性特征因素。

3. 个性特征

个体的创造性与其个性特征也密切相关，这里的创造性主要指的是创造性人格。前文讲过，很多教师更喜欢智商高的学生而非创造力强的学生。这主要是因为创造力强的幼儿往往有更多不合乎传统规范性教育的兴趣，这就会导致他们热衷探究那些比较不符合课程要求的领域。他们可能具有许多部分教师不喜爱的个性特征，如精力过剩、独立性强、性情倔强、情绪外露。这些个性特征有时会引起忙碌的教师的烦恼。

通常，具有如下一些个性特征的幼儿会表现出更高的创造力：①好奇心强；②喜欢幻想；③独立性强；④意志坚强；⑤有成就动机。

创造性人格是创造性思维的重要基础。幼儿阶段是培养创造性人格特征的重要时期，此时的幼儿对未知问题充满了探索的兴趣和解决的毅力。因此，在幼儿创造性的培养教育中，教师应充分了解幼儿的个性特征，并给予高度的尊重和欣赏，而非忽视、否定，甚至压制。

二、幼儿创造性的教育培养

（一）创设情境，激发幼儿的求知欲

学起于思，思源于疑。含有疑问的情境对幼儿的求知欲会产生巨大的推

[①] 邵瑞珍. 教育心理学[M]. 上海：上海教育出版社，1988：161.

动力，各种创造性思维也会应运而生。例如，在一次科学活动中，教师创设了这样的问题情境："怎样使原本漂浮在水面的东西沉下去，沉在底部的东西浮上来。"教师给每组幼儿准备了一个大盆，盆里有许多密度不同的物品，旁边篮子里有许多辅助材料，橡皮泥、橡皮筋、易拉罐、雪花片等。幼儿在活动中都跃跃欲试，情绪高昂。在这样的活动中，教师通过创设良好的环境激发幼儿的创造性人格。

（二）营造宽松环境，解除幼儿害怕出错的恐惧心理

宽松的活动环境既包括丰富多样的物质环境，也包括自由自主的心理环境。要想营造这样的环境，教师需要注意多方面。首先，在活动过程中，教师要给幼儿提供各种丰富的材料，并让幼儿拥有足够的时间和空间；其次，教师要保持足够的耐心，保证幼儿在进行各种创造性活动时不受外在人为因素的干预；最后，教师应理解和尊重幼儿的现有发展水平，重视幼儿操作活动的过程，而不是结果。当幼儿的想法和做法不同寻常或出错时，教师也不应进行批评或嘲笑，而应解除幼儿害怕出错的心理恐惧，以培养幼儿敢于突破、勇于创新的人格特点。

（三）有意识地开发幼儿的创造性思维

创造性思维包括各种思维形式：感知、记忆、推理、判断、联想等。教师应在锻炼幼儿各种思维形式的基础上，有意识地促进幼儿展开综合的、求新的高级心理活动。

1.促使幼儿展开联想，培养创造性思维的流畅性

发散思维往往可以使人通过头脑风暴法展开联想，培养创造性思维的流畅性。

头脑风暴法鼓励两个或更多的人，尽可能多地提出各种不同的主意，而不对它们的价值做出评判，以此培养个体创造性地从多种角度解决问题的能力。

2.帮助幼儿打破思维定式，培养创造性思维的变通性

变通性是指思维的灵活性，即能够触类旁通，举一反三，突破常规。

【举例】

司马光砸缸的故事主旨即少年司马光打破思维定式、砸缸救人，体现了思维的变通性。

【实验】

邓克尔蜡烛实验

德国心理学家邓克尔进行了有关功能固着的实验。在只有一盒火柴、一支蜡烛和若干图钉的情况下，要求被试把蜡烛固定在墙壁上，并要求当蜡烛燃烧时，蜡烛油不能滴在地板上或者桌子上，如图7-7所示。

图7-7 邓克尔蜡烛实验材料

结果发现，很多被试在规定时间不能解决这个问题。他们想不到用装火柴的盒子作为蜡烛的支持物，如图7-8所示。但是如果这个盒子是空着的，那么正确解决问题的被试高达82%。这个实验说明，功能固着是解决问题的一个障碍。要突破功能固着的束缚，就要打破思维定式，培养思维变通的能力。

图 7-8 邓克尔蜡烛实验过程

3. 肯定幼儿的超常思维，培养创造性思维的独特性

独特性也称创造性思维的新颖性。在活动中时常会有幼儿表现出超常、独特、非逻辑性、非常规的见解，教师要及时肯定。这是培养发散思维独特性的方式。

4. 培养幼儿的好奇心和想象力

好奇心与想象力是影响幼儿创造性的内部因素，好奇心和想象力也是幼儿创造力的翅膀。许多幼儿的想象力非常丰富，他们经常天马行空、异想天开，很多时候教师对幼儿"创造"出的作品不能简单地进行否定，而要及时给予幼儿鼓励和肯定，并采用适当的方法引导幼儿继续创造，进而激发幼儿的创造性。比如，绘画时，幼儿可以把太阳涂成绿色、黑色等各种颜色。这不仅能反映出幼儿奇特的想象力，而且表明他们有着强烈的好奇心，对周围新鲜事物表现出浓厚的兴趣，甚至刨根问底。"这是为什么"等追问是幼儿求知、探索精神的体现，也是创造性的萌芽。

【复习与巩固】

　　1. 如何理解幼儿的创造性学习？

　　2. 通过幼儿的区角活动，对幼儿的创造性活动进行观察并写出观察记录。

　　3. 联系实际，以集体教学活动或游戏活动为情境，谈谈幼儿创造性的培养。

【总结与反思】

第八章　幼儿社会性学习与发展

【知识目标】

1. 理解社会性学习的概念。

2. 掌握社会性学习的相关理论。

3. 理解社会性教育的原则与方法。

【技能目标】

理论与实践相结合，能够以科学的方式对幼儿性别化和亲社会行为进行指导。

【本章要点】

幼儿社会性发展概述
一、什么是社会化
二、社会性发展概念
三、幼儿社会性及其心理结构
四、幼儿社会性发展的特点
五、幼儿的同伴关系

幼儿社会性发展理论
一、弗洛伊德精神分析理论
二、埃里克森的心理社会发展理论
三、群体社会化理论

幼儿社会性学习特点与指导
一、幼儿社会性学习特点
二、幼儿社会性学习指导的原则
三、幼儿社会性学习指导的方法

请你思考：

什么是社会性发展？

研究幼儿社会性发展的意义何在？

第一节　幼儿社会性发展概述

20世纪80年代后期，社会性发展备受发展心理学研究者的关注。幼儿社会性学习相关研究热度及理论发展也呈上升趋势，成为与认知发展研究并驾齐驱的研究领域。社会性发展或者说社会化是一个进程，在这个进程中，幼儿会"吸取"周围文化或亚文化群的价值观念、风俗习惯和态度。通常幼儿社会性研究涉及幼儿的家庭和社会关系，幼儿社会认知、攻击性行为等。

一、什么是社会化

社会化是指个体形成与发展社会性和个性的过程，也就是说社会化是个体在特定的人类物质文化生活中，通过与环境的相互作用，不断掌握社会规范、社会技能、价值体系等参与社会生活所必需的品质，由一个自然人发展为能够适应社会生活的社会人的过程。

首先，社会化具有社会强制性。个体从出生就置身于社会环境中，社会也会通过各种方式和途径对个体的身心发展形成影响，而个体的行为方式也会有意或无意地被周围的环境或人们所塑造。这几乎是不以个体的主观意志为转移的，带有社会强制性质。

其次，社会化具有主观能动性。这主要体现在两个方面。一是个体自身的人格特质等因素影响并引导着个体的社会化，个体不仅可以有选择地将社会文化内化，并且可以将自己内化后的社会文化又创造性地外化。二是社会化个体之间存在相互作用，即个体既在逐渐社会化，也在影响着其他个体的社会化。

最后，社会化具有毕生持续性。个体自身因素与社会环境因素的交互作用，不断地推动着个体的社会化。社会化没有固定不变的模式，其必须随着社会的发展而发展。因此，对个体而言，社会化是一个不间断的终生进行的过程，个体的社会化是通过人的一生完成的。

值得注意的是，社会化过程必须在人类社会中进行，脱离人类社会则无法完成，如在印度发现的"狼孩"。

二、社会性发展概念

社会性发展是指个体通过社会性学习获得道德品质、价值观、行为规范，形成积极的生活态度和行为习惯的过程。心理学家齐格勒认为，人的社会化主要是指人的社会知觉和社会行为。[1] 发展心理学家缪森（P.H.Mussen, 1990）指出，社会化是儿童学习其文化或社会中的标准、价值和预期行为的过程，包括社会情绪、对父母的依恋、气质、道德感和道德标准、自我意识、性别角色、友好行为、自我控制和攻击性控制、同伴关系等。

三、幼儿社会性及其心理结构

（一）幼儿社会性定义

关于社会性的定义，不同学者持有不同的观点，代表性观点主要有以下两种。

（1）认为社会性有广义与狭义之分，广义的社会性是指人作为社会成员的一切特性；狭义的社会性是指人的社交与群居倾向。[2]

（2）认为社会性是指人由社会存在获得的一切特性。就个体而言，既包括个体从出生时所处的既定历史条件和社会关系所获得的先赋社会性，也包括个体通过继承、学习、创造等活动获得的后成社会性。[3]

从发展心理学和幼儿教育角度看，幼儿社会性是指幼儿在其生物特性基础上，在与社会生活环境相互作用的过程中，掌握社会规范，形成社会技能，学习社会角色，获得社会性需要、态度、价值，发展社会行为，并以独特的

---

[1] ZIGLER E, HODAPP R M, EDISON M R.Themes in the debate about normalization: Rejoinder[J].American Journal on Mental Retardation, 1990, 95（1）:15-16.

[2] 陈帼眉，姜勇.教育心理学[M].北京：北京师范大学出版社，2007：135.

[3] 傅安球，史莉芳.离异家庭子女心理[M].杭州：浙江教育出版社，1993：159.

个性与他人交往、相互影响,适应周围环境,由自然人发展为社会人的社会化过程中所形成的幼儿心理特征。

（二）幼儿社会性发展心理结构

幼儿社会性发展心理结构包括社会情感、社会行为技能、社会认知、自我意识、道德品质和社会适应六大系统。

（1）社会情感是指幼儿在社会生活、社会交往中的情感体验,包括情绪表达和控制、依恋感、愉快感、羞愧感、同情心、责任感等。

（2）社会行为技能是指幼儿在与人交往,以及在参与社会活动时表现的行为技能,包括倾听交谈的技能,非语言交往技能,辨别和表达自己情感的技能,合作、遵守规则、解决冲突的技能等。

（3）社会认知是指幼儿对自我与社会中的其他人、社会环境、社会规范等方面的认知,包括行为动机和后果的分辨能力,对他人的认知（如对同伴意见的理解和采纳能力、对成人要求的理解和采纳能力）,对社会环境和现象的认知（如家庭、幼儿园、社区机构、国家及民族、重大节日、重大社会事件）,对性别角色、行为方式、社会规范的认知（如文明礼貌、生活习惯、公共规则、集体规则、交往规则）,等等。

（4）自我意识是指幼儿对自我以及自我与周围关系的意识,主要包括以下几种:自我认识,如自我概念、自我形象、自我评价;自我情感体验,如自尊心、自信心、自我价值感、成就感、进取心;自我控制,如自制力、自觉性、坚持性、自我延迟满足。

（5）道德品质是指社会道德现象在幼儿身上的反映,即幼儿身上内化的道德规范和行为习惯,以及幼儿身上养成的良好道德情感,包括关心他人、乐群、合作、诚实、谦让、分享、助人、有奉献精神、勇敢、爱护环境、讲礼貌、守纪律等良好的道德规范和行为习惯,爱亲人、爱集体、爱家乡、爱祖国等道德情感。

（6）社会适应是指幼儿能够逐渐接受新环境,以及幼儿适应矛盾冲突情境的能力。这一系统的能力主要包括初步形成对新环境的适应能力,对陌生人的适应能力，与同伴交往的适应能力，独立地克服困难，解决实际生活中简单问题的能力，学会做事，学会生活。

四、幼儿社会性发展的特点

（一）系统性

幼儿社会性发展的心理结构是一个复杂的系统，其作为母系统，包括六个子系统，而每一个子系统又可以作为亚结构母系统，并包含亚结构子系统，依次下去。这种心理结构上的特征体现着幼儿社会性发展具有系统性。

（二）社会制约性

每个人作为社会的一员，处在各种各样的社会关系中，既受物质财富和消费过程中所形成的关系的影响，也受自然地域、社会生活、文化的影响。幼儿在与社会环境的相互作用中必然受到社会环境的影响，在特定的社会环境中形成特定的社会性发展水平。

（三）能动性

根据现代儿童发展观，幼儿是一个主体，在主客体活动中幼儿并不是被动体，而是有其主观能动性，不是只能被动地接受知识而是能够主动建构知识。因此，幼儿教育既要重视教师的主导作用，又要充分调动幼儿的积极性、主动性、创造性，体现幼儿的主体性，以促进幼儿社会性的发展。

（四）动态性

儿童心理的发展是一个持续建构的过程，是一个既有连续性又有阶段性的过程，整个过程表现出若干连续的阶段，不同阶段有不同质的内涵。这表现出儿童的社会性发展是动态的、可变的，既有连续性又有阶段性，并且会随着环境的改变、年龄的变化而不断地发展变化，表现出明显的年龄特征。儿童在幼儿时期的社会性发展也同样具有动态性。

（五）关键期

生命的全程观认为人的心理系统不断运动发展，是从无序经过涨落到有序状态的循环发展过程。人的一生都处在不断发展变化之中，社会化是人终生的发展任务。其中，学前期是接受社会化的关键期之一，婴幼儿期的社会化经验对于一个人后来的社会化有着相当重要的影响。另外，幼儿社会性发展的各个方面并不是等速的，各个方面发展的关键期也不尽相同，幼儿教师及幼儿家长要抓住关键期的培养，以促进幼儿社会性的健康发展。

（六）情绪性

幼儿由于认知上的局限性，很多大道理无法理解。此外，人在幼儿阶段具有明显的情绪性，而一个人最初的社会性发展主要依靠亲子之情。社会性发展正常有利于幼儿产生信赖感、安全感等积极情感，幼儿就能够学会控制、调节自己的情绪，充满自信。要想促进人在幼儿阶段的社会性发展，首要任务是重视社会情感培养。

五、幼儿的同伴关系

（一）幼儿同伴关系的含义

幼儿同伴是指与幼儿相处并具有相近的社会认知能力的人。同伴关系是指年龄相同或相近的幼儿之间的一种共同活动和相互协作的关系，或者主要指同龄或心理发展水平相当的个体间在交往过程中建立和发展起来的一种人际关系。幼儿在发展过程中会形成不同性质的人际关系，这些关系之间有交互作用，且对幼儿的社会化有不同的意义。

（二）幼儿同伴关系的功能

1.有利于幼儿获得熟练的社交技巧

经常和同伴在一起，幼儿能锻炼自己和别人交往的能力，特别是能够促进自身语言技巧的发展。在同伴中地位较高的儿童通常能适当地控制自己的攻击行为，性别分化明显，具有较高的道德水平，而且比较友好和喜爱交际。

2.使幼儿具有安全感和归属感

归属感是指一个人属于群体和被群体成员接纳的感受。这种感受只有在群体中才能获得，而无法在一对一的友谊关系中得到。在良好的同伴关系下，幼儿能感受到爱、亲密和温暖，产生安全感。尤其是当自己的想法和建议被同伴们接纳时，幼儿能找到自己在群体中的"位置"，并产生归属感，从而更好地适应环境。

3.有利于幼儿情绪的调节

当幼儿和同伴建立良好的关系时，他们能一起分享快乐、分担忧愁，从而发展稳定、健康的情绪。

4.有助于激发幼儿的好奇心和求知欲，对环境进行积极的探索

在良好的同伴关系的氛围中，幼儿能大胆地接触新环境和欣赏生活中美好的人、事、物，从而丰富自身的感性认识和经验，激发强烈的好奇心和求知欲，并对环境进行积极的探索。

5.有利于幼儿自我意识和人格的发展

正是在与他人的相互作用中，幼儿才能够根据自己与父母、兄弟姐妹、教师和同伴的交往经验形成自我意识，从而促进人格方面的健康发展。

6.有助于幼儿的心理健康发展

在拥有良好同伴关系的情况下，幼儿能体验到快乐、幸福，心情愉悦；而在不良的同伴关系或无同伴关系的情况下，幼儿会感到孤独、寂寞，心情郁闷，长期在这样的环境中生存，幼儿的心灵会发生扭曲，不利于幼儿的心理发展。

（三）幼儿同伴关系的类型

考伊等人依据幼儿在与同伴相处时被接纳的程度，将幼儿分成五种类型。

1.受欢迎型

指获得许多同伴积极提名或评定的幼儿，即被多数同伴喜欢的幼儿。这类幼儿喜欢与人交往，在交往中积极主动，并表现出友好、积极的交往行为，因而被大多数同伴所接纳、喜爱。这类幼儿在同伴中的地位较高，具有较强的影响力。

2. 被拒绝型

被拒绝型幼儿得到较少的正面提名，却有较多的负面提名。这些幼儿情绪不稳定，爱冲动，其活动的强度大，速度较快，特别好动，较外向，注意力易分散，耐力差。他们喜欢和小伙伴们交往，却不善于交往。在与同伴的交往中活跃、主动，但经常采取不友好的交往方式，如抢玩具、随意改变游戏规则、推搡小朋友，因而常被同伴排斥、拒绝。被拒绝型幼儿容易在今后的生活中遇到严重的适应问题，表现出更多的敌意、攻击性，更容易活动过量和过分离群，产生强烈的孤独感。

3. 被忽视型

被忽视型幼儿只得到很少的正面提名和负面提名。与其他幼儿不同的是，这类幼儿不大喜欢与他人交往，他们平时很安静，常常独自活动，在交往中表现出退缩或畏缩，很少表现出主动、友好的行为，也很少表现出不友好、攻击性行为。因而既没有多少同伴喜欢他们，也没有什么同伴会很讨厌他们。这类幼儿通常比较听话，在平时生活与交往中暴露的问题不明显，不易引起教师和同伴的注意，往往也成为被教师忽视的群体。这些被同伴和教师忽视的幼儿缺乏与他人积极的情感交流，对他人反应冷漠，对班级活动也缺乏兴趣，行为也容易变得愈加退缩。

4. 矛盾型

矛盾型幼儿的正面提名和负面提名均较多，指的是那些被一些同伴喜爱，同时被另一些同伴讨厌的幼儿，也称"有争议的幼儿"。这些幼儿一方面能力较强，性格较活跃，能领导大家进行游戏，在某个团体中有一定的权威或地位；另一方面，他们有时候会压制同伴，其行为有时会具有破坏性，从而引起一些同伴的反感。

5. 一般型

指那些被同伴接纳程度处于一般水平的幼儿，他们在同伴提名中没有获得极端的分数（最喜欢或最不喜欢）。这类幼儿在与同伴交往时表现一般，既不特别主动、友好，也不特别不主动或不友好。因此，这类幼儿在同伴心目中的地位一般。

以上五种类型的幼儿中，受欢迎的幼儿、被排斥的幼儿和被忽视的幼儿是人们研究最多的三种幼儿。受欢迎的幼儿与后面两种类型的幼儿明显不同，后两者属于不受欢迎的幼儿，而这两类幼儿则有一定的联系和区别。被排斥的幼儿又往往被分为被排斥的攻击型幼儿和被排斥的退缩型幼儿。

第二节 幼儿社会性发展理论

幼儿社会性发展主要是指幼儿在与社会环境的交互中，通过与同伴群体、教师等他人的合作、互动交流逐步掌握一定的社会规范，学会扮演社会角色，正确处理人际关系，适应社会生活的心理发展过程。本节介绍的关于幼儿社会性发展理论包括精神分析理论、心理社会发展理论和群体社会化理论。

一、弗洛伊德精神分析理论

西格蒙德·弗洛伊德（Sigmund Freud），奥地利精神病医师、心理学家、精神分析学派创始人。他提出"潜意识""自我""本我""超我""俄狄浦斯情结""力比多""心理防卫机制"等概念，由他提出的精神分析学后来被一些学者认为并非有效的临床治疗方法，但激发后人提出了各式各样的精神病理学理论，在临床心理学的发展史上具有重要意义。弗洛伊德著有《梦的解析》《精神分析引论》《图腾与禁忌》等作品，被世人誉为"精神分析之父"。

（一）人格结构学说

弗洛伊德在潜意识概念的基础上提出人格结构学说，认为人格是由本我、自我和超我三部分构成的，如图 8-1 所示。

本我是最原始的、与生俱来的、无意识的人格结构部分，处于人格结构的最低层，遵循"快乐原则"。它由先天的本能、基本欲望组成。

自我是意识的人格结构部分，根据外部世界的需要而活动，对本我进行压抑和控制，属于人格中理智并且符合现实的部分，遵循"现实原则"。

超我是一般而言的良心，即由外部要求内化而成的内部规则，是人格中最文明、最具有道德感的部分，遵循"道德原则"。

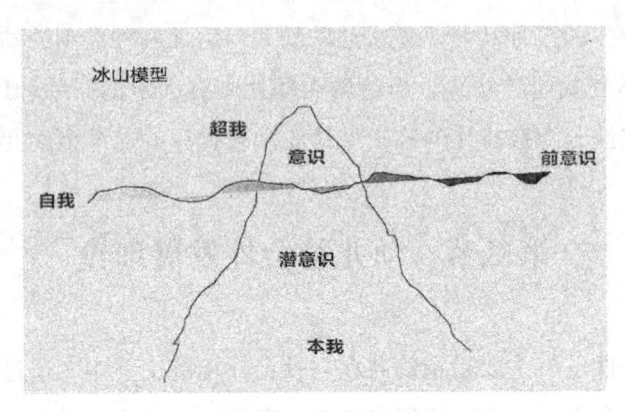

图 8-1　冰山模型

弗洛伊德认为，只有自我的力量足够强大，才能使本我、现实和超我达到相对平衡。强大的自我是健康人格的关键，它调节着本我、现实与超我的关系，从而保证了心理健康。在正常情况下，本我、现实和超我三者处于相对平衡的状态，平衡关系遭到破坏时就会产生神经症。

（二）人格发展

按照力比多投射的身体部位，弗洛伊德把个体的人格发展分为五个阶段：口唇期、肛门期、性器期、潜伏期、生殖期，如图 8-2 所示。

口唇期	肛门期	性器期	潜伏期	生殖期
（0～1岁）	（1～3岁）	（3～6岁）	（6～11岁）	（11～18岁）

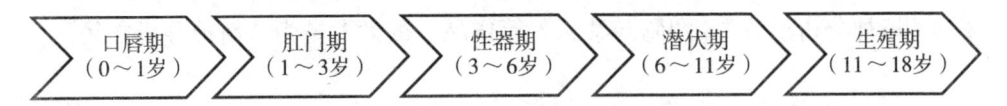

图 8-2　弗洛伊德人格发展五阶段

1. 口唇期（the oral stage，0～1 岁）

口唇期（或口欲期）约从出生到 1 岁，是个体人格发展的原始阶段，在这一阶段，个体原始的性本能集中在口部，靠吮吸、咀嚼、吞咽、咬等口腔活动，获得快感与满足。

在这个阶段，如果母亲对婴儿的口腔活动不加限制，婴儿长大后的性格将倾向于开放、慷慨及乐观；若婴儿的口腔需要受到挫折，则未来性格发展可能偏向悲观、依赖和退缩。

弗洛伊德认为早期的经验对人格的发展会有长期的影响。

2. 肛门期（the anal stage，1～3 岁）

随着成熟，幼儿获得了依照自己的意愿大小便的能力。弗洛伊德认为按自己的意志大小便是 1～3 岁幼儿满足性本能的最主要的方式。

弗洛伊德认为母亲在训练幼儿大小便时的情绪气氛对幼儿未来人格发展影响重大。过分严格的训练可能会导致幼儿形成顽固、吝啬的性格；而过于宽松又可能会使幼儿形成浪费的习性。

在这一阶段，由于幼儿对粪便排泄时解除内急压力所得到的快感经验，幼儿对肛门的活动特别感兴趣，并因此获得满足。

3. 性器期（the phallic stage，3～6 岁）

这一阶段的儿童认识到两性之间在解剖学上的差异和自己的性别，性欲集中投放在生殖器部分，性器官成了儿童获得性满足的重要区域，表现为这个时期的儿童开始对生殖器产生兴趣。

弗洛伊德认为，此时有些儿童会产生恋母情结或恋父情结。在正常发展情况下，恋母情结或恋父情结并不会导致极端后果，这些儿童通常会基于对父母中与自己性别相同者的认同和学习，发展出相应性别角色。

4. 潜伏期（the latency stage，6～11 岁）

此阶段儿童的性本能是相当安静的，有关性和侵犯的幻想大部分潜伏起来，埋藏在无意识当中。

性器期时性的创伤已被遗忘，一切危险的冲动和幻想都潜伏起来，儿童不再受到它们的干扰。

儿童可以自由地将能量消耗在为社会所接受的具体活动当中，如运动、游戏和智力活动。

5. 生殖期（the genital stage，11～18 岁）

此时期个体性器官逐渐成熟，生理上与心理上所显示特征的两性差异开始显著。自此以后，个体的性的需求转向相似年龄的异性，开始有了两性生活的理想，有了婚姻家庭的意识，至此，个体人格和性心理的发展已臻成熟。

【知识延伸】

停滞、倒退和人格特征：

个体上述发展阶段中的停滞和倒退不仅使个体的人格发展受到阻碍，而且会对人格结构特征产生深刻的影响。在成人中间，可以发现几种典型的人格特征类型。

口腔型特征（oral character）：具有口腔型特征的人只对自己感兴趣，总要求别人给他什么，追求安全感，被动、依赖、退缩、苛求别人，遇到挫折易怒，易悲观和仇视人等等。据弗洛伊德的看法，咬和吮手指、吸烟、酗酒、贪吃、接吻等行为多与口腔期停滞有关。

肛门型特征（anal character）：肛门型人格有两个亚型。其中，肛门便秘型的基本特征有三种：讲究秩序和整洁，过分吝啬或节约以及固执或强迫性。排泄型的特征为有邋遢、放肆和浪费的习惯。

性器型特征（phallic character）：具有性器型特征的人，行为轻率、果断和自信，性器型特征实质上是极端自私和自恋，它妨碍良好人际关系的建立。性器型男子力图表现自己的男子汉气概，对妇女往往粗暴和具有敌意。性器型女子则总想在生活中扮演男性角色，力求超越男子。

生殖型特征（genital character）：生殖型人格是弗洛伊德推崇的理想人格，只有极少数的人才能真正达到。具有这种人格的人，不仅在性的方面，而且在心理和社会方面都达到了完美的境界。他们能消除本能力量的破坏作用，使之富于建设性。他们有能力经营完满的爱情生活，获得事业上的成功。换句话说，具有生殖型特征的人，有能力控制和引导他们自身的大量力比多，使之通过升华的途径释放出来，为人类社会的文明和共同福利作出贡献。

(三)对弗洛伊德精神分析理论的评价

优点:重视对潜意识的研究,不仅扩大了人格心理学研究的范围,而且为个体行为的深层认识提供了条件;重视早期经验在人格发展中的作用,重视行为的历史原因,强调行为发展的重要性,这对现代发展心理学有着深远的影响。

缺点:过分强调了潜意识和性本能在人格发展中的作用。有关人格发展的研究资料,主要是对精神病人的诊断经验和定性分析,缺乏实验性的量化研究,很难重复,有些结论已被否定。

二、埃里克森的心理社会发展理论

(一)心理社会发展理论概述

埃里克森(Erik H Erikson),美国精神病医师,新精神分析派的代表人物。在承袭精神分析理论主要观点的同时,埃里克森重视社会因素在人格发展中的作用,根据个体发展中的不同时期与社会环境冲突的不同,提出人格发展八阶段理论,如图8-3所示。

```
婴儿期(0~1.5岁)
    ↓
儿童早期(1.5~3岁)
    ↓
学前期(3~7岁)
    ↓
学龄期(7~12岁)
    ↓
青少年期(12~18岁)
    ↓
成年早期(18~25岁)
    ↓
成年中期(25~60岁)
    ↓
成年晚期(60岁以后)
```

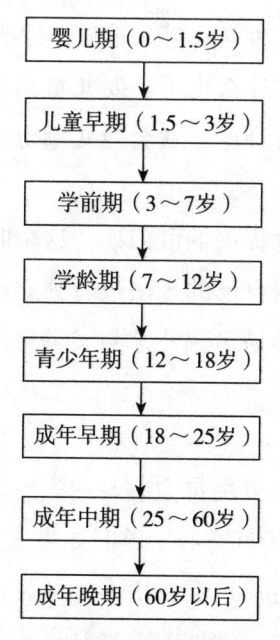

图8-3 埃里克森人格发展八阶段理论

这一理论强调了文化与社会的作用。在个体心理发展的每个阶段，都存在某种具有标志性意义的发展冲突与任务。个体的心理是在不断解决发展冲突和完成发展任务的过程中发展起来的。

1.婴儿期（0~1.5岁）：获得基本信任感，并克服不信任感

这一阶段的婴儿如果对母亲或其他代理人表示信任，感到所处的环境是安全的，周围人是可以信任的，婴儿对于母亲或其他代理人的信任就会由此扩展为对一般人的信任。

婴儿如果得不到周围人的关心与照顾，他就会对外界特别是对周围的人产生害怕与怀疑的心理，以至于影响下一阶段的顺利发展。

婴儿期与弗洛伊德提出的口唇期相对应。这个阶段的婴幼儿通过父母的喂养、照料获得并体验安全，进而形成基本的信任感。这个阶段需要重点解决基本信任感与不信任感的冲突。

2.儿童早期（1.5~3岁）：获得自主感，避免怀疑感和羞耻感

儿童开始有了独立自主的要求，如想要自己穿衣、吃饭、走路、拿玩具，他们开始探索周围的世界。这时候，如果父母及其他照顾儿童的成人允许儿童独立地处理一些力所能及的事情，并且表扬他们完成的工作，就能培养儿童的意志力，使他们获得一种自主感，能够自己控制自己。相反，如果成人过分爱护儿童，处处包办，什么也不需要儿童动手，或者成人过分严厉，粗暴地对稍有过错的儿童进行训斥，就会使儿童得到许多失败的体验并产生自我怀疑与羞耻之感。

儿童早期对应弗洛伊德提出的肛门期。这个时期的儿童由于肌体的成熟与技能的发展，开始希望按自己的想法进行独立活动，表现出对行为的自我控制需要，因而这个阶段容易出现儿童与父母意愿相违背的情况，以及自主性与羞怯、疑虑的冲突。

3.学前期（3~7岁）：获得主动感，克服内疚感

此阶段的儿童需要重点解决自主感与内疚感的冲突。儿童对周围的环境（也包括自己的机体）充满了好奇心，这时如果成人对儿童的好奇心以及探索行为不加阻挠，让他们有更多机会自由参加各种活动，耐心地解答他们提出的各种问题，那么，儿童的主动性就会得到进步和发展，表现出很大的积极

性与进取心。如果父母对儿童采取否定与压制的态度，儿童会产生内疚感与失败感，这种内疚感与失败感还会影响下一阶段的发展。

学前期与弗洛伊德提出的性器期相对应。这个阶段的儿童语言能力与想象力充分发展，并开始积极、主动地探索新环境。

4.学龄期（7～12岁）：获得勤奋感，避免自卑感

此阶段，儿童开始在学校接受教育，他们的智力不断得到发展，特别是逻辑思维能力发展迅速，他们提出的问题很广泛，而且有一定的深度。除了学校教育外，这时期的儿童开始适应社会，掌握一定的社会性发展技能或知识。这时候，对他们影响较大的角色是学校的教师。儿童开始对校内外的多数事物感兴趣，如果能得到成人的支持、认可或赞美，那么儿童的勤奋感就会增强，反之就会自卑。

这个时期对应弗洛伊德提出的潜伏期。儿童在开展社会活动与完成学习任务的过程中，有了完成任务所产生的成功体验，这有助于勤奋的人格特质的形成，但对成功的追求又会使儿童害怕失败并产生自卑感，因此，学龄期儿童重点需要解决勤奋感与自卑感的冲突。

5.青少年期（12～18岁）：获得同一感，克服同一性混乱

青少年对周围世界有了新的观察角度与新的思考方法，他们从别人对自己的态度中，以及从自己扮演的各种社会角色中，逐渐认清了自己。此时，他们逐渐从对父母的依赖关系中解脱出来，而与同伴们建立亲密的友谊，从而进一步认识自己，对自己的过去、现在和未来产生一种内在的连续之感，这就是同一性。否则，就会产生同一性的混乱。

青少年期相当于弗洛伊德提出的生殖期。自我同一性的建立对青少年心理发展具有重要作用，如果没有形成积极的自我同一性，青少年容易产生角色混乱，不能正确扮演各种社会角色。

6.成年早期（18～25岁）：获得亲密感，避免孤独感

亲密感是人与人之间的亲密关系，主要包括友谊与爱情。亲密关系的社会意义是使个体能与他人同甘共苦、相互关怀。亲密感在危急情况下往往会发展为一种互相承担义务的感情，它是在共同完成任务的过程中建立起来的。

如果一个人不能与他人分享快乐与痛苦，不能与他人进行思想情感的交流，不能与他人相互关心与帮助，就会陷入孤独寂寞的苦恼情绪之中。

7. 成年中期（25～60岁）：获得创造力，避免自我专注

这一阶段有两种发展的可能性。一种可能性是向积极方面发展，个体除关怀家庭成员外，还会扩展到关心社会上的其他人，关心子孙后代的幸福；他们在工作上勇于创造，追求事业的成功，而不仅是满足个人需要。另一种可能性是向消极方面发展，即所谓"自我专注"，就是只顾自己以及自己家庭成员的幸福，而无视其他人的困难和痛苦，即使有创造，其目的也完全是自己的利益。

8. 成年晚期（60岁以后）：获得完美感，避免失望感

如果前面七个阶段个体发展中的积极的成分多于消极的成分，个体就会在成年晚期形成完美感，回顾一生觉得这一辈子过得很有价值，生活得很有意义。相反，如果消极成分多于积极成分，个体就会感到自己的一生失去了许多机会、走错了方向，想要重新开始又感到为时已晚，于是产生一种失望的感觉。

（二）对心理社会发展理论的评价

埃里克森的心理社会发展理论得到了广泛的认可和应用，主要因为这个理论系统性强，具有普遍性和实用性。然而，有些人也对这个理论提出了批评。

1. 优点

（1）系统性强。埃里克森的这一理论将个体的生命发展分为8个阶段，每个阶段都有一个特定的发展任务和相应的危机，这些危机只有被成功地解决，才能促进个体的健康发展。

（2）具有普遍性。埃里克森的这一理论适用于不同的文化和社会背景，可以帮助人们更好地理解个体的心理发展。

（3）具有实用性。埃里克森的这一理论可以应用于儿童教育、家庭教育、心理咨询等领域，帮助人们更好地理解个体的发展和行为。

2.缺点

（1）理论的可验证性不足。埃里克森的这一理论是基于他的观察和经验得出的，没有明确的实验设计和数据支持。

（2）理论存在文化偏见。埃里克森的这一理论主要是建立在西方文化和社会背景下的，可能会忽略个体在其他文化和社会背景下的特定发展任务和危机。

三、群体社会化理论

1995年，美国心理学者哈里斯（Judith Rich Harris）发表文章，提出了群体社会化理论。哈里斯认为，社会化是儿童被其所在社会接纳的过程，在这一过程中，儿童可以通过模仿父母实现自我发展，同时也可以通过其他方面实现自我发展，比如同伴。在家庭中，儿童通过模仿父母而学到的东西有时在家庭之外用不到，因此儿童要在家庭之外习得一套新的行为系统，于是，儿童要在社会化过程中习得两套行为系统，一套用于家庭内部生活，一套用于家庭以外的社会生活。

这一理论的基本内容可以分为两部分：一是群体现象及儿童的同伴群体，二是发生在同伴群体中的社会化和社会文化传递机制。

（一）群体现象及儿童的同伴群体

儿童群体中有五种基本行为，包括群体内友好行为、群体外敌对行为、群体间对比行为，群体内同化行为与群体内异化行为，而群体社会化理论主要关注群体内的同化行为和异化行为。

在一个群体中，群体成员共同奉行着某种行为规则，这种行为规则来源于被整个群体接受的同一群体中多数成员共有的行为习惯，群体成员通常会遵守这种规则，如果有成员不遵守，他就会受到群体的惩罚，直至他遵守为止，因此，群体内成员的行为通常会保持一致，这导致群体内的成员渐渐呈现相似性。与此同时，同一群体中的成员会相互比较，确认自己和其他成员在群体中的等级地位，因此，群体中同化与异化是同时存在的，如果处于没有对立群体存在或者崇尚个人主义文化的群体里，每一群体成员会更倾向于把自己看作独立的个体，而不是相似的群体成员之一，群体中会出现等级地位的差异；当有对立群体存在时，群体的自身特性就会变得突出，此时每一群体成员就会把自己看成相似的群体成员之一，全体群体成员一致对外。

（二）同伴群体中的社会化和社会文化传递机制

按照群体社会化理论，儿童在家庭之外的社会化是发生在同伴群体中的；社会文化传递是社会化的重要机制，人们所了解的所有传统、风俗、习惯、民族文化、社会规则，无一不是通过社会文化传递机制巩固的。传统观点认为，家庭在这种文化传递中起着重要作用。但哈里斯针锋相对地指出，社会文化传递不是由家庭完成的，社会文化不是由父母传递给子女的，而是由儿童的同伴群体传递给儿童的。如果说父母在文化传递中也起作用，那么他们也是与其他同辈人一起，作为父母群体，把文化传递给下一代，即社会文化的传递不是个体对个体的传递，而是群体对群体（上一代人向下一代人）的传递和群体内部（同伴群体向每一群体成员）的传递。

第三节 幼儿社会性学习特点与指导

幼儿在社会性学习的过程中，其行为往往会产生不同的结果，并伴随不同的情感体验，这些结果和体验会对幼儿的行为产生一定的影响。也就是说，在各种社会化活动中，幼儿会根据体验的结果或情感的性质调整自己的社会交往行为。

一、幼儿社会性学习特点

（一）随机性和无意性

幼儿社会性学习具有随机性和无意性，这为人们进行幼儿社会性教育提供了广阔的空间和多样的机会，幼儿可以在各种领域的活动中，如在家庭、同伴群体活动中，随机地、无意地进行社会性学习。

（二）长期性和反复性

幼儿社会性学习具有长期、反复的特点，它是长期的任务，良好的行为习惯的培养，积极的自我意识的建立都是长期的、缓慢的过程。但幼儿的社会性学习也具有不稳定性，有时会出现反复。

（三）实践性

幼儿社会性学习的过程是一个不断内化的过程。在内化的最初阶段，社会行为规范、是非标准对幼儿来说是模糊的，由于年龄阶段和认知水平较低，幼儿还未形成信念或一定的社会行为准则，只是初步认知某些外在的规定。只有通过不断的实践，反复练习，各类行为规范和价值观念才会内化为幼儿的个人品质。

二、幼儿社会性学习指导的原则

（一）综合渗透性原则

幼儿社会性学习指导的综合渗透性原则是指将幼儿社会性教育的多方面内容，如认知、行为、情感，通过多种方式进行呈现和渗透，以帮助幼儿更好地理解社会性概念和规则，发展其社会技能和人格品质。比如，采用多种教育形式，故事、游戏、音乐、绘画等，可以更好地吸引幼儿的注意力，提高其学习兴趣，从而将社会性教育内容更好地传递；又如，通过亲身实践和体验，让幼儿在社会性情境中感受、认知、理解、表达自己的情感和行为，从而促进其社会性的发展；再如，将社会性教育内容渗透到幼儿的一日生活和各个领域的教育活动中，让幼儿在日常生活中不断接触、理解、体验社会性概念和规则。此外，还可以利用社区资源，让幼儿与不同人群交往互动，从而拓展其社会视野，增强其社会适应能力。

总之，幼儿社会性学习指导的综合渗透性原则旨在通过多种教育形式的结合、亲身实践与体验、家庭教育协同、社会环境创设、渗透式教育、针对幼儿差异的个性教育、反馈与强化、社区不同人群互动等方式，帮助幼儿更好地理解社会性概念和规则，发展其社会技能和人格品质。

（二）随机性教育原则

幼儿社会性随机教育原则是指将幼儿社会性教育渗透到日常生活中的各个领域和环节，随时随地对幼儿进行社会性教育，以培养其良好的社会品质和行为习惯。

在日常生活的各个环节中，如洗手、如厕、用餐，培养幼儿的社会品质和行为习惯，如遵守秩序、关心他人、节约用水。尊重幼儿的人格尊严和合法权益，让幼儿感受到自己的价值和重要性，从而增强其自信心和自尊心。鼓励幼儿自主解决问题，如与同伴发生争执时，引导幼儿采用协商、交流、分享、合作等方法，从而提高其社会交往能力和解决问题的能力。对幼儿进行适当的表扬和批评，让幼儿对自己的社会行为进行反思和调整，从而促使幼儿逐渐养成良好的社会品质和行为习惯。

总之，幼儿社会性随机教育原则旨在将幼儿社会性教育渗透到日常生活中的各个领域和环节，利用日常生活中的机会，通过鼓励幼儿自主解决问题、培养幼儿的规则意识、激发幼儿兴趣、树立学习榜样、适当表扬与批评等方式，对幼儿进行随机教育，培养其良好的社会品质和行为习惯。

（三）实践参与性原则

幼儿社会性学习指导的实践参与性原则是指需要通过让幼儿亲身体验和实践参与，培养其社会性品质和行为习惯。

让幼儿参与社会活动，如社区志愿服务、环保活动，让幼儿在社会实践中逐步发展其社会性品质和行为习惯。通过角色扮演游戏，让幼儿在模拟的社会情境和人际关系之中亲身体验，从而培养其社会交往能力和角色适应能力。在社会活动中，让幼儿亲身体验合作、分工、协商等社会技能，从而提高其解决问题和集体协商的能力。通过体验式学习，让幼儿在亲身实践中感受、认知、理解、表达自己的情感和行为，从而促进其社会性的发展。

在实践过程中，人们要对幼儿进行鼓励和肯定，让幼儿感受到自己的成就和进步,从而增强其自信心和社会信心,还要对实践结果进行反馈和总结,让幼儿了解自己得到的经验和教训,从而逐渐调整和优化自己的社会行为。

总之,幼儿社会性学习指导的实践参与性原则旨在通过社会实践活动、角色扮演游戏、体验式学习、实践反馈和经验积累等方式,让幼儿亲身体验和实践参与,培养其良好的社会品质和行为习惯,提高其社会适应能力和自我发展能力。

(四)适宜发展性原则

幼儿社会性学习指导的适宜发展性原则是指人们在对幼儿进行社会性教育时,要适应幼儿的身心发展水平,符合他们的年龄特点和个性特征,遵循他们的成长规律。

成人应选择适合幼儿年龄段的教育内容,如认知、情感、行为方面的幼儿教育内容,要符合幼儿的身心发展特点和能力水平,让他们易于理解和接受;根据幼儿的不同特点和需求,采用个性化的教育方法,如游戏教学、故事讨论、角色扮演,让每个幼儿都能得到适宜的教育;在教育过程中,循序渐进,由浅入深,逐步提高要求和难度,让幼儿逐渐适应与掌握新的知识和技能;尊重幼儿的个体差异,如能力、兴趣、性别,不做过高或过低的期望和评价,让每个幼儿都得到公正的评价和适宜的发展机会。

总之,幼儿社会性学习指导的适宜发展性原则要求人们在对幼儿进行社会性教育时,要适宜他们的身心发展水平,符合他们的年龄特点和个性特征,遵循他们的成长规律。通过适宜的教育内容、个性化的教育方法、尊重幼儿的个体差异和适宜的社会性支持等方面,促进幼儿社会性的适宜性发展。

三、幼儿社会性学习指导的方法

幼儿社会性学习指导的方法有很多,主要包括以下几种。

(一)观察学习法

观察学习法是一种高效率的学习方法,主要是指个体通过观察他人所表现的行为和行为后果进行学习的方法。美国心理学家班杜拉（Albert Bandura）将社会性观察学习法分为以下三类。①直接的观察学习，即对示范行为的简单模仿。②抽象性的观察学习，即从示范行为中发现某种规律或明白某种原理，再将其应用至其他类似行为当中。③创造性的观察学习，即从各个示范行为中抽取不同的行为特点，经过加工形成新的行为。

（二）强化评价法

强化评价法在社会性学习中的作用与其在语言学习中差不多，即在社会交往中，通过成人和幼儿同伴的强化、评价，让幼儿把别人肯定、认可的行为保留下来，并发扬光大；把别人否定、批评的行为逐渐抑制，最后消退。

（三）体验思考法

体验思考法是指幼儿在实践时，在与他人的交往中，会有许多体验，幼儿经过对这些体验的思考后，会调节自身的行为，从而获得社会性成长。

此外，还有角色扮演、小组讨论、体验式学习等幼儿社会性学习指导的方法。教师可以通过划分小组、组织班级讨论、组织幼儿相互评价等方式，让体验更加有趣，加强幼儿与幼儿之间的交流，加强幼儿与教师之间的交流。教师与幼儿共同体验，共同进步，不仅可以建立和谐的师幼关系，还能提高幼儿的表达能力。

【复习与巩固】

1. 请你谈谈埃里克森心理社会发展理论对幼儿教育的启示。
2. 幼儿社会性学习指导的方法有哪些?

【总结与反思】

_____

_____

_____

_____

_____

_____

第九章　幼儿情商发展与教育

【知识目标】

1. 理解情商及情商理论。
2. 掌握幼儿情商的发展特点。
3. 理解幼儿情商教育的重要性。

【技能目标】

理论与实践相结合，谈谈如何在教学活动中对幼儿进行情商教育。

【本章要点】

01 幼儿情商及情商理论
一、情商与幼儿情商
二、情商教育的重要性
三、幼儿情商理论

02 幼儿情商发展特点
一、幼儿情绪自我认知的发展特点
二、幼儿情绪理解的发展特点
三、幼儿情绪表达的发展特点
四、幼儿情绪管理能力的发展特点
五、幼儿移情能力的发展特点
六、幼儿同伴关系的发展特点

03 幼儿情商教育指导
一、家庭——幼儿情商发展的基石
二、幼儿园——幼儿情商发展的关键

请你思考：

幼儿情商和智商的关系。

第一节　幼儿情商及情商理论

智商在一个人的成功中固然重要，但情商也越来越被人们所关注。所以，当代幼儿教育不仅注重对幼儿智商的培养，同时也在不断地探索幼儿的情商教育方法。幼儿期是培养情商的基础阶段，从幼儿期加强情商的培养，有利于塑造儿童的健康人格，这关系到儿童未来人生发展。

一、情商与幼儿情商

（一）情商

20世纪80年代，美国心理学家霍德华·加德纳（Howard Gardner）提出"多元智能理论"。美国当代心理学家萨洛维（Salovey）和梅耶（Mayer）于1990年提出情绪智力（EQ）的说法，并认为EQ是影响个人发展的重要因素。1995年，哈佛大学心理学博士丹尼尔·戈尔曼（Daniel Goleman）进一步提升和拓展，提出"情绪智力"（通常称为"情商"）的概念，并在《EQ》一书将情商分为五大部分：认识自身的情绪、调控情绪的能力、自我激励、认知他人的情绪和情感、处理人际关系的能力。

所谓情商通常是指由自我认识、情绪控制、自我激励、他人情绪认知和相互关系处理这五种特征组成，是人在情绪、情感、意志、耐受挫折等方面的品质。

一个人能否在一生中取得较大成就，其智力水平当然重要，而与此同时，心理学家普遍认为，情商水平对一个人能否取得成功也是至关重要的，甚至其作用要超过智力水平。丹尼尔·戈尔曼认为在决定一个人能否取得较大成就的诸因素中智商仅占20%，情商（情绪智力）占60%，其余20%为机遇及其他人力不可控制的因素。戈尔曼曾经对若干公司的高级管理者进行过调研分析，结果发现在高级管理者中，情商对于事业成败的影响力是智商的九倍。

（二）幼儿情商

幼儿情商指幼儿的情绪智力水平，主要包含自信心、责任心、同理心、人际交往力、挫折抵抗力、情绪管理力、问题解决力、独立性、专注力、创造力、领导力，以及是否懂得感恩等 12 个方面。

较高水平的情商，有助于幼儿创造力的发挥，情商是幼儿所有学习行为的根本条件之一。想要评估孩子在幼儿园、在学校的表现，不仅要看孩子积累了多少知识，还有看其情感与社会性的发展。例如，是否具有足够的自信心、好奇心，是否能够认识到何种行为较恰当并能克制不当行为的冲动等，这些都是情商的基本成分。一般来讲，高情商的幼儿具有以下特点。

1. 自信心强

自信心是任何成功的必要条件，是情商的重要内容。自信是指无论在什么时候，有何目标，都相信通过自己的努力、能力和决心，能够达到目标。

2. 好奇心强

对许多事物感兴趣，想弄明白其中的奥秘，乐于探索。

3. 自制力强

自制力即控制和支配自己行动的能力，有时是善于迫使自己完成应当完成的任务，有时是善于抑制自己不当行为的发生。

4. 人际关系良好

指能与别人友好相处，在与其他幼儿相处时，幼儿积极的态度和体验（如关心、喜悦、爱护）占主导地位，而消极的态度和体验（如厌恶、破坏）占比较小。

5. 具有良好的情绪

情商高的孩子一般比较活泼开朗，对人热情、诚恳，经常保持愉快的情绪。良好的情绪是影响人生成就的一大原因。

6. 同情心强

指能与别人在情感上发生共鸣，具有同情心是培养幼儿爱人、爱物能力的基础。

二、情商教育的重要性

情商的培养和发展关系到幼儿在人际交往方面的能力发展，情商教育主要包括情绪的管控能力、面对挫折时的抵抗能力、独自解决问题的能力、责任心的培养、领导能力的发展等内容，其对幼儿成长的重要意义主要体现在以下方面。

（一）能帮助幼儿建立自信心

幼儿对自我的认知和接纳，是幼儿情商表现的一个方面。教师对幼儿的关注和认可，家长对幼儿进步的表扬和鼓励都是帮助幼儿建立自信心的关键所在，其中，家长对幼儿的评价，是幼儿自信心的直接来源之一。因此，若家长平时少批评幼儿并更多地给予表扬和鼓励，就会在不知不觉中，帮助幼儿塑造自己心目中最佳的自我形象。教师也要多鼓励和肯定幼儿，不能打击幼儿的自信心。鼓励和表扬可以帮助幼儿大幅度提高情商能力。

（二）有助于幼儿人际交往能力的发展

现在的家庭中，幼儿在家接触最多的就是自己的家人，所以家长要习惯性地带着幼儿出去社交，家长可以带着幼儿去有小朋友的朋友家玩，让自己的孩子跟别人家的孩子多多接触，帮助孩子培养人际交往能力。当然家长也可以邀请邻居家的小朋友来自己家里玩，让自己的孩子尝试照顾这些小客人，帮小客人倒水喝，招待小客人吃水果等。让幼儿们在一起玩耍、互相学习，共同进行一些有意义的活动。

（三）增强幼儿的自我意识

情商教育可以帮助幼儿更好地理解自己的情感状态和需求，并且能够让幼儿学会表达自己的情感和想法。这不仅有助于幼儿与他人沟通交流，也有助于幼儿理解他人的情感状态和需求。

（四）培养幼儿积极乐观的生活态度

教师可以通过一些寓言小故事，帮助幼儿认识正确的人生观和价值观，要让幼儿懂得在遇到事情的时候学会正面的思考、正面的解决，以及用乐观的心态面对遇到的事情，要让幼儿学会遇事沉着冷静，积极对待，避免负面情绪的干扰，不断激励自己前行。

因此，幼儿情商教育非常重要，家长和教育工作者应该重视情商教育在幼儿教育中的作用，为幼儿提供丰富的情商教育机会和资源，帮助他们实现全面发展。

三、幼儿情商理论

（一）加德纳的多元智能理论

多元智能理论是由美国哈佛大学教育研究生院的心理学教授霍华德·加德纳在1983年提出的。加德纳在研究脑部受创伤的病人时发觉他们在学习能力上的差异，从而提出本理论。

他认为，人的智力应该是一个量度其解题能力的指标。根据这个定义，他在《心智的架构》这本书里提出，人类的智能至少可以分成七个范畴：语言（Verbal/Linguistic）、数理逻辑（Logical/Mathematical）、空间（Visual/Spatial）、肢体动作（Bodily/Kinesthetic）、音乐（Musical/Rhythmic）、人际（Inter-personal/Social）、内省（Intra-personal/Introspective）。

1. 语言智能

这种智能主要是指有效运用口头语言及文字的能力，即指听说读写能力，表现为个人具有能够顺利而高效地利用语言描述事件、表达思想，并与人进行良好沟通和交流的能力。这种智能在作家、演说家、记者、编辑、节目主持人、播音员、律师等职业群体上有更加突出的表现。

2. 数理逻辑智能

从事与数字有关工作的人特别需要这种有效运用数字和推理的智能。他们学习时喜欢依靠推理进行思考，喜欢提出问题并进行实验，以寻求答案，寻找事物的规律及逻辑顺序，对科学的新发展有兴趣。日常生活中他人的言谈及行为也成了这一人群寻找逻辑缺陷的素材，他们对可被测量、归类、分析的事物比较乐于接受。

3. 空间智能

空间智能强调人对色彩、线条、形状、形式、空间及它们之间关系的敏感性，具备较强空间智能的人感受、辨别、记忆、改变物体的空间关系并借此表达思想和情感的能力比较强，表现为对线条、形状、结构、色彩和空间关系的敏感以及通过平面图形和立体造型将思想和情感表现出来的能力。这类人能准确地知觉视觉空间，并把所知觉到的内容表现出来，他们在学习时主要是用意象及图像思考的。

4. 肢体运作智能

这种智能主要是指人调节身体运动及用灵巧的双手改变物体状态的技能。具备较强肢体动作智能的人表现为能够较好地控制自己的身体，对事件能够做出恰当的身体反应以及善于利用身体语言表达自己的思想。运动员、舞蹈家、外科医生、手艺人都具有这种智能优势。

5. 音乐智能

这种智能主要是指人敏感地感知音调、旋律、节奏和音色等元素的能力，表现为个人对音乐节奏、音调、音色和旋律的敏感以及通过作曲、演奏和歌唱等表达音乐的能力。这种智能在作曲家、指挥家、歌唱家、乐器制作者、音乐评论家等人员那里都有出色的表现。

6. 人际智能

人际智能是指能够有效地理解别人及与别人交往的能力，包括四大要素。①组织能力，包括群体动员与协调能力。②协商能力，指仲裁与排解纷争能力。③分析能力，指能够敏锐察知他人的情感动向与想法，易与他人建立密切关系的能力。④人际联系，指对他人表现出关心，善解人意，适于团体合作的能力。

7. 内省智能

这种智能主要是指认识到自己的能力，正确把握自己的长处和短处，把握自己的情绪、意向、动机、欲望，对自己的生活有规划、自尊、自律，会借鉴他人的长处；会从各种反馈渠道了解自己的优劣，常静思以规划自己的人生目标，爱独处，以深入自我的方式思考；喜欢独立工作，有自我选择的空间。这种智能在优秀的政治家、哲学家、心理学家、教师等人员那里有着出色的表现。

（二）萨洛维和梅耶的"情绪智力"理论

1990年，美国心理学家萨洛维和梅耶首次正式使用情绪智力这一表述描述影响成功的情绪特征，他们认为情绪智力是一种加工情绪信息的能力，它包括准确地评价自己和他人的情绪，恰当地表达情绪，以及适应性地调控情绪的能力。后来，他们对情绪智力的定义及结构进行修订，最终将情绪智力界定为一种连接认知与情绪的心理能力，在此基础上确定了其结构的四个维度。这四个维度从最基本的情绪感知和表达能力开始，到情绪管理调控能力为止，是按照能力发展的先后顺序进行排列的。具体包括以下内容。

（1）情绪的感知、表达能力：指从自己的生理状态、情感体验和思想中辨认和表达情绪的能力，以及从他人、艺术活动、语言中辨认和表达情绪的能力。

（2）情绪对思维的促进能力：即促进认知行为，使问题解决、推理、决策和其他创造性行为更为有效的能力；包括情绪对思维的引导、情绪对信息注意方向的影响、心境的起伏对思维的影响，以及情绪状态对问题解决的影响等多方面的能力。

（3）对情绪的理解、分析能力：主要指认识情绪体验与语言表达之间关系的能力、理解情绪所传送意义的能力、理解复杂心情的能力、认识情绪转换的可能性及原因的能力。其中最基本的一种能力是能够使用特定的词语命名情绪并能有效辨别它们之间的关系。该能力是"最具有认知意味的"。

（4）情绪管理调控能力：根据所获得的信息，判断并熟练地进入或脱离某种情绪的能力；觉察与自己和他人有关的情绪的能力，调节自身行为与别人的情绪之间的关系等。

(三)戈尔曼情感智商理论

丹尼尔·戈尔曼,是美国《时代》周刊(Time)的专栏作家,曾任教于哈佛大学,主要研究方向为行为与头脑科学,撰写的作品多次获奖,曾四度荣获美国心理协会(APA)最高荣誉奖项,20世纪80年代即获得心理学终生成就奖,并曾两次获得普利策奖提名。

1995年10月,丹尼尔·戈尔曼出版了《情感智商》一书,"情商"这一概念在世界各地得到广泛的宣传。因此丹尼尔·戈尔曼被誉为"情商之父"。

戈尔曼认为,情商包含以下五个要素。

1.自我认知

自我认知是了解自身情绪、情感和内心驱动力及其对他人影响的能力。具有自知之明的人,对人对己都秉持一种诚实的态度,处事既不过分苛责,也不抱不切实际的幻想。他们了解自身的局限和长处,也不避讳讨论这些话题,并且往往很欢迎建设性的批评意见。他们会坦然承认自己的失败之处,并敢于自嘲。有自知之明的人往往也比较自信,对自己的能力了然于心,不大可能贸然接受超出自身能力限度的任务,也知道何时应该寻求帮助。

2.自我调控

自我调控是控制或疏导负面情绪和破坏性冲动的能力。善于控制自己情绪的人,常常会自我反省,他们总是深思熟虑,而不会匆忙地做出判断。面对不确定局面,他们处之泰然,顺时应势。能够自我调控的人,有能力打造一个公平信任的环境,也有助于增进与合作伙伴之间的互信。

3.内驱力

内驱力是指以成就感为动力,追求超乎自身和他人期望的目标的能力。追求成就感的人,对工作充满了激情,乐于学习,并且工作上的每一次成功都让他们引以为傲。他们也会一再提高业绩标杆,并主动跟进业绩水平。这些精力旺盛的人通常不安于现状,他们会执着地追问,事情为什么非得这样做而不那样做,也会积极地探索新的工作方法。

4.同理心

同理心是理解他人情感,重视他人情感反应的待人接物的能力。具有同理心的人能领会肢体语言的微妙含义，他们能听懂别人的言外之意。这帮助他们在全球化脚步日益加快的今天更有效地进行跨文化的交流。同理心还有助于培养人才和留住人才，以及凝聚团队。

5. 社交技能

社交技能是情商的其他几个要素的集中体现，是一种与他人寻求共同点、建立融洽关系的能力。具有良好社交技能的人既能认识和调控自身情感，又能体会他人情感，往往能有效地处理人际关系。社交技能是一种带着目的性的友善，其目的性就是引导他人按自己希望的方向前进。社交技能高超的人擅长管理团队，说服力强，能够在需要时调动广泛的人脉资源。

第二节　幼儿情商发展特点

情商是一种能力，是指可以感觉、了解和有效应用情绪的力量与智能作为个体的能量、信息和影响的来源。情商包括认识自身的情绪、管理自己的情绪、自我激励、认知他人的情绪，以及人际关系的管理等。

美国心理学家、情绪专家伊扎德（Carroll E. Izard）研究发现，婴儿在出生时，就展示出了五种不同的情绪，分别是惊奇、伤心、厌恶、最初的微笑和感兴趣。2岁到6岁会出现其他情绪，如：生气、害羞、内疚、害怕、骄傲。他认为情绪的逐渐发展是与个体的认知发展紧密联系的。情商的形成一般是在婴幼儿时期，成熟于儿童和青少年时期。

幼儿情商发展特点主要包括以下几点。

一、幼儿情绪自我认知的发展特点

婴儿的自我认知能力相对薄弱，他们会把自我与外界混为一体，如把其他婴儿哭泣行为当成自己的行为并跟着哭泣，婴儿是依靠情绪方式与外界建立联系的。随着年龄增长，幼儿对自身情绪的认知发展会经历从对他人进行认知到对自身进行认知的逐步延伸。如开始具备了自我体验、自我控制等能力，但情绪体验在3岁之前的幼儿身上体现得并不是很明显，其转折期通常在 4～6 岁，这个时期的幼儿大多数表现出情绪的自我体验。

随着后天教育和社会性发展，幼儿对情绪的认知从较为单一的情绪种类开始，逐渐发展为对多种情绪的认知；从较为简单、笼统的情绪状态开始，逐渐发展为对细致、具体的情绪状态的认知；从较为依赖外部环境因素的情绪反应开始，逐渐发展为对自身内部心理因素的认识和使用。

二、幼儿情绪理解的发展特点

情绪理解是社会认知研究的一个新领域，在个体的社会性发展中起着重要的作用。幼儿阶段是个体情绪理解迅速发展的时期。幼儿情绪理解水平随着年龄的提高而提高。4～5 岁是幼儿对生气表情识别能力发展的关键时期。

（一）好奇心加强、爱模仿

在幼儿园阶段，由于处在同伴群体之中进行活动，按照社会角色活动，女孩子一般对过家家、芭比娃娃等感兴趣，一般比较喜欢安安静静地进行游戏活动。而男孩子却喜欢枪战游戏、体能闯关等动静比较大的游戏，他们在游戏活动中好奇心强，善于模仿，什么东西都想试一试，摸一摸。

（二）情绪主导性变化

3～6 岁儿童情绪主导性也会有变化，如改变原来不开心、想吃饭就会哭的现象，到幼儿园就会把自己爱吃的东西分给身边的小朋友，情绪发展到比较高级的阶段。

（三）注意力变得更加集中

3～6 岁幼儿通过老师引导通常能够学会忍耐，注意力逐渐延长，可以集中注意力地听老师讲一段时间，能够克制自己不到处走动，思维也会向着更加复杂的方面发展。需要注意，促进 3～6 岁儿童养成良好的习惯、理解规则，让其学会表达情绪，不开心时不能通过哭闹解决问题；让幼儿学会表达自己的需求，在自我满足的基础上再发展乐于助人等品质。

三、幼儿情绪表达的发展特点

情绪表达即人们通常所说的表情，它是个体内在情绪和情感的外显行为方式，属于情绪层面的外部行为部分。个体可以通过言语表情、非言语表情表达自身的情绪。而幼儿的情绪表达则是在各类游戏活动中所表现出的外显行为，包括积极情绪表达和消极情绪表达。

幼儿的积极和消极情绪表达与游戏过程紧密相关，而与结果无关。个体有关害羞的情绪表达虽然产生于快乐、厌恶、愤怒等情绪表达之后，但人们在未满周岁的婴儿身上已经可以看到这种情绪表现。

幼儿在公开场合下表现出的害羞情绪，通常要比在私下场合所表现出的更明显。幼儿表达自己的情绪时，不仅受到文化和社会要求的影响，而且更多地受到家长或老师的表情影响。

一般来说，男孩倾向于掩饰痛苦的情绪，而女孩更倾向于掩饰愤怒的情绪。女孩更有可能自我疏泄情绪，或直接表达某些情绪以寻求他人的支持和帮助，而男孩则较少寻求情感支持和帮助。社会对男女角色的期望不同，从而导致幼儿在表达不同的情绪时，动机水平有性别差异。

总之，幼儿的情绪表达已不是一种单纯的个体情绪反应，而是对文化、社会和重要他人等因素的综合反应。

四、幼儿情绪管理能力的发展特点

情绪管理是指用心理科学的方法有意识地调适、缓解、激发情绪，以保持适当的情绪体验与行为反应，避免或缓解不当情绪与行为反应的实践活动。幼儿情绪管理就是通过一些方法和策略，调节情绪状态，让情绪和行为趋于平静和理性的能力。而识别情绪和表达情绪是幼儿情绪管理的基本要素。

婴儿从出生到一岁半，所表达的情绪基本上是基础情绪，而这些情绪的表达可以说是一种自我释放或是为了适应社会环境的一种手段。到了两岁，幼儿的自我意识情绪开始出现，有了一定的管理基本情绪的能力；两岁半以后，幼儿开始慢慢学会控制基本情绪，并开始学习管理自我意识情绪的部分，此阶段幼儿情绪发生的过程是先有一个刺激，促使幼儿唤醒某种情绪，并通过情绪表达自我释放、获得关注或达到一定的目的。

三岁以后，幼儿开始具备使用语言和思维考虑情绪的能力，越来越能够把自己和情绪区分开来。这样，他们就能够用不同的方式解释情绪，能够分享自己的情绪，倾听他人的解释。五岁以后，幼儿认知能力的发展使得他能够更抽象地思考情绪，用一种更客观的方式反思情绪。他们能意识到情绪是如何被管理的，因此他们会问自己："我怎样才能最好地应对我的恐惧（或者愤怒，抑或耻辱）？"这时候他们还发展了调节他人情绪的能力，即找到减轻别的幼儿愤怒的方法，这样他们能够在一定程度上控制自己涉足情绪刺激源的程度。

总之，幼儿情绪管理的关键是情绪被唤醒之后的自我觉醒，因为一旦自我觉醒之后，幼儿的消极情绪就会慢慢衰竭，然后再通过自我或者父母的情绪疏导，慢慢回归平静。教会幼儿情绪管理，并不是让幼儿远离消极情绪，而是让幼儿拥有情绪自我觉醒的能力。在帮助幼儿管理情绪的过程中，应该把握两个原则：首先是不要给情绪设限，不管是好的情绪还是坏的情绪，都应该被认同；其次是只有坦然承认自己的感觉，才能更好地接纳自己，进而接纳他人。

五、幼儿移情能力的发展特点

移情是指人们通过共情等方式，体验到与他人相同的情绪，也即能够设身处地地站在他人的角度，理解和接纳他人的情感。移情能力，又称共情能力，是一种重要的社会情感能力，指的是个体能够设身处地体验他人的情绪，并对其产生共鸣的能力。

幼儿移情能力的发展特点主要包括以下内容。

（一）对其他幼儿心理状态的理解从简单到复杂

学龄前幼儿移情能力的发展会经历从简单到复杂的过程，随着幼儿社会性交往的发展，3岁的幼儿逐渐能够知道站在对方的角度看问题，但只是比较简单的问题，对于问题背后或者情境背后会发生什么，此时的幼儿还不能够做出判断，到了5岁左右，幼儿才能够做出简单推断。

（二）从能理解明显的外部线索到能理解隐蔽线索

随着生活经验的增加，幼儿逐渐开始学会用抽象的方式思考问题，具体表现在分析、综合、比较、概括等思维基本过程的发展，概念的掌握，判断和推理的形成及理解能力的发展等。

幼儿到了 6～7 岁时，开始进入逻辑思维的发展阶段，能够更好地处理较抽象的困境之外的情感因素。

（三）幼儿移情能力的水平随着完成任务难度而变化

对于幼儿来说，简单的任务可能更容易理解和完成，如识别他人的面部表情或声音，而在完成较复杂的移情任务时可能会遇到困难，如理解他人的内在动机，此时他们的理解和表达能力可能会受到限制。随着年龄的增长，社会认知、情感等的发展，幼儿移情能力也会逐渐提高，以应对更复杂的任务。

（四）幼儿具有移情的反应性，能体验和分享他人的情感

幼儿在早期的成长阶段就开始表现出移情的反应。例如，幼儿看到其他幼儿哭泣时会表现出难过或伤心的表情，或者在看到其他人高兴时分享喜悦的情感。这种移情的反应是基于他们对他人情感的感知和理解，是幼儿开始建立社交联系的一种方式。这种移情的反应性有助于他们建立更紧密的友谊和更深入的人际关系。

六、幼儿同伴关系的发展特点

幼儿同伴关系就是年龄相同或相近的幼儿，在共同活动中体现出的相互协作的关系。

幼儿同伴关系是幼儿满足社会性发展需要、获得情感支持和安全支持的重要源泉。同伴交往可以使幼儿在亲密的友谊关系中获得满足，体验到自我价值、归属感和包容。幼儿同伴关系的发展特点主要包括以下内容。

（一）小班幼儿同伴关系处在混沌期

幼儿进入幼儿园后，同伴之间的交往通常开始出现。3岁左右的幼儿处于认知发展的自我中心期，幼儿之间的关系以平行和联合游戏中的相处为主，更多的幼儿处于独立游戏状态中，因此，小班幼儿的同伴交往并不多，大多数幼儿处于受忽视的地位，个别幼儿交往较多，成为班里影响力大的人。

小班幼儿对同伴关系的偏好主要来自"愿意和我玩""他喜欢我"等显性的态度和同伴是否具有其偏好的外表特征方面，说明幼儿同伴间交往不具有稳定性，而具有随机性。小班幼儿的同伴交往处在起步阶段，同伴之间的地位分化不明显，同伴关系处于懵懂的混沌期。

（二）中班幼儿同伴关系处在分化期

中班是幼儿获得有效交往技巧的关键期，到了这个阶段，随着认知水平的不断发展以及自我意识的不断增强，幼儿与同伴之间的交往也越来越多。更多幼儿在班里的影响力有所提高，而影响力的差异开始缩小。他们之间开始喜欢玩一些竞技类游戏，但是在游戏过程中，由于幼儿以自我为中心，还不能站在他人的角度理解他人的情绪和感受，因此经常会出现冲突和摩擦，这导致幼儿对同伴的偏好分化明显，对于受同伴喜欢的和被同伴拒绝的幼儿的偏好差异更大。而认知发展水平已经达到去中心化的幼儿能够理解他人的情绪，并能提出有效的解决方案，因此会成为受欢迎的人。

总之，中班幼儿对同伴偏好的因素有了变化，变得更具体，也更加多元化。同伴之间的交往已经开始分化，同伴偏好对象明确而具体，处于鲜明的分化期。

（三）大班幼儿同伴关系逐步稳定

大班幼儿的认知能力进一步加强，经过中班的同伴冲突期后，幼儿逐步去中心化。兴趣相似的幼儿共同游戏的频率提高，同伴交往进一步深化，两两交往更多且更稳定，但幼儿在班里的影响力与中班阶段差不多，并没有太大变化。

大班幼儿对受拒绝和受欢迎幼儿的态度差异明显，他们对同伴的偏好因素与中班阶段相比更加明确，良好的同伴关系需要良好的态度和积极的行为，而消极的行为，如攻击行为，将直接决定该幼儿不受欢迎，外表特征和能力等表现在大班同伴关系中所起作用并不突出。总之，大班幼儿的同伴交往已经完成分化，幼儿在班级中的地位处于稳定状态。

第三节 幼儿情商教育指导

学前期是幼儿情商发展的关键时期，情商对幼儿成长的影响不仅有明显的近期效应，而且还具有鲜明的远期效应。

一、家庭——幼儿情商发展的基石

家庭是幼儿培养情商的第一所学校。在家里，他们会学到许多基本信息和基础知识，比如，他们的自我观察，别人对自己的反应，如何看待自己的感觉，如何判读别人的情绪与表达自己的喜怒哀乐。

（一）保护幼儿的好奇心和探索欲

幼儿对世界万物充满好奇，他们对外界刺激从最初的被动接收，到逐渐开始对周围的一切感到好奇，什么都想尝试摸摸、看看，甚至会把玩具拆得七零八碎，这是一种求知欲的表现，也是获得知识和技能的重要途径。在亲子活动中，家长要给予幼儿自由探索的时间和空间，让幼儿感受到探索的乐趣，获得成功的体验感；要精心呵护幼儿对周围客观事物的好奇心，让幼儿亲身体验科学探究的过程和方法。

幼儿的探索活动是不断发现问题和解决问题的过程，需要幼儿具有不断追问的思维连贯性和克服困难、动手尝试的意志。而幼儿的自主探索活动主要以好奇心为驱动力，幼儿在自主探索中会产生诸多问题，作为家长要协助幼儿想办法解决问题，当幼儿在动手实践中出现错误，家长要对幼儿有耐心，引导幼儿从不同角度解决问题，久而久之，幼儿的探索精神就会培养起来，而主动探究的积极性也会越来越强。

（二）重视与幼儿的情感交流

家长与幼儿的每一次交流和沟通都是对幼儿进行情感教育的机会，有效的情感沟通能够促进幼儿身心健康发展，提高幼儿自尊、自信水平和社交能力；能够增强家长和孩子之间的相互理解和信任，营造良好的家庭氛围。

作为家长，在亲子沟通中要学会倾听，认真听完幼儿想要表达的内容，不可随意打断或中断幼儿的倾诉。要认真倾听幼儿故事背后想要表达的思想情感，并通过肢体语言或眼神交流等方式表达对幼儿的关注和理解。鼓励幼儿大胆表达自己的想法和感受，并对幼儿的问题给予及时回应。

在交流中家长还要随时关注幼儿的情绪变化，及时发现并处理问题，关注幼儿的身心健康，引导幼儿学会表达。而家长在日常生活中也需要语言礼貌、态度温和、用词恰当，做好幼儿的榜样。学会对幼儿进行赏识教育，信任幼儿，能够看到幼儿的长处，和幼儿做朋友，真正理解幼儿的行为。尤其重要的是，当幼儿犯错或暴露缺点时家长要对事不对人，不能把幼儿全盘否定，尽量在不伤害幼儿自尊的情况下鼓励幼儿加以改正。

（三）和善而坚定地对待幼儿

以不同的家庭教育方式对待幼儿会有不同的结果。严厉专断的家庭教育方式通常缺少和善，会让孩子无所适从，或阳奉阴违；骄纵溺爱的家庭教育方式容易缺少规则，会让孩子忘乎所以，狂妄自大；过于放纵或溺爱的家庭教育方式会让幼儿做事偏激、无视后果或者造成心理创伤，导致幼儿出现性格问题，要么很自卑，要么很叛逆。

只有和善而坚定的教育态度，才能培养出自律、有责任感、阳光开朗、身心健康的幼儿。

和善而坚定是正面管教最重要的态度。和善是指父母对待幼儿态度和善，要让幼儿感受到尊重、爱和关心。父母要蹲下来，与幼儿平视，用尊重的语气，与他们的心灵做到真正的连接。坚定是指父母定好规矩，然后不打折扣地共同遵守，让幼儿学会自我约束，不越界限。坚定意味着父母对幼儿尊重，守信而不会出尔反尔。在和善而坚定的气氛中，才能培养出幼儿自律、有责任感、乐于合作的品质，以及自己解决问题的能力。

（四）发展幼儿的人际交往能力和团队合作精神

人际交往能力是情商的重要内容，高情商者之所以在人际交往中更受欢迎，主要在于他能及时准确地对他人和自己的情绪做出判断，并在此基础上妥当行事，不断地调整自己的言行。低情商者则不然，他们在人际交往时容易对他人和自己的情绪活动判断不准，分析有误，因此容易与人产生摩擦，使交往受阻，进而影响到工作和学习。为了给幼儿一个良好的生活环境，作为父母应经常鼓励幼儿学会和同伴交往，建立良好的人际关系，体验交往的乐趣；家庭成员之间也要团结合作，让幼儿从小感受到一种相互尊重、相互帮助、相互信任、相互合作的氛围，为幼儿今后与人愉快相处及合作打下良好的基础。

幼儿的人际互动能力培养需要家长创造有利于人际互动的环境和条件，注重培养孩子的情感认知、解决问题的能力，以及良好的语言和沟通技能。同时，还需要耐心和支持，鼓励孩子不断尝试和探索，逐渐提高人际互动能力。父母应多安排一些机会，欢迎孩子的同伴到家里和孩子一起玩耍、学习，以及共同度过生命中的重要时刻，比如生日。

（五）培养幼儿乐观积极的生活态度

父母应常常用正向发问的方式启发孩子的思考，帮助孩子学会看到事情的优点，比如孩子上台演出不理想，作为父母不该说："你今天怎么回事？表现得一塌糊涂。"，而该用"这次可能让你自己失望了，那你觉得有没有什么值得肯定的部分呢？"这种正向的发问培养幼儿乐观的心态。

二、幼儿园——幼儿情商发展的关键

情商不是与生俱来的，而是在后天的环境与教育中逐步形成、发展和提高的。因此，情商的早期培养有着重大的意义。在幼儿情商的培养过程中，除了家庭，幼儿园也起着非常重要的作用。作为幼儿教师，只有对幼儿的情绪变化有着足够的了解，才能有意识地培养幼儿的情商。

（一）为幼儿创造宽松自由的活动环境

瑞士心理学家皮亚杰（Jean Piaget）认为："幼儿认知发展是在与周围环境的相互作用中积极主动建构的。"《幼儿园教育指导纲要（试行）》指出："环境是重要的教育资源，应通过环境的创设和利用，有效地促进幼儿的发展。"

对于幼儿来说，环境是会说话的，在幼儿眼中，幼儿园环境是多姿多彩的。作为幼儿教师，为幼儿创设宽松自由的活动环境非常必要。幼儿园的室内环境应当通风良好，布置富有想象力、童趣，有一定的活动和游戏设施，以满足幼儿的活动需要。在各领域的活动中，教师要根据幼儿的个性特征，鼓励幼儿表达自己的想法和情感，幼儿在教师的引导下自由活动或参与各类游戏活动，有利于养成开朗的性格和乐观幽默的品性，幼儿在这样的环境中能更好地把握自己的情感和社会技能。

要为幼儿创设色彩丰富的、可感知的物质环境和宽松、愉快的精神环境，实现物质环境与精神环境的相互协调。温馨的环境能给予幼儿舒适感和安全感，适宜的空间能让幼儿自主选择自己喜欢的活动区域和材料，全身心投入活动中。教师必须时刻关心幼儿的心理需要，爱护和尊重每一个幼儿。

幼儿教师可在活动室设置"思考区""悄悄话区"或"涂鸦区"等区域，随时倾听孩子的心里话，尊重孩子的行为。采用多种适宜的非语言行为与幼儿交往，如微笑、抚摸、拍拍肩膀、竖起大拇指，让幼儿体会到教师对他们的关爱、信任和鼓励，建立起一种亲切、和谐的新型师生关系。对于小班幼儿，教师可以利用肢体语言消除幼儿心理上的陌生感；对于中班幼儿，教师可以多和幼儿互动，在互动时态度要温和、轻松、愉快。幼儿园的环境是幼儿获得发展的摇篮，积极创设和利用环境是促使全体幼儿在原有水平上得到发展的有力措施。因此，必须重视环境的创设，在理解和尊重每一个幼儿的基础上，为幼儿的生活和学习创设良好的环境，为幼儿的健康成长营造良好的氛围。让每面墙壁"会说话",每个角落"会唱歌",让幼儿与环境"对话"。

(二)引导幼儿进行自我情绪管理

引导幼儿进行自我情绪管理的第一步就是让幼儿识别自己的各种情绪,让幼儿自己觉察到真正的困扰其实是自己的情绪反应,随后该努力的是调试情绪,做出合适反应。因此,幼儿教师要让幼儿意识到自己的情绪,如激动、伤心、自豪、期待,并让幼儿表达此时此刻的情绪感受,不断丰富幼儿的情绪词汇。

当幼儿出现消极情绪时,教师要理解幼儿,并且让幼儿明白,无论出现哪种情绪都是正常的。首先,训练幼儿从内心正视自己的消极情绪,学会接纳它,给它一个拥抱,并感谢它的陪伴,促使内心的消极情绪逐渐稳定;以后再出现类似的情况,幼儿通常也会心平气和地面对自己的各种情绪。其次,引导幼儿学会正确表达自己的消极情绪或积极情绪,教师的引导语言要简洁、温和,而不是带着主观性的情绪指责幼儿,给幼儿做出负面评价只会导致幼儿的消极情绪加重,久而久之幼儿在面对消极情绪时逐渐会选择逃避,不愿意跟他人倾诉。最后,让幼儿学会面对消极情绪时采用积极的方法合理释放,如反驳不合理的认知、全然接纳自己的情绪、选择积极的行动方式,让幼儿能够做到与不良情绪和平相处,拥有积极、健康的心理状态。

总之,教师要教会幼儿一些情绪调节方法,让幼儿有效调控自己的情绪,如采用心理暗示法、注意转移法、疏泄法等方式避免恶劣情绪的爆发;引导幼儿进行识别他人情绪的能力训练,让幼儿学会通过移情感受别人的想法,了解他人的情绪状态,并能在内心体验别人的情绪,通过训练使幼儿能够站在他人的角度更好地理解他人,体察他人,进而体会他人的感受。

(三)培养幼儿的自信心、自尊心、好奇心

要想培养幼儿的自信心、自尊心,首先,在教学活动中教师要对幼儿进行肯定和鼓励,给幼儿积极反馈、及时反馈,让幼儿感受到自己的能力和成

就，从而增强其自信心和自尊心。其次，多给幼儿提供一些探索和学习的机会，让幼儿在同伴群体和各类活动游戏中接触到不同的环境和事件，从而能学到新的知识和技能，增强其自信心；在活动过程中，教师应运用多种教育方法，对幼儿进行培养训练，通过各种活动场景和人际交往场景培养幼儿自我激励的能力，使幼儿的学习更像娱乐，让幼儿在实际参与中有针对性、有趣味地学习，让幼儿在每次参加活动时告诉自己"我能行"。最后，应当引导幼儿学会实现自己的目标或计划，让幼儿在活动中尝试独立思考和解决问题，让他们在解决问题中或实现自己的目标中建立信心。

好奇心是幼儿成长过程中一道亮丽的风景，让幼儿在人生旅途上既能欣赏到美不胜收的风景，又能从中获取有意义的生活启迪。作为教师，要保护幼儿旺盛的求知欲，引导幼儿在各领域活动中发现问题，更重要的是要支持幼儿随时提出各种各样的问题，哪怕是看起来很怪甚至很傻的问题。给幼儿提供足够的空间和资源，让他们进行探索和尝试。也可以带幼儿到大自然的环境中探索，鼓励幼儿认识事物。为幼儿提供丰富多彩的学习环境和材料，支持幼儿进行各种创造性的活动，如绘画、手工、角色扮演，让幼儿在想象和创造中探索与发现。

总之，要想培养幼儿的自信心、自尊心和好奇心，教师需要注重更多地肯定和鼓励幼儿，培养与保护其好奇心，建立一定的目标和计划，培养幼儿独立思考和解决问题的能力。

（四）培养幼儿的人际互动能力

《3~6岁儿童学习与发展指南》中指出：幼儿社会领域的学习与发展过程是幼儿社会性不断完善并奠定健全人格基础的过程，主要包括人际交往与社会适应。人际交往在幼儿社会性学习中具有重要地位。教师需要在日常教学中创设条件引导幼儿学习人际交往的能力，大力开展师幼之间、同伴之间、亲子之间以及幼儿与其他社会人员之间的人际交往活动，培养幼儿与各种对象的人际交往能力。

首先，教师可以在日常生活中，通过自己的语言和行为，树立良好的榜样，让幼儿模仿和学习。同时，教师也可以引导幼儿观察班上的其他小伙伴，发现和学习良好的人际交往行为。其次，教师可以组织各种形式的活动，如小组活动、角色扮演、游戏，让幼儿在活动中学会合作、协商、解决冲突等社交技能。在活动过程中，教师还应当给予指导和引导，让幼儿逐渐掌握人际交往的技巧和方法。再次，教师对幼儿可以进行语言训练，如情景模拟训练、口语表达训练，提高幼儿的语言表达和理解能力，从而增强幼儿的人际交往能力。在训练过程中，教师应当给予积极的反馈和指导，帮助幼儿树立自信心和自尊心。最后，教师可以对幼儿进行情感教育，引导幼儿感受自己的情感、理解他人的情感、学会关心他人。情感教育可以帮助幼儿更好地理解和表达自己的情感，从而更好地与他人建立良好的互动关系。

当然，幼儿教师也可以与家长进行合作，共同培养幼儿的人际交往能力，向家长提供一些方法和建议，如鼓励幼儿与家人分享、培养幼儿的互助精神。同时，教师也可以与家长进行沟通和交流，共同关注和指导幼儿的人际交往能力的发展。

总之，教师在培养幼儿的人际交往能力时需要注重方法和策略，通过组织活动、语言训练、情感教育等方式，帮助幼儿掌握人际交往的技巧和方法，提高幼儿的人际交往能力。同时，教师还需要与家长进行合作，共同关注和指导幼儿的人际交往能力的发展。

（五）为幼儿树立正面的良好榜样

《幼儿园教育指导纲要（试行）》指出："教师的态度和管理方式应有助于形成安全、温馨的心理环境；言行举止应成为幼儿学习的良好榜样。"幼儿模仿性强，教师的一举一动都是幼儿模仿的对象，教师的性格修养和情感倾向时时都会影响着幼儿、感染着幼儿。教师作为幼儿的引导者和支持者，需要具备良好的言谈和行为，让幼儿模仿和学习。教师需要言行一致，举止得体，对幼儿温和、耐心、关爱，让幼儿感受到被尊重和关爱；在日常教育中，用温和的语言和表情与幼儿交流，用积极的态度和举措支持幼儿，教师要让幼儿在自己的感染下形成积极向上的情感状态；做到诚实守信，让幼儿在自己的言行中感受到真诚和信任。教师需要做到言出必行，遵守承诺，不欺骗幼儿，让幼儿在教师的榜样下形成诚实守信的品质；与幼儿交往中，需要尊重多元文化，让幼儿感受到尊重和包容。教师应当了解和尊重不同文化背景的幼儿，用平等和包容的态度与幼儿交流，鼓励幼儿分享自己的文化经验，让幼儿在教师的榜样下形成尊重多元文化的意识。

总之，教师要想为幼儿树立正面的良好榜样，需要注重自己的言行、情感表达、解决问题能力和尊重多元文化的意识。通过这些方面的努力，教师可以为幼儿树立良好榜样，帮助幼儿形成积极向上、健康的人际交往能力。

【复习与巩固】

1. 如何理解情绪智力理论？
2. 幼儿情商的发展特点有哪些？
3. 联系实际，谈谈幼儿园如何开展情商教育。

【总结与反思】

第十章　幼儿个别差异与教育

【知识目标】

1. 了解幼儿脑生理结构与幼儿身心发展的关系。
2. 理解幼儿身心发展的特征和内容。
3. 掌握影响幼儿身心发展的因素。

【技能目标】

理论与实践相结合，把幼儿学习的活动模式应用于教学活动中，提高幼儿教师教学活动时的操作能力及水平。

【本章要点】

幼儿学习中的个别差异与教育
一、幼儿个别差异的含义
二、幼儿学习能力差异与教育
三、幼儿认知差异与教育
四、幼儿智力差异与教育
五、幼儿学习的性别差异与教育

01

幼儿个别差异与教育

02

幼儿个别差异的适宜性教学
一、适宜性教学的提出及内涵
二、适宜性教学的主要模式
三、针对幼儿个别差异进行适宜性教学的途径

请你思考：
你喜欢的学习新知识的方式是什么？

第一节　幼儿学习中的个别差异与教育

《幼儿园教育指导纲要（试行）》提出："幼儿园教育应尊重幼儿的人格和权利，尊重幼儿身心发展的规律和学习特点……关注个别差异，促进每个幼儿富有个性的发展。"也就是说，只有了解幼儿的个别差异，以此为依据实施教育，才能使每一个幼儿更快更好地成长。

一、幼儿个别差异的含义

个别差异，是指个体在成长过程中因受到遗传与环境的交互影响，由先天条件和后天活动形成的人与人之间的差别性。泛指人与人之间生理、心理、社会性等方面的差异。

幼儿的个别差异是指在幼儿园教学活动中，幼儿的智力、能力、性别、学习方式等方面存在的差别。幼儿学习中的个别差异主要表现在学习能力差异、认知方式差异、智力及性别差异等等。

二、幼儿学习能力差异与教育

现代人力资源管理理论认为，学习能力是21世纪人才的重要标志之一，对青少年儿童而言，学习能力是与学习密切相关的一组能力。由此可见，学习能力包括智力、先前知识、创造力等。

幼儿学习能力的差异包括两个方面：一是先天因素，二是后天因素。

先天因素包括遗传和生理发育情况等，这些因素会影响幼儿的学习能力。例如，有些幼儿天生具有较好的视觉、听觉、触觉能力，这些优势可以帮助他们更快速、更准确地接受新知识和技能，从而提高学习效率。相反，有些幼儿天生具有较弱的视觉、听觉、触觉能力，学习起来相对困难。

后天因素包括环境、家庭背景和教育方式等。生活在不同环境中的幼儿，他们接触到的事物、人和文化都不同，这些都会影响到他们的学习能力和兴趣爱好。家庭背景方面，家庭的经济状况、父母的受教育程度等都会影响到幼儿的学习机会和环境。教育方式方面，如果家长采用积极的教育方式，鼓励幼儿探索、尝试和自主学习，那么幼儿的学习能力可能会得到更好的发展。相反，如果家长采用刻板的教育方式，过分强调记忆和训练，那么幼儿的学习兴趣和学习动力可能会受到抑制。

上文提到，20世纪80年代，霍华德·加德纳博士提出多元智能理论，该理论已经广泛应用于许多国家的幼儿教育中，并且获得了很大的成功。

加德纳指出，人类的智能是多元的而非单一的，主要由语言智能、数理逻辑智能、空间智能、肢体动作智能、音乐智能、人际智能、内省智能组成。3岁幼儿的智力优势中心已有明显差异，有的擅长语言，有的擅长运动，有的擅长空间或视觉等。由此也可以看出，每一种智能在个体认识世界或改造世界的过程中都发挥着巨大作用，具有同等的重要性。环境和教育对于能否使这些智力潜能得到开发和培育有着重要影响。

加德纳多元智能理论对幼儿教育的启示主要包括两方面。一方面教师要树立积极乐观的幼儿观。每个幼儿都有自己的优势领域，有自己的学习方法，是正在发展之中的人，所有幼儿都是具有自己的智力特点、学习类型和发展方向的可塑性学习者。教师在幼儿教学活动中要积极地对待所有幼儿，而不能因为幼儿在本活动领域理解或接受慢就忽略幼儿，这样不利于幼儿的全面发展。另一方面，教师应具有灵活多样的评价观。根据加德纳的多元智能理论，教师要摒弃以标准的智力测验作为评价幼儿唯一条件的做法，而是要树立多种多样的评价观。在教育教学活动中，教师要从多方面观察、评价和分析幼儿的优点和弱点，并把由此得来的资料作为服务于幼儿的出发点，以此为依据选择和设计适宜的教学内容与教学方法，使教学评价真正成为促进每一个幼儿充分发展的有效手段。

三、幼儿认知差异与教育

认知差异是指不同个体在认知方式、认知能力、认知策略、认知风格等方面存在的差异。幼儿的认知差异主要是指幼儿在感知、注意、记忆、思维和想象等认知方面表现出的个别差异。这些差异受到多种因素的影响，如遗传、环境、发展阶段和经验。根据幼儿的认知差异，可以将幼儿划分成不同类型。

（一）场依存型与场独立型

场依存型和场独立型是两种不同的认知方式，由美国心理学家赫尔曼·威特金提出。场依存型和场独立型的人在幼儿时期就已经开始有所体现，并且在不同的环境和情境下，他们的表现也会有所不同，见表10-1。

表10-1 场依存型与场独立型幼儿在学习特征上的差异

	场依存型幼儿	场独立型幼儿
学习兴趣	社会科学	自然科学
学习动机	易受暗示，学习欠主动，主要受外在动机支配	独立自觉学习，主要受内在动机支配
学习成绩	自然科学成绩差 社会科学成绩好	自然科学成绩好 社会科学成绩差

场依存型幼儿倾向于依赖外部环境获取信息和处理问题。他们通常喜欢与同伴一起玩耍，容易受到同伴影响，并且对于规则和秩序较为敏感。比如，在游戏中，场依存型幼儿通常会遵循已有的规则，并与其他小朋友保持一致，此类型的幼儿比较关注整体。针对场依存型幼儿，教师可以为他们提供一些同伴合作学习和互动的机会，多鼓励幼儿参与进去，并让幼儿在团队中互相支持和鼓励，培养他们的社交技能和团队合作精神。教师也需要注意培养幼儿的自主思考能力，尤其是当教师或其他幼儿对场依存型幼儿提出批评时，要引导后者分析原因并努力解决问题。

场独立型幼儿倾向于依靠自己的内在标准和观点获取信息和处理问题。他们通常喜欢独自玩耍，对于新奇的事物和挑战性较高的任务比较感兴趣，并且对于规则和秩序不太敏感。比如，在游戏中，场独立型幼儿可能会尝试不同的玩法和规则，并尝试创新和打破常规。此类型的幼儿比较关注的是局部，通常喜欢单独行动，喜欢竞争并期待获得他人的肯定；喜欢尝试新的活动，不太愿意依赖于老师的帮助，喜欢冒险。教师可以鼓励他们参加略有挑战性的竞赛，培养他们的创新意识和独立思考能力。

总之，场依存型和场独立型的特点对教育活动有着重要的启示。教师需要了解幼儿的认知方式，采取相应的教育策略，以更好地满足幼儿的需求，促进他们的全面发展。

（二）冲动型与谨慎型

冲动型幼儿倾向于在解决问题时迅速做出决策，通常表现得非常活跃，手或脚常常动个不停，或在座位上不停扭动，还会在不恰当的场合常常过多地走来走去或爬上爬下，经常擅自离开座位。他们往往不能安静地参加游戏或课余活动，讲话也过多。冲动型幼儿通常充满活力和热情，行动力强，有探索精神。他们可能喜欢挑战和竞争，善于同时处理多任务和应对突发事件。然而，由于冲动型幼儿缺乏自我控制能力，容易做出冒险、不安全的行为，需要更多的引导和保护。

谨慎型幼儿通常表现得比较安静，不会特别冒进，会主动规避一些风险。他们对可能发生的危险会有一些预判，而通常这种预判是比较准确的。同时，谨慎型的幼儿心思更缜密，能够观察到别人注意不到的细节。对于可能出现情境，谨慎型幼儿通常表现得比较冷静和理性，能够预见一定的风险并采取措施避免它们。他们可能更注重细节和准确性，善于发现和解决问题。然而，谨慎型的幼儿可能相对缺乏探索精神和冒险精神，需要鼓励和支持他们尝试新的事物和挑战自己。

总之，冲动型和谨慎型的幼儿在行为与性格上表现出不同的特点。教师要根据幼儿的不同类型给予相应的引导和帮助，以促进他们的全面发展。

（三）辐合型与发散型

辐合型认知方式是指幼儿在解决问题时，常采取保守的方式，按部就班地遵循传统模式，缩小解答范围，直至找到自己认为最适当的唯一正确的解答。辐合型认知方式的幼儿通常表现出循规蹈矩、注重细节和规范的特点。他们喜欢按照既定的规则和流程解决问题，认为这样可以确保得到正确的答案。辐合型认知方式的幼儿擅长记忆和遵循规则，他们在面对需要创造性解决的问题时可能会遇到困难，缺乏寻找新的解决方案的能力，往往被束缚在传统的思考模式中。这使得他们难以应对需要创新思维的领域，如设计、艺术、音乐。对于辐合型认知方式的幼儿，教师要让幼儿尽可能多地接触各领域知识和技能，多接触社会、大自然，增加幼儿知识储备，使其视野开阔，通过创意游戏激发幼儿想象力，让幼儿学会识别不同观点和信息，并引导幼儿独立思考，从而促使幼儿更好地综合分析问题并找到解决方案。

发散型认知方式是指幼儿在解决问题过程中，使自己的思维沿着许多不同的方向扩展，使观念发散到各个有关方面，最终产生多种可能的答案而不是唯一正确的答案，因而容易产生独特的新颖观念。发散型认知方式的幼儿能够在各种活动中发现未被明确区分的信息，讨厌僵化的事件，能够根据变化快速做出决策，并有一定的创造性和创新思维。教师在培养此类型幼儿时，要让幼儿尝试从不同的角度思考问题，进一步增强这种类型的幼儿的问题解决能力；引导幼儿多阅读和了解不同的领域和信息，扩大自己的视野和知识面；培养幼儿的创造性和创新思维，尝试提出新的想法和观点，并探索它们的可能性；激励幼儿保持开放的心态，不要过于固执地坚持自己的观点。

（四）视觉型、听觉型和动觉型

视觉型、听觉型和动觉型是三种不同的认知类型。

视觉型幼儿主要通过视觉获取或理解信息，喜欢用视觉方式探索世界。比如，通过观察具体事物进行学习，对各类比较鲜艳的颜色、图案或各类形状的物体较敏感，喜欢按照自己的方式寻求游戏的策略。对于视觉型的幼儿，教师在各类活动或游戏中要更多地使用图片、图表、视频等视觉辅助工具，帮助幼儿更好地理解和记忆知识；也可以通过颜色或形状等突出重点和解释概念；为幼儿提供丰富的视觉刺激，如色彩鲜艳的书籍、图案丰富的玩具；鼓励幼儿通过观察和绘画等方式表达自己的想法和感受；为幼儿创设安静的学习环境，提供充足的照明和视觉刺激。

听觉型幼儿主要通过听觉获取信息，比如，教师在语言领域的活动中，虽然出示了图片，但此类幼儿更倾向于听教师讲故事，并通过听到的事情来理解故事内容。对于听觉型幼儿，听故事、听成人说话、自言自语等是有效的学习方式。教师在教学活动中可以为这种类型的幼儿提供丰富的听觉刺激，多使用口头讲解、故事、录音等听觉辅助方式，帮助幼儿更好地理解和记忆知识；为幼儿创设安静的学习环境，减少噪声等听觉干扰；鼓励幼儿通过听说方式表达自己的想法或感受；可以使用对话练习或讨论等形式进行教学活动。

动觉型幼儿主要通过动手实践获取信息，触摸物体、拆装小玩具等会获得更好的学习效果。此类幼儿对身体运动、动手操作等动觉较敏感，倾向于通过表演或模仿等方式表达自己的理解或感受，也愿意通过自己的方式体验游戏。对于动觉型幼儿，教师可以使用各类游戏活动或科学小实验等形式进行教学活动，给幼儿动手参与或体验的机会，在建构区为幼儿提供一些半成品和原材料让幼儿动手体验、操作，让幼儿在参与中获得直接经验；也可以通过角色扮演或游戏竞赛等方式激发幼儿的学习兴趣和参与度。

四、幼儿智力差异与教育

（一）幼儿智力与智力测量

幼儿智力差异是指幼儿在智力水平、智力结构、智力发展早晚等方面的差异。这些差异有着多种影响因素，包括遗传、环境、教育等。

幼儿智力差异的表现形式是多种多样的，主要有智力水平差异、智力结构差异、智力发展早晚差异等等。人的智力的充分发挥有早有晚。有些人的智力表现较早，年轻时就显露出卓越的才华，这叫"人才早熟"。如王勃6岁善文辞；曹植7岁能作诗；数学家高斯9岁能迅速计算自然级数之和；莫扎特3岁时已在钢琴上弹奏简单的和弦，5岁开始作曲，8岁试作交响乐，12岁创编歌剧；控制论的创始人维纳，4岁自由地阅读书籍，7岁能阅读但丁和达尔文的著作，9岁破格升入高中，11岁写出论文，14岁大学毕业，18岁就获哈佛大学哲学博士学位。另一种情况叫作"大器晚成"，指智力的充分发展在较晚的年龄才表现出来。这些人在年轻时并未显示出众的能力，但到中年才崭露头角，表现出惊人的才智。例如，姜子牙辅佐周王，72岁才任宰相；著名画家齐白石40岁才表现出绘画才能；人类学家摩尔根发表基因遗传理论时已60岁了；苏联学者伊·古谢娃40岁才学文化，后跟儿子一起毕业于农业大学，很快获哲学副博士学位，73岁完成博士论文。

为了对人的智力水平作定量分析，心理学家创造了许多测量工具。最著名的智力量表是斯坦福比纳智力量表（Stanford-Binet Intelligence Scale），是由美国斯坦福大学教授推孟（L.M.Terman）于1916年编制的，后来又经过了几次修订，是当今社会使用最广泛的个别智力测验量表之一。

智力测验中的一个重要概念是智商，英文简称"IQ"。斯坦福比纳智力量表所采用的是比率智商，即用智力年龄和实际年龄的比值反映智商，其公式为：

$$IQ=（智力年龄/实际年龄）\times 100$$

上述公式中的实际年龄指从出生到进行智力测验时的年龄，即用测验年月日减去出生年月日所得的年龄，简称"实龄"或"CA"。智力年龄（简称"智龄"或"MA"）是根据智力测验计算出来的相对年龄。智力测验的题目是按年龄分组的。例如，适合7岁儿童的题目放在7岁组，适合8岁儿童的题目放在8岁组，以此类推。随着年龄增高，题目的难度也增大。如果一名7岁儿童全部通过7岁组的测题，则该儿童的智力年龄与他的实际年龄一致，如果一名7岁儿童不仅通过了7岁组的所有题目，而且通过了8岁组的题目，那么他的智力年龄就是8。将该儿童的实龄与智龄代入上述公式，得到：

$$IQ=（8/7）\times 100=114$$

韦氏儿童智力量表（Wechsler Intelligence Scale for Children）是由美国心理学家大卫·韦克斯勒（David Wechsler）于1949年编制的，其适用对象为6～16岁的少年儿童。

韦克斯勒认为，智力是个人有目的地行动、理智地思考以及有效地应对环境的综合能力，因此他在量表中设计了12个分测验，用来测量儿童的各种能力。这12个分测验分为言语量表和操作量表两部分。言语量表包括常识、背数、词汇、图片排列、积木图案、拼图、译码、迷津等测验。其中，译码分为译码甲和译码乙，译码甲为 8 岁以下儿童使用，译码乙为 8 岁和 8 岁以上的少年儿童使用。译码测验和背数测验不是必做的，只是作为替换测验，在某一类测验因故失效时使用。每个分测验题目的编排由浅入深，言语测验和操作测验交叉进行，使整个测验过程生动有趣，富于变化，有利于儿童使用。通常测验时间需要 46～60 分钟。

大多数幼儿的智力发展是正常的，少数幼儿智商高于或低于常态，而智商低于 70 的幼儿，其心理活动的各个方面的发展水平都相对低下，知觉速度缓慢、范围狭窄，记忆力差，语言发展迟缓，思维概括能力差，生活自理能力差。造成智力低下的原因很复杂：遗传因素包括基因突变、染色体异常等；产前损伤包括孕妇感染、胎儿发育畸形等；分娩过程中的损伤包括产程延长、难产等；环境因素包括铅中毒、酒精中毒等。

（二）幼儿学习的智力差异与教育

幼儿智力差异是客观存在的，同时这种差异并不是固定不变的，可以通过以下几方面帮助提升幼儿智力水平。

1. 为幼儿提供多样化的学习环境

多样化的学习环境是指提供涉及不同领域和方面的学习内容，以及不断变化和更加多样化的学习方式，以满足幼儿的不同兴趣和需要。第一，多样化的学习环境可以为幼儿提供更广泛的经验和知识，从而促进幼儿的认知、语言、社交和情感发展。比如，在阅读区为幼儿提供适合他们身心发展的经典绘本，环境设置要舒适、安静；在美工区可以为幼儿提供各类绘画工具，教师在旁边负责观察、引导，当幼儿有不明白的地方，教师及时给予幼儿一定的帮助或启发。第二，多样化的学习环境还可以激发幼儿的好奇心和兴趣，提高他们的学习积极性和主动性。通过不断变化和更加多样化的学习方式，幼儿可以保持新鲜感和挑战精神，从而促进他们的思维和创造力的发展。比如，可以通过游戏、角色扮演、探索和实验等方式吸引幼儿的兴趣，激发他们的想象力和创造力。第三，多样化的学习环境还可以为幼儿提供更多的选择和机会，让他们自主选择和参与自己感兴趣的学习活动，从而促进他们的自我认知和自我管理能力的发展。比如，可以提供多种选择，让幼儿自己选择今天想听故事还是想画画，想玩积木还是想唱歌。

2. 为幼儿制订个性化的教育计划

教师要根据幼儿的家庭背景、个性特征、学习能力、兴趣爱好等特点，制订针对性的教育计划。比如，对于男孩和女孩的教育计划应该有所不同，关注他们的兴趣点，为他们提供更多适合自己的学习机会；明确教育计划所要达到的教育目标，培养幼儿的逻辑思维能力、社交能力、创造力等，这些目标需要与幼儿的学习和发展阶段相适应；选择适合幼儿的教育方法，比如，游戏教学、体验教学、情境教学等方法，注重幼儿的反馈和参与的积极性，了解幼儿的进步和不足，及时调整教育计划，提高教育效果。综上所述，为幼儿制订个性化的教育计划需要考虑多个方面，以确保幼儿能够得到充分的教育支持和引导，从而促进其全面发展。

3. 建立积极的鼓励机制

鼓励机制可以帮助幼儿增强自信心和积极性，提高学习兴趣和动力。对于智力水平偏低的幼儿，教师应建立积极的鼓励机制，让这些幼儿感受到成功的喜悦，从而提高他们的自信心和学习兴趣。比如，幼儿完成了一项任务或展示了一项新技能后，教师都要及时给予赞美和鼓励。赞美可以让幼儿感受到自己的努力和成就被认可，鼓励可以激发他们继续探索与尝试的勇气和动力。教师应通过语言、表情、肢体动作等方式，为幼儿创造一种积极向上的氛围。比如，教师语言温和、亲切，与幼儿交流时认真关注幼儿并给予微笑或拥抱等方式表示鼓励；游戏教学中为幼儿提供一些具有挑战性的任务，让他们感到自己的能力在不断提高，当幼儿完成任务后，及时给予赞美和鼓励，让幼儿感受到自己的成就和进步；鼓励幼儿合作学习，让他们在团队中互相支持和鼓励，合作机制可以让幼儿感受到自己的进步和成长，同时也可以培养他们的社交能力和团队合作精神。

4. 加强家庭教育指导

家长在幼儿智力发展中扮演着重要的角色。教师应不定期和家长沟通、协作，让家长了解家庭教育在幼儿发展中的重要性，帮助家长认识到自己在幼儿教育中的重要角色和责任。通过家长会、家长开放日等方式宣传科学的家庭教育理念和方法，帮助家长了解幼儿的发展特点；通过家庭教育讲座为家长提供一些可行性的教育建议，比如，亲子互动时如何引导幼儿进行科学探索，激发幼儿的学习兴趣，如何与幼儿良好沟通和交流，如何引导幼儿思考和发挥想象力。家长也要定期与教师保持交流和沟通，让教师了解幼儿在家的表现，及时调整教育计划和教育方法，提高教师教学活动效果。与此同时，教师也要关注家长在教育过程中遇到的问题和困难，提供帮助和支持，比如，提供专业的心理咨询、教育咨询等服务，帮助家长解决实际问题，提高家庭教育质量。

总之，对于幼儿智力差异，教师要根据幼儿的实际情况，提供适当的教育和训练，让幼儿能够得到全面发展。同时，注意不要过分强调智力因素或个性化发展，要注重幼儿的全面发展，包括品德、情感、社交等方面。

五、幼儿学习的性别差异与教育

人的性别差异主要源于社会实践和风俗习惯的不同，并不是单纯指向个体固有的个别属性的差异。幼儿性别差异是指男孩和女孩在发展水平、表现等方面有所不同。幼儿在3岁左右开始渐渐懂得男孩与女孩之间存在一定的区别。

性别差异不仅会影响幼儿学习某些技能的速度，也会影响到幼儿学习的方式。[①]

（一）幼儿学习的性别差异的具体表现

1. 幼儿能力发展水平的差异

幼儿能力发展水平的差异主要体现在两个方面：能力类型差异和能力发展水平差异。在能力类型差异方面，幼儿在运用各种能力与客观环境建立联系时，表现出个体的特点和差异。比如，有的幼儿记忆能力较强，能很快记住较长的儿歌；有的幼儿理解能力较好，能很容易地理解故事的内容。在能力发展水平差异方面，大多数幼儿的能力发展是正常的，少数幼儿的能力水平高于或低于常态。幼儿能力发展水平和幼儿性别有一定的关系。在实际生活中发现，

---

① 陈帼眉，姜勇.幼儿教育心理学[M].北京：北京师范大学出版社，2007：123.

幼儿在情绪调节能力方面存在一定的差异。例如，女性幼儿往往比较倾向于表达和调节情绪，而男性幼儿则更倾向于使用问题解决策略；在同伴交往中发现，男性幼儿较注重地位和独立性，女性幼儿较注重亲密关系和情感交流，等等。

2. 幼儿能力结构的差异

能力有各种各样的成分，它们可以按不同的方式结合起来。不同能力的结合方式使得幼儿在能力结构上存在差异，例如，有些幼儿擅长想象，有些则擅长记忆。幼儿在特殊智力因素上存在性别差异，这种差异并非表现在一般智力因素上，而是反映在特殊智力因素中。20世纪40年代韦氏儿童智力量表问世后，人们发现男女在一般智力因素上没有性别差异，而在特殊智力因素上存在差异。总之，幼儿的能力结构差异是多种因素共同作用的结果，需要教师在教育过程中针对不同情况的幼儿采取因材施教的教学方法。

（二）针对幼儿学习性别差异的教育

幼儿性别差异与教育是一个重要的话题，因为个体在幼儿时期对于性别差异的理解和尊重可以直接影响个体未来的发展。

首先，人们需要认识到性别差异的存在。男女在生理上显然有所不同，但性别差异并不仅仅是指生理上的差异，也包括心理和社会文化等方面的差异。在幼儿时期，孩子们开始对自己和别人的性别产生兴趣，他们会探索自己的身体和性别角色的差异。因此，教师和家长需要帮助孩子们理解并尊重男女之间的性别差异。

其次，教师和家长需要提供多样化的角色模型。在传统的社会文化中，对于男女的性别角色有很明确的划分，但是这种划分已经不再适用于现代社会。教师和家长需要让孩子们知道，男性和女性可以在不同的领域和职业中取得成功。

再次，教师和家长需要提供多样化的教育机会。男孩和女孩在兴趣爱好和能力方面有所不同，因此教师和家长需要提供多样化的教育机会，以满足不同性别的幼儿的需求。比如，有些男孩子喜欢运动和游戏，有些女孩子喜欢音乐和艺术，教师需要提供不同的课程和活动，让孩子们可以根据自己的兴趣选择。

最后，教师和家长需要创造一种尊重和平等的环境。无论男女，每个孩子都应该得到尊重和平等的对待。教师和家长需要教育孩子们尊重性别差异，不要因为性别而对别人产生歧视或偏见。同时，教师和家长需要鼓励男孩子参与传统上被认为是女性领域的事情，鼓励女孩子参与传统上被认为是男性领域的事情，以培养孩子们的跨性别能力和广泛的兴趣。

总之，幼儿性别差异与教育是一个重要的话题，教师和家长需要尊重和理解性别差异的存在，提供多样化的角色模型和教育机会，创造一种尊重和平等的环境，以帮助孩子们在未来取得成功。

第二节 幼儿个别差异的适宜性教学

一、适宜性教学的提出及内涵

（一）适宜性教学的提出

适宜性教学源于美国的发展适宜性教学主张，即在幼儿教育实践中提倡一种普适性的、科学的标准，提倡人们普遍接受的共同的教育价值观念。其基本观点是：强调为婴幼儿设计高质量的托幼机构教育，在各个年龄阶段都以适宜的和不适宜的课程对幼儿教育进行规范，认为应考虑婴幼儿身心发展的年龄特点和个体特点，并且以此为基础说明托幼工作者应该做什么和不应该做什么。

（二）适宜性教学的内涵

适宜性教学是指教师根据幼儿的需求、学习方式和认知特点设计和实施教学活动，以促进所有幼儿在原有基础上获得全面发展。它包含了三个内涵：年龄适宜性、个体适宜性、文化适宜性。

年龄适宜性是指教学活动要符合幼儿的年龄特点和生长发育规律，针对不同年龄段的幼儿制定不同的活动方案。个体适宜性是指教学活动要考虑到幼儿的个体差异，包括学习方式、认知风格、学习进度等，以促进每个幼儿在他们已有的基础上获得更佳的发展。文化适宜性是指教学活动要尊重幼儿的文化背景和价值观，将文化因素融入教学活动中，以增强幼儿的文化意识和跨文化交流能力。

随着对幼儿学习方式差异的不断深入认识，以及多元文化社会中幼儿社会化背景的差异性的逐渐显露，适宜性教学的其中一个内涵已经从年龄差异的适宜性转向个别差异的适宜性。

二、适宜性教学的主要模式

（一）资源利用模式

资源利用模式是指个体在生产和生活中对自然资源合理利用的方式和方法。它可以帮助人们有效地利用资源，提高生产效率，减少浪费，降低成本。在幼儿园教学活动中，资源利用模式是指教师要充分利用幼儿的长处和优点，根据幼儿的个性特点开展各类活动，以巩固幼儿的优势领域，尊重幼儿的各种智能差异，确保在教学活动中让幼儿最大限度地用其所长，以保证教学活动的高效性。

（二）补偿模式

补偿模式是指在教学活动中，如果幼儿在某一方面或某一领域的技能发展有所不足，可以借由另一方面的强项对这一方面的技能进行补偿，以求促进幼儿的全面和谐的发展。比如，有些幼儿阅读能力差，但擅长绘画，在进行绘本阅读时，教师可以引导这类幼儿根据图片理解故事内容，或者教师在讲解时可以以录像教学辅助幼儿学习。当然所有幼儿都会有不一样的地方，也就是存在个别差异，在具体教学活动中，某项比较占优势的幼儿，在与他们求知方式吻合的学习活动中取得成功后，会比较主动地协助那些该项智能较弱的幼儿。

（三）治疗模式

治疗模式是指对心理治疗理论进行解释和应用的方式。常见的有：①教育模式，通常被行为治疗、认知治疗、问题解决训练、社交技能训练及小组治疗采用；②注重挖掘个体心理过程特征的模式，如精神分析治疗。本书中主要是指针对幼儿某一方面的能力缺陷给予的针对性的教育。例如，"补偿教育""早期开端计划""'国十条'突出强调的学前教育的公益性和普惠性"等就是为了促进幼儿基本认知学习技巧的治疗教学。

补偿教育是指对在经济上和社会地位上处于不利地位的，或其语言、情感、社会性发展等方面存在能力不足或缺陷的，以及没有机会享受正规教育的、丧失了良好教育权利的儿童（包括学龄前儿童）进行的教育。补偿教育的目的就是通过向幼儿提供特殊的教育计划以弥补他们在各方面的不足。

（四）个别化教育方案模式

个别化教育（Individualized Education Program）是一种主张为每个幼儿量身定制教育计划的方法，旨在满足幼儿的个性化需求，提高教学效果。该方法最先用于特殊儿童的干预和矫正，其方案由于关注幼儿的个别差异及幼儿的个体发展，逐渐在教育领域中应用，即主张为每个幼儿提供个别化的教育方案。

在个别化教育中，教师会根据幼儿的不同情况，设计相应的教学计划和教学方法，以适应幼儿的差异性和需求。在实施个别化教学活动时，教师要了解幼儿的学习兴趣、爱好和需求，根据幼儿的需求调整活动计划；根据不同年龄阶段的幼儿发展特点采用不同的活动方法和策略，以适应幼儿的差异性和需求。

个别化教育教学策略主要包括以下几点。

（1）调整幼儿的学习速度。以往教育教学活动设计安排通常面向全体幼儿，未考虑幼儿发展的个别差异性。个别化教育提倡针对智力发展缓慢的幼儿或智力水平偏低、学习速度较慢的幼儿调整活动时间及计划，以适应其需求。为了调整幼儿的学习速度，教师可以和幼儿一起探讨适合其发展的学习方法，还可以定期和幼儿家长沟通，以了解幼儿的进步和不足，根据孩子的年龄、个性和情境选择适当的方法，以最大限度地提高孩子的学习效率。

（2）提供多样性教材。除了学习速度之外，提供多样性教材也是个别化教学的重要方面之一。个别化教学强调以幼儿为中心，根据不同需求和背景，提供多种形式和不同难度的教材，以满足幼儿的个性化需求和提高教学效果。教师在教学活动中可以根据不同幼儿的文化背景提供音频、视频、图片、实物等多种形式的教学资源，以满足不同幼儿的学习需求，也可以提供实践性、情境性或互动性的教材，以激发幼儿的学习兴趣和好奇心，适应不同幼儿的学习水平和能力。

（3）调整教师的角色。在个别化教学中，教师不再只是主导者和知识的传授者，而是同时成为幼儿成长的引导者、幼儿发展的促进者和合作者。在教学活动中，教师需要了解幼儿的整体情况，引导幼儿自主学习及探索，与幼儿共同学习和成长，共同探讨问题、合作完成教学活动，为幼儿提供必要的引导和支持，促进幼儿的发展和成长。

三、针对幼儿个别差异进行适宜性教学的途径

《幼儿园教育指导纲要（试行）》指出："尊重幼儿在发展水平、能力、经验、学习方式等方面的个体差异，因人施教，努力使每一个幼儿都能获得满足和成功。"

（一）幼儿园

3～6岁的幼儿主要的学习场所是幼儿园，此阶段幼儿的各项能力发展迅速，因此幼儿园需要做到以下几点。

1. 平衡协调发展多种智能

幼儿自身平衡协调的能力发展是幼儿园教育的重要部分。幼儿在幼儿园室内外活动中会探索、观察和接触到幼儿园的一切，和同伴群体互动，在各个区角活动和探索，随着幼儿的活动，其体能、智能等方面也得到发展。幼儿园的设备设施要完善，也可以根据幼儿园的文化背景进行环境创设。每所幼儿园都有自己的办园理念和办园特色，一日常规活动中多引导幼儿参加一

些幼儿个人感兴趣的活动，如拍卖会、小小美食家，让幼儿在幼儿园均衡发展。

2.进行个别化的学习

幼儿园个别化学习活动是指教师根据活动目标和幼儿的发展水平，有目的地创设环境、投放活动材料，让幼儿与环境、材料及其他幼儿之间进行有效互动。教师在环境创设或提供材料时要了解幼儿在个别化学习活动中的特点，引导幼儿自发、自主地进行个别化学习。结合幼儿的生活经验为幼儿创设生活化的游戏情境，帮助幼儿尽快融入角色，投入活动；创设故事化的活动情境，让幼儿在经典故事中进入较真实的情境，让幼儿有身临其境的感觉，使幼儿在活动情境中进行学习。

3.社区化的学习

《幼儿园教育指导纲要（试行）》指出："家庭、社区合作，引导幼儿了解自己的亲人以及与自己生活有关的各行各业人们的劳动，培养其对劳动者的热爱和对劳动成果的尊重。""充分利用自然环境和社区的教育资源扩展幼儿生活和学习的空间。"社区是社会大环境中与幼儿园关系最密切、对幼儿影响最大的主体之一。大众传播媒介的普及、社会人际交往渠道的迅速发展，给幼儿增加了许多学习途径。幼儿园应当摒弃封闭的教育观念，利用社区丰富的教育资源，走进社区开展多种多样的教育活动。也可以带幼儿"回归生活"，例如，带幼儿进行社区参观、了解工作人员为社会服务的情形。又如，组织幼儿参与社区服务，使幼儿在与社会的接触中了解社会，初步理解人与社会、人与人之间的关系，感受家乡的发展与变化，感受爱与被爱的幸福，激发对家乡、对祖国、对生命、对生活的热爱，促进社会适应能力的健康发展。

4.拥有具备多元化思维和多元角色扮演能力的专业师资

《幼儿园教育指导纲要（试行）》中指出："教师应成为幼儿学习活动的支持者、合作者、引导者。"支持、合作、引导是教师主导价值的体现。教师在活动中应更多关注幼儿的需要，而不应仅仅约束纪律和传授知识。由此看来，幼儿园需要拥有具备多元化思维和多元角色扮演能力的师资，才能更好地培养幼儿。

（二）幼儿教师

为了进行适宜性教学，幼儿教师需要采取以下措施。

1. 设计适应幼儿多元智能发展的教学活动

多元智能理论要求幼儿教师在设计教学活动时要根据幼儿学习的个别差异或幼儿的兴趣、爱好等方面的发展需要，尽可能使活动生动有趣。教师可以通过讲述故事、谈话活动、角色扮演等方式培养幼儿的语言智能，通过玩拼图游戏、数数、识别形状、分类等活动培养幼儿的数学智能，通过跳舞、做游戏、运动等活动培养幼儿的身体协调智能，通过观察动物、植物、天气等活动培养幼儿的自然观察智能，通过角色扮演游戏、合作完成任务等活动培养幼儿的社交智能，等等。最重要的是，幼儿教师要为幼儿提供实践的机会，让幼儿在参与和体验中学习各种智能。

2. 对幼儿评价要综合、全面

多元智能理论认为，不同年龄阶段的幼儿有不同的智能组合和优势智能，因此对幼儿的评价应该综合、全面，以充分反映每个幼儿的发展状况和潜力。想要反映幼儿的语言发展能力，可以从幼儿的口语表达、对绘本的理解等方面入手；想要反映幼儿的身体协调能力，教师可以从幼儿的身体协调能力和运动技能等方面入手。根据多元智能理论对幼儿进行评价，可以帮助教师了解每个幼儿的优势和劣势，并为他们提供有针对性的教育和支持。

3. 引导幼儿多角度解决问题

多元智能理论要求在教学活动中，应该让幼儿按照自己的方式发现问题、解决问题，而不是由教师决定幼儿的学习方式。教师应该鼓励幼儿自由探索，启发幼儿发现并解决问题，培养幼儿的批判性思维和解决问题的能力，为幼儿提供探索的机会，鼓励幼儿主动提出问题；尊重幼儿的学习方式，并为幼儿提供支持和引导，让幼儿在教师的引导下获得更深刻的理解和体验，更好地发挥智能优势。

【复习与巩固】

1. 根据多元智能理论，观察不同年龄阶段幼儿的学习差异，并进行思考。
2. 观察多位幼儿教师的教学活动，根据多元智能理论分析其教学活动的实施。

【总结与反思】

第十一章　幼儿教师心理

【知识目标】

1. 明确幼儿教师应具备的心理素质。
2. 理解幼儿教师专业发展的重要性。
3. 明确影响幼儿教师心理健康的因素。

【技能目标】

理论与实践相结合，设计一种适用于幼儿教师的心理成长记录表。

【本章要点】

01　幼儿教师心理健康概述
一、幼儿教师心理健康定义
二、幼儿教师心理健康标准
三、幼儿教师心理健康的重要性

02　幼儿教师的心理素质与职业素养
一、幼儿教师的品德
二、幼儿教师的个性特征
三、幼儿教师的知识结构
四、幼儿教师的教育能力

03　幼儿教师心理健康的维护措施
一、幼儿教师常见的心理问题
二、影响幼儿教师心理健康的主要因素
三、幼儿教师心理健康的维护

（中心：幼儿社会性学习与发展）

请你思考：

心理健康的标准是什么？

研究幼儿教师心理健康的价值何在？

如何成为一名幸福的幼儿教师？

第一节 幼儿教师心理健康概述

一、幼儿教师心理健康定义

根据世界卫生组织（WHO）的定义，心理健康主要是指没有心理疾病或变态，个体社会生活适应良好，人格的完善和心理潜能的充分发挥，在一定的客观条件下将个人心境发挥成最佳状态。目前在我国，心理健康既指心理健康状态，又指维持心理健康、预防心理障碍或问题，进而全面提高人的心理素质的过程。第三届国际心理卫生大会将心理健康定义为心理健康是指在身体、智能、情感上与他人心理不相矛盾的范围内，把个人心理发展到最佳的状态。[1]

综合国内外关于心理健康内涵的研究，本书认为可以从以下几个方面对心理健康的内涵加以理解：[2]

（1）心理健康应该包括心理调节能力和心理状态这两个紧密相关又互相区别的部分。心理调节能力是指个体把自己的心理状态调整到合适水平的能力，这种能力能够通过后天的教育加以培养、锻炼。心理状态是指个体某时或某段时间内自我觉察到的心理好坏状态（尤其是指情绪的好坏），这方面容易受到日常生活事件的影响。

（2）心理健康是一个相对的、动态发展变化的概念，即心理健康是一个不断趋向完善的过程。心理健康是比较而言的，绝对的健康是不存在的，人们都处在非常健康和极不健康两端连线中间的某一点上，而且人的心理健康状态是动态变化的，而非静止不动的。因此，心理健康与否是反映某一段时间内的特定状态，而不是永远不变的。

---

[1] 田宏碧，陈家麟.中国大陆心理健康标准研究十年的述评[J].心理科学，2003，4（26）：704-708.

[2] 魏恰，程水源.教师职业技能训练[M].北京：高等教育出版社，2015：351.

（3）心理健康是分不同层次的。根据心理问题的严重程度，个体的心理健康状况可分为：严重病态、轻度失调状态、一般常态和很健康状态这四个层次。由"一般常态"到心理"很健康状态"是一种发展趋势，即处于一般心理状态的个体向更加健康的心理状态转化。

（4）个体心理的不健康只是他在某一个或某几个方面的不健康，并不是指心理的所有方面都不健康。心理健康是指个体心理的各个组成部分，如感觉、知觉、记忆、思维、想象、语言和情绪，以及这些组成部分作为一个整体的良好健康状态。

综上所述，心理健康是指人的基本心理活动过程内容完整、协调一致，即认识、情感、意志、行为、人格完整和协调，且能适应社会，与社会保持同步。

幼儿教师心理健康是指幼儿教师在保育、教学等工作中，能够保持良好的心理状态，具备适当的情绪情感，积极的心理特征和良好的社会适应能力，从而能够为幼儿提供良好的教育环境，促进幼儿的全面发展。

二、幼儿教师心理健康标准

幼儿教师心理健康标准既应包含一般的、共性的心理健康标准的内容，也应体现出幼儿教师职业群体的特殊性内涵。根据幼儿教师职业的性质与特点，幼儿教师心理健康标准主要包括以下几点。

（一）热爱幼儿和幼儿教育事业

苏联教育家马卡连柯说过："爱是教育的基础，没有爱就没有教育。"如果没有爱这个基石，整个教育大厦就会坍塌，教育必须以爱为前提。所以说，幼儿教师必须有爱心，尊重、关心、爱护每一个幼儿，是充满爱心的、爱孩子的人。有了爱心就会热爱幼儿，热爱幼儿纯真、美好、善良的笑脸，并能够包容幼儿犯的一些错误。在对幼儿付出爱心的同时，也会在繁杂的工作中获得幼儿教育带来的快乐、体验人生的价值，然后在平凡却又重要的岗位上努力工作。作为人类灵魂的工程师，教师只有将自身的才智在教育教学活动中展示出来，并由此获得成就感、价值感和满足感，才能很好地适应社会生活。幼儿教师要认同和热爱幼儿教师事业，认真负责，同时对社会发展充满信心。

（二）良好的社会适应能力

面对日益提高的科技水平、爆炸式增长的信息量、激烈的社会竞争压力，教师必须不断提升自身的社会适应和心理应变能力。幼儿教师的社会适应能力直接影响着教育教学工作，幼儿教师只有提高自己的社会适应能力，才能对幼儿产生良好的教育影响，促进幼儿社会适应能力的发展和提高。

（三）友好和谐的人际关系

德国哲学家、教育学家卡尔·西奥多·雅斯贝尔斯（Karl Theodor Jaspers）在《什么是教育》一书中写道："教育的本质意味着，一棵树摇动另一棵树，一朵云推动另一朵云，一个灵魂唤醒另一个灵魂。"教书育人的活动是一种人与人直接交流的活动，幼儿教师的工作也是一种职业性的人际沟通活动。他们的劳动方式具有个体性、集体性、创造性、长期性等特点，实际的工作中，有些教师与同事之间的交往较少，有明显的缺少心理沟通的趋势，容易造成心理发展的闭锁性。但幼儿教师只有做到妥善处理人际关系，乐于与同事、家长相处，才能做好幼儿教育工作。良好的人际关系和社会支持系统是防御心理问题的最好屏障。在与幼儿的交往中，幼儿教师良好和谐的人际关系表现为教师与幼儿关系融洽，幼儿教师能理解并乐于接纳幼儿的每一个方面。

（四）正确认识、理解、悦纳自我，有恰当的事业理想与生活目标

心理健康的人能正确认识、理解和客观地评价自己，对自己的不足与缺点能够接纳并妥善处理，努力寻求自我的最佳发展状态。幼儿教师在教育活动中，会遇到各种各样的成功或失败，心理健康的幼儿教师能平静地对待这些不同的心理状态。在成功、荣誉面前不沾沾自喜，遇到失败也不会消沉、绝望，这一点是幼儿教师心理健康的重要指标之一。幼儿教师还要能够根据

实际的情况，制定适当的工作和生活目标，不被外界的因素所困扰。对应该追求的目标一定要有信心追求到位，对无法实现的目标要舍得放弃，有较好的自我约束、自我控制能力。

（五）善于自我控制和调节情绪，保持平和的心态

因为幼儿教师的工作对象是喜欢调皮捣蛋、活泼可爱的幼儿，所以，良好的情绪处理能力对幼儿教师来说更加重要。人们在日常生活中都有可能产生焦虑、烦闷、紧张、恼怒等不良情绪。幼儿教师经常会面对诸多职业心理压力，容易产生烦躁、抑郁、失落、挫败、安全感缺失等负面情绪，而过沉重的心理压力会进一步导致心理问题乃至一些身心疾病。调节和控制自身的情绪活动是幼儿教师心理健康调节的重要内容，幼儿教师应保持积极乐观、开朗热情的状态，学会调适不良情绪和自我心理维护，采取科学、合理、有效的方法宣泄、处理不良情绪。

（六）人格相对完整，不过分追求完美

俄罗斯教育心理学家乌申斯基说过："在教育中，一切都应基于教师的人格，因为教育力量只有从活的人格源泉中才能产生，只有人格才能影响人格的形成和发展，只有性格才能形成性格。"[①] 我国教师大多对学生的行为习惯要求比较严格，对学生的学习细节管理比较严谨。这样的教学行为习惯会让教师长期生活在高标准严要求、不断自我完善与发展的文化环境中，但这也容易使许多幼儿教师形成完美主义人格倾向，而这些人格上的倾向性也正是一些心理问题的成因之一。因此，教师要学会不断完善自己的人格，但要避免过度的完美主义倾向。要想培养出人格健全的幼儿，首先就要求幼儿教师的人格比较健全。幼儿阶段是人格形成的关键时期，此时形成的人格对他们的一生都具有很大影响。

---

① 转引自彼得洛夫.论人民教师的威信[M].方德厚，译.上海：作家书屋，1951：46.

（七）勤于学习，勇于创新

丰富的知识经验是教师从事教育教学工作的前提，为了更好地培养学生，教师要乐于学习、善于学习。对教学过程中遇到的各种问题不断探索钻研，对自己的教育经验不断总结反思。幼儿喜欢问这问那，堪比"十万个为什么"。所以，知识渊博、能够对小朋友的问题做出及时解答的教师往往会赢得幼儿的喜爱，知识贫乏或遇到小朋友的提问难以回答可能使教师感到焦虑或紧张。教师只有自己具有创新意识和探索欲望，才能激发幼儿的探索精神和学习欲望。心理健康的教师在教学活动中善于学习，勇于创新，还能根据幼儿发展的阶段特点，富有创造性地解读知识、改进教学方法，使教学活动达到理想的教育效果。因此，幼儿园不仅要建设成儿童的乐园，更要建设成教师终身学习的家园。

【知识延伸】

常见的心理异常现象：

（1）狭隘。俗称"心眼窄""小心眼"。表现为受到一点委屈或碰到很小的得失冲突时，便斤斤计较，耿耿于怀，不能自我调节。极易受外界暗示，极度敏感，爱猜疑，遇事容易疑神疑鬼，由于猜疑使个人知觉严重歪曲。

（2）抑郁。表现为情绪低落，沉默寡言，孤独焦虑，郁郁寡欢，闷闷不乐，缺乏内在动力。

（3）怯懦。基本表现是胆小怕事，遇事容易退缩，不敢面对挑战，非常害怕在别人面前行动做事，该说的话到嘴边就犹豫不言、畏畏缩缩，容易错失良机，事后悔恨不已；容易屈从他人，甚至逆来顺受，无反抗精神。

（4）自卑。自卑表现为对个人能力和品质做出偏低的评价，自愧无能而丧失自信，伴有自怨自艾等消极情绪体验，自我感觉在一切方面都不如人，忽视自己的优点，自认为在社会上毫无价值，自惭形秽，几乎没有自信心，认为自己无所作为，对前途产生渺茫之感，悲观失望，甚至对那些稍加努力就可以完成的任务，也往往因自叹无能而轻易放弃。

（5）敌对。敌对是个人屡遭挫折或内心不满时表现出的一种反常状态，是一种与他人心理不相容而敌视、对抗他人的消极心态。敌对是攻击行为的潜在状态。

（6）嫉妒。因为看到他人在某些方面(相貌、才华、财产增加、境遇、地位上升等)高于自己而产生的一种由羞愧、恼怒、怨恨等组成的复杂的情感体验。

（7）暴躁。表现为忍耐性极差，易激惹，易冲动，爱发脾气，常常伴随突发的行为表现。

（8）孤僻。性格孤僻者的主要表现是不合群，不愿与他人接触，对于周围人常产生厌烦、鄙视或戒备的心理。

三、幼儿教师心理健康的重要性

（一）保障幼儿教育质量的前提

幼儿教师的心理健康水平直接影响到幼儿教育的质量。一名心理健康的幼儿教师能够为幼儿提供积极的情感支持和教育指导，能够帮助幼儿解决问题。幼儿良好的情绪管理、行为习惯等方面的培养，都需要教师在自身心理状态稳定的情况下进行，否则就会影响教学效果，甚至导致教学质量下降。如果幼儿教师自身心理状态良好，就能够更好地关注幼儿的需要，为幼儿创造一个积极、健康的学习环境，促进幼儿的全面发展。

（二）为推进国民素质教育奠定基础

幼儿教师作为幼儿教育的直接实施者，对于幼儿身心健康成长具有至关重要的作用。心理健康的幼儿教师不仅能够为幼儿创造一个温馨、和谐、安全的教育环境，还能够有效地解决幼儿遇到的各种问题，促进幼儿的发展。因此，幼儿教师作为国民素质教育的奠基人之一，对于幼儿教育事业的健康发展具有重要的作用。为了保障幼儿教师的心理健康，除了幼儿教师自身需要注重对心理健康的维护外，幼儿园和相关部门也应该采取措施为幼儿教师提供支持和帮助，提高幼儿教师的工作质量和效率，为幼儿身心健康成长提供保障。

（三）幼儿教师职业幸福感的源泉

心理健康是幼儿教师职业幸福感的源泉之一。一名心理健康的幼儿教师，通常会感到自己对工作有积极的控制力和自主性，从而在工作时具有安全感、成就感和愉悦感，这种积极的情感体验能够提高幼儿教师的职业幸福感。此外，心理健康的幼儿教师通常能够更好地处理工作压力和应对挑战，从而保持身心的健康，进一步提高职业幸福感。当然，幼儿教师的心理健康水平还直接影响到幼儿教师的职业满意度。一名心理健康的幼儿教师能够更好地适应工作环境，处理工作中遇到的问题和挑战，从而提高职业满意度。

（四）幼儿教师个人成长和发展的基石

心理健康水平还直接影响到幼儿教师的个人成长和发展。一名心理健康的幼儿教师，通常具有自我认知准确、情感成熟、适应性和自我调节能力强等优秀品质，这些品质能够帮助幼儿教师更好地认识自己、理解他人，增强自我意识和自我管理能力，提高自己的专业素养和教学水平，进一步促进自身的成长和发展。此外，心理健康的幼儿教师也能够更好地应对工作压力和挑战，从而有更多的精力和时间用于个人成长和发展。

第二节 幼儿教师的心理素质与职业素养

幼儿教师的心理素质是幼儿教师职业素质的综合体现，是在长期的幼儿教育工作实践中形成的心理品质和行为模式。包括认知能力、情绪情感、意志力、个性特征等，它在很大程度上取决于幼儿教师的职业特点，也是幼儿教师在长期的幼儿教育工作实践中逐渐形成的。

一、幼儿教师的品德

幼儿教师作为社会公民，理应具有社会所要求的品德，但更重要的是，作为一名教师还应具备教师的职业道德，它是幼儿教师的职业信念和行为的准则。

（一）热爱幼儿教育事业，恪守职责

幼儿教师职业道德的核心是热爱幼儿教育事业，恪守职责。这是从事幼儿教师职业必须具备的内在素质之一。

作为一名教师，必须热爱教育事业，这也是师德的首要条件。教师对教育的热爱是一种特定形式的爱，是对特定对象的爱，有着比母爱更宽广的内涵。这种爱是对教育事业的无私奉献，是对教育对象的精心培育，是在教育实践中所产生的对教育对象的真诚关爱。这种情感体验是一种超越功利的、发自内心的、真诚的、无私的、深沉的、高尚的情感，是一种热情和激情的统一，是一种献身精神和尽心投入的统一。幼儿教师的工作是解决幼儿在日常生活中不断出现的各种问题和促使幼儿适应社会发展的需要，所以教师必须具有对教育事业、对教育对象的深深热爱，只有这样，他才会不遗余力地投身教育事业，才能真正具有敬业乐业、尽职尽责的精神。

作为一名教师，还应当严格要求自己，恪守职责，这是教师职业道德的另一个重要品质。对于幼儿教师而言，应当时刻"严于律己"，自觉地遵守社会道德和教师职业道德，给幼儿以良好的师德影响，要严格要求自己，用模范的行为教育和影响新一代。

（二）团结互勉，善于合作

教育对幼儿的影响是通过教育者集体的作用而实现的。幼儿教师的工作也是在集体中通过与他人的共同合作完成的。

首先，幼儿教师与同事之间要团结协作，互勉共进。一个齐心协力的集

体有益于每位成员的积极向上,一种团结协作的良好氛围有助于每位成员的相互激励。教师之间应当既团结互助,又你追我赶、共同进步。幼儿教育的工作依靠全体幼儿教育工作者的协同合作和各尽职责。幼儿教师与同事应相互尊重,谦虚礼让,取长补短,善于合作。同时,教师集体的道德面貌也是很重要的教育因素。"身教重于言教",教师之间相互尊重,彼此以诚相待,对幼儿是一种无言的教育。

其次,幼儿教师应与幼儿家长密切合作。幼儿教育是一项复杂的工程,不是幼儿园或家庭任何一方所能单独胜任的。幼儿教师要及时向家长告知幼儿的情况,主动征求家长的意见和建议;要尊重和理解家长,与家长建立民主、平等、诚挚的合作伙伴关系,取得家长的积极配合;指导和帮助家长为幼儿创设良好的家庭教育环境,达到家庭与幼儿园的同步教育,使教育力量在协调运作中发挥的效能最大化。

二、幼儿教师的个性特征

(一)广阔而浓厚的求知兴趣

兴趣是个人力求接近、探索某种事物和从事某种活动的态度和倾向。良好的兴趣不只是对事物的表面关心,还是对事物实质的积极思考、大胆探索的深层次的认识过程。因此,兴趣是活动的一种原动力,它是鼓舞人从事活动的重要心理能量。

幼儿教师的兴趣具有明显的广阔性。广阔的兴趣使得他们乐于广泛吸收各领域知识,拓宽视野;他们的生活也会因此变得充实而富有乐趣。对教育工作的兴趣、对幼儿发展的兴趣是幼儿教师的中心兴趣。幼儿有着强烈的好奇心,他们对未知领域和自己感到新异的事物表现出浓厚的兴趣。幼儿的兴趣是广泛的,但又是比较浮浅、易变的。幼儿的早期兴趣对幼儿的未来活动可以起到准备作用。因此,幼儿教师要以浓厚的求知兴趣引导幼儿一同思考、一同探索,激发幼儿持续、稳定的求知兴趣。良好的兴趣可使人集中精力获得知识,并创造性地完成当前的活动。幼儿教师只有自己具有广阔而浓厚的求知兴趣,才能促进幼儿形成良好的早期兴趣。

（二）积极而稳定的情绪

在幼儿教育工作中，幼儿教师的情绪对幼儿的心理健康有着直接的影响。教师不良的情绪不仅使幼儿感到无所适从和缺乏安全感，而且也容易使教师采取错误的态度和方法对待幼儿。因此，幼儿教师要保持积极稳定的情绪，切忌将不良的情绪带给幼儿甚至迁怒于幼儿；要保持为人师表的自我形象，以开阔的心胸、乐观向上的人生态度面对生活和工作；同时，还要善于运用心理的自我调节策略，理智地调节自己的情绪。保持积极稳定的情绪需要具有良好的意志品质，这也是幼儿教师心理健康的重要标志之一。

（三）坚强的意志

一个人的意志表现在他所进行的有目的和有计划的行动中。人的意志与认识、情感等心理过程是密切联系着的，是人对客观现实做出反应的不同方面。意志的产生以认识过程为前提，又影响着认识过程。情绪或情感既可以成为意志行动的动力，也可以成为意志行动的阻力；与此同时，意志也可以调控情绪，使情绪服从于理智。教师的意志品质与教育工作的成败密切相关。幼儿教师坚强的意志主要表现为：不怕困难，坚持不懈和善于自制。幼儿教师的工作是艰辛而富于创造性的。幼儿良好习惯的养成，各种技能的掌握，每一方面的进步和发展，都凝聚着幼儿教师长期付出的大量心血和智慧。幼儿教师的职业特点决定了幼儿教师必须具有坚强的意志。另外，要想探索幼儿教育工作的新路子，就更有可能会历尽曲折和艰难，必须以坚强的意志为支撑。

（四）健全的性格

健全的性格表现为对自己、对外界的态度和行为方式符合社会规范，协调和稳定，具有良好的社会适应性。

幼儿教师的性格是在教育实践过程中，经过自觉的自我修养和积极的自我调适而形成的。性格健全的幼儿教师热情、开朗、待人诚恳、与人和谐相处，表现出乐群性；他们活泼、有朝气、富于想象、善于思考，表现出聪慧性；他们能面对现实，情绪稳定。他们的性格对幼儿性格的塑造起着潜移默化的作用。因此，幼儿教师应不断提高自我修养水平，培养健康的生活情趣（包括童趣），建立和谐的人际关系，乐观地对待生活，保持积极进取的人生态度，适应生活和工作中的各种环境；努力塑造健全的性格，为幼儿树立良好的榜样。

三、幼儿教师的知识结构

（一）较高的文化修养和广博的知识

作为幼儿人生的启蒙者，作为人类文化的传递者，幼儿教师应具有较高的文化修养，这是幼儿教师从事教育工作的前提，也是今后工作与发展的根基。

较高的文化修养有赖于广博的知识，对幼儿进行启蒙教育更需要具备广博的知识。幼儿教师是幼儿获取知识的重要源泉。幼儿对周围世界中所有未知领域都有强烈的好奇心，他们所提问题涉及的范围非常广泛。幼儿教师要想使幼儿对周围世界有一个正确、初步的认识，保护幼儿探索和求知欲望，培养幼儿对科学文化的浓厚兴趣，就要拥有广博的知识，以及较高的科学、文学和艺术修养。这样才能够帮助幼儿以一种自己能够理解的方式探索和解释他们的周围世界。幼儿教师必须勤于学习，特别是重视文化基础课的学习。同时还要注重培养自身的文化素养。目前，有些教师忽视自身文化素养的提高，单纯追求对某一技能技巧的掌握，这直接影响其对专业理论知识的正确理解和运用，也会使教学活动变得苍白而失去价值。

（二）坚实的幼儿教育理论基础

幼儿教育理论是幼儿教师知识结构中的核心部分，是幼儿教师实际工作中的行动指南。幼儿教师只有具备坚实的教育理论基础，才能树立正确的教育观念，了解幼儿身心发展特点及影响幼儿身心发展的因素，懂得幼儿教育的规律，掌握科学教育的基本方法。幼儿教师要系统学习幼儿卫生保健、幼儿教育心理学、幼儿教育科研方法等幼儿教育理论课程，并要学会在教育实践中综合、灵活地运用所学知识，把理论与实践结合起来。特别是要在幼儿教育改革实践中勇于探索，为幼儿教育理论的不断丰富和发展做出贡献。

四、幼儿教师的教育能力

（一）观察能力

意大利幼儿教育家蒙台梭利说过"每位教师都要将自己的眼睛训练得如同鹰眼般的敏锐，能观察到儿童细微的动作，能探知到儿童最殷切的需要。"[1] 在幼儿园一日生活中，善于观察的教师能敏锐地捕捉到幼儿的动作、表情和语言等方面的信息，并能用心体会幼儿以怎样的心情、怎样的动机、怎样的态度和怎样的水平在行动；正确地判断出活动中的哪个幼儿需要及时的支援、哪个幼儿需要暗示性的提醒、哪个幼儿将有某种行为发生、哪个幼儿正在进行思考不宜被干扰，等等。教师只有心中有数，才能够及时、准确地介入幼儿自主的活动中。

幼儿教师每天和幼儿接触，对幼儿各种行为表现、情感、需要等方面长期的多方面的有计划的观察，也为了解幼儿和研究幼儿提供了宝贵的第一手材料。需要指出的是，教师观察的结果也有可能与真实情况不符，这就需要教师通过科学的分析之后再下结论。关于如何有效地观察，本书在第一章里已做出详尽论述。

（二）沟通能力

教师与幼儿的沟通主要有非言语和言语两种方式。无论哪种方式都要求教师与幼儿之间建立一种友爱、信任的关系，这是教育成功的基础。

教师与幼儿之间的非言语沟通是教师与幼儿之间交流的主要途径。对幼儿来说，教师的微笑、点头、抚摸、搂抱、蹲下身倾听等非言语沟通，远比言语更容易表达教师对他们的尊重、关心、爱护和肯定。身体肌肤的接触有

---

[1] 蒙台梭利. 童年的秘密[M]. 北京：中国人民大学出版社，2023：2.

利于安定幼儿的情绪，让幼儿感到温暖、安全并能够使幼儿消除紧张。对于一个知道做错了事、充满害怕情绪的幼儿来说，教师亲切地搂抱他一下，摸摸他的头，远比说一句"我原谅你了"更让幼儿安心，更能让幼儿理解到"老师原谅我了"。可见，教师与幼儿非言语的沟通在幼儿教育中有着特殊的意义。

（三）设计教育活动的能力

幼儿教师设计教育活动的能力是指幼儿教师能够创造性地将教育目标与本班幼儿的实际发展相结合，制定切实可行的教育方案，并恰当利用各种组织形式和方法有效地组织实施。幼儿教师要根据幼儿园保育与教育目标，根据幼儿发展的实际水平，有目的、有计划、创造性地开展教育活动，促进每个幼儿在原有水平基础上实现全面和谐的发展。幼儿教师设计教育活动能力的提升并不是基于演练各种技能技巧，而是基于他们的教育观念和他们对幼儿的了解，构想幼儿感兴趣而有意义的活动，以其独特的构思，发现行之有效的方法，并找到教育的切入点。教师还要善于吸收幼儿教育改革的成果，将其积极应用于教育实践之中。

（四）教育科研能力

幼儿教师既是教育的实施者，又是教育理论和方法的实验者、研究者。为了促进幼儿教育改革的发展，丰富学前教育理论，幼儿教师应具有一定的教育科研能力。

幼儿教师要能够科学地评价幼儿发展的水平和评定教育活动的效果。教师要长期坚持做教育笔记。教育笔记是教师教育生涯的随笔记录，即以日记的形式及时记录教育过程中教师观察到的情况，思考过的问题，体验过的感受，教育方法上的成功与失败，教育思想上的波折与转变，以及教育对象的发展与变化，等等，从而促使教师从中摸索教育规律，提高教师教育艺术修养。

总之，幼儿教育的对象——幼儿是正在成长中的个体，他们有着丰富细腻的精神领域,这些领域只能以相同特质的事物施加影响。幼儿教师的工作是使知识、能力、情感与智慧等的综合运用达到艺术高度的创造性活动,幼儿教师的心理素质就是这种教育艺术的源泉之一。

第三节 幼儿教师心理健康的维护

幼儿教师作为特殊的职业需要从业者投入更多的努力,社会大众对幼儿教师这一职业的重要性越来越认可并赋予越来越多的期待,家长对幼儿教师提出的要求也愈发严格,在这种大环境下,幼儿教师的心理问题也越来越引起关注。

一、幼儿教师常见的心理问题

(一)情绪不稳定

作为幼儿教师,情绪不稳定可能会对他们的生活和工作产生负面影响。幼儿教师的工作环境可能会很嘈杂,这也会增加幼儿教师的压力。幼儿教师也是人,他们可能会遇到各种个人问题,例如,家庭问题、财务问题、健康问题。这些问题可能会影响他们的情绪和工作表现。幼儿教师通常需要独立处理许多问题,但许多幼儿教师无法得到足够的支持,而如果没有足够的培训和支持,他们可能会感到无助和沮丧。幼儿教师通常需要花费大量的时间和精力照顾和教育孩子,如果没有得到足够的认可和反馈,他们可能会感到失落和沮丧。

(二)人际关系敏感

幼儿教师日常接触与处理的事情多是与小孩子有关的,属于比较琐碎的事情。这些事情会大大影响教师工作的耐心。除了对于幼儿的教学,还要与家长沟通幼儿状况,部分幼儿教师因此在人际沟通和人际关系方面表现得十分敏感。具体表现为在和其他人相处的时候沉浸在诉说自己的不满、自己的不幸，而根本不听别人在说什么，也不理会别人的建议和意见，或者不改变自己，不愿意从其他方面理解问题，甚至会出现脾气暴躁、体罚孩子等攻击性行为。人际关系复杂易于导致人格障碍问题。幼儿教师的工作特点决定着教师必须与幼儿、同事、幼儿园管理者，以及幼儿家长等建立良好的人际关系。教师作为多重角色的扮演者，在处理各种关系中可能遇到矛盾冲突，处理不好时会因此激动、不安、烦恼和痛苦，不仅影响工作，而且有碍心理健康。个别教师甚至会出现身心失控的现象，导致人格异常。

（三）心理失衡

幼儿教师心理失衡可能有多种原因。首先，工作压力大，在工作中，幼儿教师不但要进行教学活动，也要照顾全班幼儿，同时还要应对幼儿提出的各种问题、出现的各种不良行为，幼儿入园和离园期间还需要和幼儿家长面谈沟通，让家长了解幼儿在园的情况，幼儿园环创和班级环创、主题墙等工作都需要教师在幼儿离园后进行，无疑为教师增加工作强度；其次，幼儿教师的教育科研能力也需要不断提升，因而每周都要进行教研活动；再次，幼儿教师的薪酬通常较低，这可能会导致他们感到不公平和失落，也可能会影响他们的生活质量，并降低他们的自尊心；最后，幼儿教师的职业发展可能受到限制，这可能会导致他们感到沮丧和失望，他们可能需要花费很长时间才能晋升到更高的职位，或者可能没有机会晋升，这可能会影响他们的自尊心和工作热情。

（四）职业倦怠

幼儿教师的工作内容需要其投入大量的精力，不仅仅需要时间上的投入，还需要大量的情感投入。一名合格的幼儿教师，需要会唱歌、跳舞、乐器等才艺，最重要的一点还要很有耐心、很细心。孩子是祖国的未来，要想培养优秀的孩子，教师需要在工作时间全身心投入。刚刚步入工作，教师饱含热情、干劲。但是随着日复一日的工作，个别教师就会觉得工作内容越来越枯燥，积极性也慢慢褪去。除此之外，个别教师也会产生一定的惰性，慢慢产生职业倦怠。

（五）对于教育改革适应不良

随着教育改革的不断深化，社会对幼儿教师素质的要求也在不断提高。幼儿课程内容日益丰富，幼儿教育课程现代化已经成为发展趋势。课程目标的不断改进以及教育方法的灵活多样，使幼儿教师感到原有知识水平已经不能完全胜任教学工作。这就给部分幼儿教师带来了心理压力，如果不能更新知识，充实与提高自己，就无法胜任教学岗位。这使部分幼儿教师产生了不适应感和焦虑情绪。

（六）业务工作压力过重

幼儿教育属于启蒙教育，幼儿教师面对保教双重任务，教育成果不能用学业成绩体现，因此，也难以被量化和被广泛认可。教师要按计划完成教学任务，认真备课，精心设计活动形式，随时迎接听课检查，同时还要承担科研课题，完成每日撰写计划，填写教育反思，完成月任务等。工作量大的同时工作项目琐碎。此外，协助开展对外开放活动和参加临时会议导致部分教师把教学反馈单和教案带到家中完成，有时要忙到深夜。这方面的压力也容易造成幼儿教师出现心理健康问题。

二、影响幼儿教师心理健康的主要因素

法国作家罗曼·罗兰在《约翰·克利斯朵夫》一书中写道："要撒播阳光到别人心中，总要自己心中有阳光。"当幼儿教师体验到更高的幸福感时，幼儿更容易受到教师影响而感到安全、自信、乐观，更愿意表达和探究。作为幼儿教师，和孩子平等交流、友好互动、亦师亦友，可以让孩子在宽松、自由、平等的健康环境中，获得良好的心理发展。总之，幼儿教师的心理健康发展会影响幼儿的心理健康发展。人们要想科学地维护幼儿教师心理健康，就需要明确影响其心理健康的主要因素。

(一)客观压力源

1. 物质需要

教师的物质需要大致可分为生活方面的物质需要和工作方面的物质需要。前者如工资待遇、住房条件、饮食条件，后者如教具、教材、环创。大多数教师崇尚节俭养成了艰苦朴素的生活及工作作风，习惯了默默耕耘，无私奉献。但随着社会经济的发展和社会成员生活水平的提高，教师的物质需要也在"水涨船高"，尤其是工作上的物质需要受到了比较大的刺激，改善教学条件、丰富现代化教学手段的需要日益强烈。物质需要的提升与现实满足之间易于形成一定的反差，一定程度上会导致部分教师心理失衡，心态欠佳。

2. 获得尊重的需要

主要集中在社会对自己的业绩、形象给予认可方面。相对于其他职业来说，幼儿教育这个职业要求教师具有强大的责任感，以及足够的耐心和爱心。但是社会上还有一些人对幼儿教师这个职业存有偏见，这也使相当一部分幼儿教师产生了不平衡感和自卑感，严重影响了心理健康发展。

3. 成就需要

幼儿教育属于启蒙教育，教育成果不能用学业成绩体现，幼儿园管理者和家长对教师教育成果的评价有时有失公允，使教师的自我价值得不到体现，另外，有的幼儿教师所担负的工作不能与自身的工作兴趣爱好、能力相适应，会使幼儿教师的成就需要得不到满足，使之产生挫折感和心理疾病。另外如果成就需要强烈而成功的可能性不大，比如，教师对自己的要求超出个人的能力或环境所允许的条件，或幼儿园对教师提出的要求过高造成过重压力时，都会导致强烈的不安和失败感。长期以来，教师一直被视为甘于奉献的群体，教师往往具有更强烈的自尊需要、荣誉需要和成就需要，期待能得到社会的关注与认可，"无求益之，唯忌损之"。而有这些需要的教师也正是那些具有强烈责任感和创造需要的教师，当他们的创造成就被忽视、否定、抹杀时，往往对心灵深处造成创伤，引起消极的后果。

4. 家长期望

社会发展日新月异，对人才素质的要求越来越高。在这样的社会背景下，家长越来越重视子女的教育，他们对教师的期望值越来越高，部分幼儿教师的教学素养和家长的高期望值之间存在一定的距离，这也给教师增加了不小的心理压力。家长觉得，孩子在幼儿园上学，幼儿园、教师就有责任把孩子照顾好、培养好，不能有任何的闪失。但幼儿是一个特殊的群体，他们还没有很好的自我控制能力，有时候会出现一些安全问题。有的家长发现自己的孩子在幼儿园摔倒了、被别的孩子打了或者抓伤了，就会到幼儿园质疑教师未尽到职责，也给幼儿教师带来了一定的心理负担。

（二）主观压力源

主观压力源是个人主观感受的压力。与客观压力源强调的事实性、环境性因素不同，主观压力源强调个人内在的主观因素，如个人性格、信念与价值观念。

个人性格是主观压力源中的一个重要因素。不同的人有不同的性格特点，有些人天生比较敏感、情绪化，容易感受到压力，而有些人则比较沉着冷静、处变不惊。

如果幼儿教师性格比较内向或者脾气比较急躁，就容易产生负面情绪，从而影响其心理健康。作为幼儿教师，由于个人的性情、气质等心理特征不同，心理承受力也不一样。心理承受力反映了一个人控制自己情绪、承受外界压力、把握心理平衡的能力，可分为四个方面：情绪感知能力、自我情绪调控能力、调控他人情绪的能力和运用情绪的能力。一般来说，情绪调控水平高的人，心理健康的水平也比较高。

信念与价值观念也是主观压力源的重要组成部分。一个人的信念与价值观念会影响其对客观事物的看法与态度，从而影响其主观感受的压力大小。例如，一个人对自我价值有着强烈的追求，那么他可能会对自己的工作表现要求更高，从而感受到更大的压力。

自信与自卑感、压力与困惑等心理感受，是每一位幼儿教师都会遇到的心理现象。但是，这些心理感受又会因人而异。乐观向上的人一般比较"看得开，放得下"，当然，"看开"不是"看破"，而是看出人生的意义，明确

"坚守平凡,甘于奉献",是平凡人生的真正价值。性格内向、不愿与人交流的幼儿教师,内心的焦虑、孤独等难以排遣,容易成为职业压力。长期处于这种亚健康状态的教师,在情绪上常常表现出急躁、紧张、不安。

总之,主观压力源强调个人内在的主观因素,是影响个人压力感受的重要方面。了解自己的主观压力源,有助于更好地应对和缓解压力。

三、幼儿教师心理健康的维护措施

幼儿教师心理健康的维护是一个系统工程,需要全社会的大力支持和全体教师的不懈努力。幼儿教师心理健康的维护可以从以下几个方面入手。

(一)形成正确的自我概念

自我概念(self-concept)是指个人对自己多方面的知觉。它是个体对自我形象的认知,包括生理、心理及社会面的个人形象,与自尊、自信、身体意象等人格发展有密切关联。自我概念是一系列态度、信念和价值标准所组成的有组织的认知结构,把一个人的各种习惯、能力、观念、思想和情感组织联结在一起,贯穿经验和行为的各个方面。作为幼儿教师,要在日常工作中多关注自己的内在感受,关注自身情绪,客观评价自己,合理要求自己,允许自己存在不完美之处,学会接纳自己;在和他人沟通中要学会表达自己的需求和观点,尝试倾听自己内心深处的声音,尊重自己,不给自己设定高不可攀的目标。同时,也要能够客观地评价他人,包容并理解他人的错误和缺点,对世事中的不平、不满、未尽善尽美之处能处之泰然。这种心态对保持心理健康是非常有利的。正确的自我概念的形成与知识的积累是分不开的,教师的心理健康水平与受教育的程度成正相关。作为教师应多学习,多接受新知识,以加强自身修养。教师也可以坚持收集有关自己的教学效果和幼儿参与教学活动情况的资料。这些资料不仅能用来帮助教师提高教学水平,而且能使教师更清楚地知道自己是否达到了预定的目标。教师对自己教学方法的利弊了解越深,越了解幼儿是否接受这些方法,就对自己的工作能力了解越深,自我认识就越客观,自我概念就越清晰,评价工作也会更全面,对自己也就更自信。

（二）强化自我意识，掌握自我调节策略

首先，教师应当学会调节自己的情绪，保持心理平衡。教师情绪控制的方法可以从两个方面入手：一是从认识上分析造成不良情绪的原因，看自己的反应是否合理、是否适度；二是控制可能发生的冲动行为，采用合理手段适当疏导情绪。例如，自己提醒自己在情绪激动时不要批评学生，等待自己能心平气和地冷静处理问题时再批评学生，防止过激言行。

其次，进行合理宣泄。如果不良情绪积蓄过多，得不到适当的宣泄，容易造成身心的紧张状态。这种紧张持续时间过长或强度过高，还可能造成身心疾病。因此，教师也应该选择合适的时机、合理的方式宣泄自己的情绪。情绪的宣泄可以从"心""身"两个方面着手。"心"方面如在适当的环境下放声大哭或大笑，对亲近和信任的朋友或亲人倾诉衷肠，给自己写信。"身"方面如剧烈的体力劳动、纵情高歌、逛街、外出旅游。

再次，教师可从其他地方寻求满足感。如培养一两项有创造性的爱好，个体能够随着这些爱好的深入而体验到满足。

最后，教师要培养健康乐观的性格。教师的性格特征不仅会影响到自己的职业适应水平，而且还影响着自己的长远发展和身心健康。由于教师职业的特殊性，教师应具备如下良好的性格特征：善于交际、乐于助人、责任心强、情绪稳定、热情、健谈、诚实守信、敢于创新、善于接受新事物、宽容、自信、勤奋、意志坚强等。在教育工作中，尤其要注意防止形成狭隘、容易嫉妒、无主见、无责任心、抑郁、孤僻等不良性格特征，注意在生活中有意识地培养自己良好的性格。

（三）养成良好的生活习惯

作为幼儿教师，养成良好的生活习惯是非常重要的，这不仅可以向幼儿树立积极的榜样，还可以帮助自己保持健康、平衡的生活方式。幼儿教师良好的生活习惯，包括规律的作息、均衡的饮食、适当的运动等。这有助于维护身体健康，进而促进心理健康。保持健康、和谐的生活方式对预防心理问题是十分重要的。良好的饮食起居习惯、有效的休息、经常锻炼身体都有助

于维持心理健康。充足的睡眠、必要的休息能使人暂时摆脱工作的紧张，使身心愉快。每天幼儿教师都有许多工作要做，做好计划，按计划工作对提高工作效率是十分有益的，确保优先处理最重要和最紧急的事。

幼儿教师要进行适度的运动。适度的运动有助于提高身体健康水平和减轻压力。建议每周进行至少150分钟的有氧运动，如快走、跑步、游泳。幼儿教师也要尽量生活规律，有规律的日常生活有助于保持身心健康。建议每天按时起床、吃饭、睡觉，避免过度疲劳。与此同时，幼儿教师要注意关注自身承压状况，减少压力有助于保持身心健康。建议采用放松技巧，如冥想、瑜伽，以减轻压力和焦虑。此外，建立积极的社交关系有助于心理健康。建议与家人、朋友或同事保持联系，参加社交活动或加入兴趣小组。最后，作为幼儿教师，保持卫生非常重要，建议勤洗手、勤消毒，避免传染病传播。

总之，养成良好的生活习惯可以帮助幼儿教师保持健康、平衡的身心状态，从而更好地照顾和教育幼儿。

（四）积极寻求支持

作为幼儿教师，积极寻求支持是非常重要的，这可以帮助自己更好地应对工作压力和职业挑战。这主要包括以下方面。一是寻求同事支持。幼儿教师与同事交流、分享经验和建立合作关系可以帮助自己更好地应对职业挑战，还可以通过参加教研活动、讨论问题、分享教学资源等方式获得同事的支持。二是寻求领导支持。与领导沟通、交流，了解领导的期望和要求，可以得到更好的工作指导和资源支持。可以向领导请教、请求帮助或反映问题，以获得领导的支持。三是寻求家长支持。与家长建立良好的沟通和合作关系，可以获得家长的理解和支持。可以通过家长会、个别沟通、家庭教育等方式获得家长的支持。四是寻求专业支持。幼儿教师积极参加专业培训、进修课程或教育研讨会，可以提高自己的专业知识和技能水平，从而更好地应对职业挑战。五是寻求心理支持。面对工作压力和职业挑战时，寻求心理支持可以帮助幼儿教师缓解压力和焦虑。可以找心理咨询师或心理医生寻求帮助。

总之，幼儿教师心理健康的维护需要从多个方面入手，包括学习心理知识、定期心理咨询、与团队同事之间相互帮助、参与运动项目、提高语言表达能力、养成良好的生活习惯以及寻求外界支持等。这些措施可以帮助幼儿教师更好地应对工作压力，提高心理健康水平。

（五）幼儿园创设良好的心理环境

幼儿园环境带来的工作压力，也是造成幼儿教师心理问题日益增多的另一原因。社会层面的帮助和支持为改善幼儿教师心理健康状况提供了必要的外部前提条件，而要想切实有效地提高幼儿教师的心理健康水平，还必须从幼儿园内部着手。这就需要幼儿园在管理过程中更加人性化，多从幼儿教师的角度考虑问题，营造有利于改善幼儿教师心理健康状况的幼儿园环境。

首先，为幼儿教师创设良好的同事关系和工作环境。作为幼儿园管理者要多和教师沟通、交流，了解他们的想法和感受，让教师在和谐的氛围中工作，感受到关爱和支持，鼓励教师在适当的时候表达自己的情绪情感，并帮助幼儿教师学会管理和调节情绪；为幼儿教师营造温馨、安全的工作环境，让教师在繁忙的工作中感到舒适和放松，多关注教师的需求，从不同途径缓解教师的焦虑和压力。

其次，营造宽松心理氛围与和谐的人际关系。以人本思想为指导，树立民主平等观念，注重情感交流，营造一种互相尊重、平等相待的宽松心理氛围与和谐的人际关系，使幼儿教师置身其间能有一种安全感，从而心情舒畅地工作和学习。

再次，正确认识和对待幼儿教师心理健康问题。幼儿园管理者要正确认识、高度重视幼儿教师存在的心理健康问题，把解决幼儿教师心理健康问题提上工作日程，加强幼儿教师的心理健康辅导工作。通过请专家来园举办讲座等有效措施达到好的效果，提高幼儿教师的心理保护意识。

最后，满足教师合理需要。尽可能地为教师提供外出业务进修的机会，让他们了解更多的信息，掌握更多的教学技巧和现代教育技术，特别是应当创造条件使每位教师拥有获得工作上成功的可能。此外，幼儿园管理者在管理工作中应该树立"以人为本"的理念，主动关心教师的生活。

因此，幼儿园管理者在工作之余，应为教师创造轻松和谐的心理环境，如组织各种文娱体育活动、开展素质训练。另外，要把教师的需求和幼儿的需求放在一样重要的位置上，因为有了优秀的教师，才能使幼儿园获得良好的发展。

（六）微笑面对失败，积极挑战困难

乐观的生活态度、稳定的情绪是幼儿教师心理健康的重要指标。乐观的心态是促进教师身心健康的良药。在工作、生活中，教师不可避免地会遇到各种各样的困难，产生这样那样的心理困扰，陷入烦恼、忧虑、苦闷之中。教师遇到的问题如果得不到及时的调节和疏导，容易导致强烈的心理冲突，进而引发心理疾病。金无足赤，人无完人，人都会犯错误，都会有失败的经历，重要的是如何看待失败。只有把失败看作成功之母，并从失败中不断总结经验，以永不妥协的精神风貌面对困难，才能及时恢复心理平衡，永远以积极乐观、健康的心态面对人生。

总之，幼儿教师的心理健康素质，需要各级教育行政主管部门、社会、幼儿园，以及家庭的共同关注和积极参与。此外，幼儿教师还应多方面寻求心理健康教育的专门方法，学会自我调整，最终形成教育部门、社会、幼儿园、家庭和教师个体"五位一体"的心理健康维护体系。只有如此，幼儿教师的心理健康才能得到足够的支持，才能保障幼儿的健康发展和学前教育事业的不断进步。

【复习与巩固】

1.影响幼儿教师心理健康的主要因素有哪些？理论联系实际，谈谈如何做好幼儿教师心理健康的维护工作。

2.近年来，社会上出现了个别幼儿教师对儿童进行体罚的新闻，而在教学实践当中个别幼儿教师会以急躁的情绪和行为对待幼儿。对于上述现象，作为一名教育者，请谈谈看法和对策。

3.联系实际谈谈幼儿教师心理健康方面的自我调节途径。

【总结与反思】

参考文献

[1] 盛红勇. 幼儿教师心理健康教育理论与实践 [M]. 北京：中央编译出版社，2019.

[2] 何志萍，张仁贤. 幼儿与幼儿教师的心理健康 [M]. 北京：新华出版社，2021.

[3] 姚梅林. 幼儿教育心理学 [M]. 北京：高等教育出版社，2007.

[4] 李祥文，徐春桥. 幼儿教育心理学 [M]. 北京：北京邮电大学出版社，2016.

[5] 刘凤莲，宋洁. 幼儿教育心理学 [M]. 北京：北京理工大学出版社，2010.

[6] 林泳海. 幼儿教育心理学 [M]. 北京：商务印书馆，2006.

[7] 刘金花，邓赐平. 儿童发展心理学 [M]. 第 3 版. 上海：华东师范大学出版社，2013.

[8] 刘万伦. 学前儿童发展心理学 [M]. 上海：复旦大学出版社，2014.

[9] 关青，仝玲. 学前儿童发展心理学 [M]. 北京：北京理工大学出版社，2021.

[10] 赵春霞. 幼儿心理学 [M]. 长沙：湖南师范大学出版社，2015.

[11] 陈帼眉，姜勇. 幼儿教育心理学 [M]. 北京：北京师范大学出版社，2007.

[12] 常桦. EQ 情商决定命运 [M]. 北京：中国纺织出版社，2006.

[13] 张富洪. 学前儿童家庭情商教育及其实施 [J]. 教育导刊（下半月），2010（12）：81-84.

[14] 沙皮罗. EQ 之门：如何培养高情商的孩子 [M]. 施美华，译. 北京：经济日报出版社，1997.

[15] 丁新胜. 试论教师心理素质的内涵、结构与特征 [J]. 贵州社会科学，2006（1）：95-96，85.

[16] 董奇. 心理与教育研究方法 [M]. 北京：北京师范大学出版社，2004.

[17] 冯忠良. 教育心理学应向何方 [J]. 当代教育论坛，2002（11）：60-63.

[18] 冯忠良，伍新春，姚梅林，等. 教育心理学 [M]. 第2版. 北京：人民教育出版社，2010.

[19] 何先友. 青少年发展与教育心理学 [M]. 北京：高等教育出版社，2009.

[20] 胡谊. 教育心理学：理论与实践的整合观 [M]. 上海：华东师范大学出版社，2009.

[21] 黄甫全. 现代课程与教学论学程 [M]. 北京：人民教育出版社，2006.

[22] 李军靠，李延. 基于有效教学理论的课堂管理研究 [J]. 教育探索，2009（2）：54-55.

[23] 李森，潘光文. 行为分析理论视角下的课堂管理策略 [J]. 课程·教材·教法，2003（11）：30-33.

[24] 李新旺. 教育心理学 [M]. 北京：科学出版社，2011.

[25] 伍新春. 儿童发展与教育心理学 [M]. 北京：高等教育出版社，2004.

[26] 博林，德温，里斯—韦伯. 教育心理学 [M]. 连榕，缪佩君，陈坚，等译. 北京：机械工业出版社，2012.

[27] 曹中平. 幼儿教育心理学 [M]. 大连：辽宁师范大学出版社，2001.

[28] 王振宇，葛沚云，曹中平，等. 儿童的社会化与教育 [M]. 北京：人民教育出版社，1992.

[29] 王振宇. 儿童心理发展理论 [M]. 上海：华东师范大学出版社，2000.

[30] 杨丽珠，吴文菊. 幼儿社会性发展与教育 [M]. 大连：辽宁师范大学出版社，2000.

[31] 张文新. 儿童社会性发展 [M]. 北京：北京师范大学出版社，1999.

[32] 拉泽尔. 多元智能教学的艺术：八种教学方式 [M]. 吕良环，等译. 北京：中国轻工业出版社，2004.

[33] 陈杰琦，克瑞克维斯基，维恩斯. 多元智能的理论与实践：让每个儿童在自己强项的基础上发展 [M]. 方钧君，译. 北京：北京师范大学出版社，2004.

[34] 克瑞克维斯基. 多元智能理论与学前儿童能力评价 [M]. 李季湄，方钧君，译. 北京：北京师范大学出版社，2002.

[35] 陈会昌. 儿童社会性发展的特点、影响因素及其测量：《中国3～9岁儿童的社会性发展》课题总报告 [J]. 心理发展与教育，1994（4）：1-17.

[36] 杨重明. 3～9岁儿童社会技能的发展 [J]. 心理发展与教育，1994（4）：22-26.

[37] 陈龙安. 创造思考教学的模式 [M]. 北京：中国轻工业出版社，1999.

[38] ANDERSON J R. Cognitive psychology and its implication[M].3rd ed. New York：W. H. Freeman & Company，1990.

[39] BANDURA A. Self-Efficacy：The exercise of control[M]. New York: W.H.Freeman & Company, 1997.

[40] BARRON F，HARRINGTON D M. Creativity，intelligence and personality[J]. Annual Review of Psychology, 1981，32（1）：439-476..

[41] BEREITER C. Aspects of an educational learning theory[J].Review of Educational Research，1990，60（4）：603-624.

[42] BERG G. Developing the teaching profession: Autonomy，professional code，knowledge base[J].Australian Journal of Education，1983，27（2）：173-186.

[43] ERNEST P. Constructivism and the problem of the social[M]// JULIE C，ANGELIS D,DAVIS Z. Political dimensions of mathematics education: Curriculum reconstruction for society in transition. Johannesburg：Maskew Miller and Longman，1993.

[44] FESSLER R，JUDITH C C. The teacher career cycle: Understanding and guiding the professional development of teachers[M].New York：Simon & Schuster Inc，1992.

[45] FISHKIN A S, JOHNSON A S. Who is creative? Identifying children's creative abilities[J].Roeper Review，1998，21（1）：40-46.

[46] FULLER F E. Concerns of teachers：A developmental conceptualization[J]. American Educational Research Journal，1969，6（2）：207-226.

[47] GAGE N L，BERLINER D C. Educational psychology[M].3rd ed. Boston：Houghton Mifflin，1984.

[48] GARDNER H，HATCH T. Multiple intelligences go to school：Educational implications of the theory of multiple intelligences[J]. Educational Researcher，1989，18（8）：4-10.

[49] GOODLAD J I. A place called school：Prospects for the future [M].New York：McGraw Hill，2004.

[50] HARRIS J R. Where is the child's environment? A group socialization theory of development[J]. Psychological Review，1995，102（3）：458-489.